易學典籍選刊

易學象數論（外二種）

〔清〕黄宗羲　撰
鄭萬耕　點校

中華書局

圖書在版編目(CIP)數據

易學象數論:外二種/(清)黄宗羲撰;鄭萬耕點校.—北京:中華書局,2010.10(2025.2 重印)
(易學典籍選刊)
ISBN 978-7-101-07289-1

Ⅰ.易… Ⅱ.①黄…②鄭… Ⅲ.①周易-研究②象數之學 Ⅳ.B221.5

中國版本圖書館 CIP 數據核字(2010)第 034514 號

責任編輯:張繼海
封面設計:王銘基
責任印製:管 斌

易學典籍選刊
易學象數論(外二種)
〔清〕黄宗羲 撰
鄭萬耕 點校
*
中華書局出版發行
(北京市豐臺區太平橋西里 38 號 100073)
http://www.zhbc.com.cn
E-mail:zhbc@zhbc.com.cn
三河市鑫金馬印裝有限公司印刷
*
850×1168 毫米 1/32 · 15 印張 · 2 插頁 · 280 千字
2010 年 10 月第 1 版 2025 年 2 月第 10 次印刷
印數:14101-15000册 定價:62.00 元

ISBN 978-7-101-07289-1

總目

易學象數論……〔清〕黄宗羲撰 一
周易尋門餘論……〔清〕黄宗炎撰 三二九
圖學辯惑……〔清〕黄宗炎撰 三三九

易學象數論

〔清〕黄宗羲 撰

點校説明

黄宗羲(一六一〇——一六九五年)字太沖,浙江餘姚人。其父黄尊素爲東林學派中的人物之一,被魏忠賢陷害而死。黄宗羲受父遺命,問學於劉宗周。明思宗即位,他入都訟冤,以鐵錐刺傷仇人。清兵南下,他召募義兵進行反抗,所部號爲黄氏「世忠營」,但不久即敗散。明室恢復無望,他隱居著書,著述頗多,世稱梨洲先生。

黄宗羲是我國明末清初的著名思想家。他學識淵博,對天文、曆算、歷史、地理都有研究。他特别重視史學,開辟了清代史學研究的風氣,對易學更有很深的造詣。

清朝初年,由於漢學的興盛,易學亦重考據,尤其注重對漢易學、象數圖書之學的考辨。黄宗羲、黄宗炎、毛奇齡、胡渭、惠棟等人用力尤勤。黄宗羲的易學象數論就是此種窮本溯源、鈎深索隱、考其流變的易學著述之一。

易學象數論共六卷,前三卷論河圖、洛書、先天方位、納甲、納音、月建、卦氣、卦變、互卦、筮法、占法等,而附以所著原象,以辨象學之訛;後三卷論太玄、乾鑿度、元包、潛虚、洞極、洪範數、皇極數,以及六壬、太乙、遁甲等,以訂數學之失。其持論皆有依據,辨論精詳,使人一一洞曉其始末,而得其瑕疵。

對於我們了解漢易的本來面貌，河圖、洛書、先天之學的流變，多所裨益。

這次點校出版易學象數論，以文淵閣四庫全書本（簡稱四庫本）爲底本，用廣雅書局叢書本（簡稱廣雅本）參校。校勘中凡改正錯謬、删減衍文、增補文句，均出注予以説明。一般筆誤、形誤之字，以及圖表和卦象中錯誤，則隨手改正，不再予以説明。避諱字仍予保留。黄氏此書所徵引之古籍達數十種之多。其中引文有原文照録者，有概述其意者，有原文概述羼雜者，有中間删略者，有偶爾脱落一二文字者等等，情況較爲複雜。此次點校時，引文均用引號標出，以清眉目。引文中脱誤之文字，除個別與理解文義關係重大者補正，並出注説明外，一般不作校補。對引文中由於作者所用版本而造成與通行本之不同，則一律仍舊。書後擇要附録了有關文獻，以資參閲。

整理易學古籍，是一件極爲有意義而又十分艱難的工作，由於才力學識的限制，錯謬疏漏，實所難免，懇切希望專家師友和讀者同志不吝賜教。

鄭萬耕

一九八八年十一月於北京

目録

易學象數論自序……一
易學象數論卷一
圖書一……三
圖書二……五
圖書三……六
圖書四……八
圖書五……九
圖書六……一〇
先天圖一……一六
先天圖二……一九
天根月窟……二〇
八卦方位……二三

納甲一……三四
納甲二……三六
納音……四一
占課……四六

易學象數論卷二

卦氣一……五三
卦氣二……五五
卦變一……六六
卦變二……六九
卦變三……七三
互卦……九四
蓍法一……一〇八
蓍法二……一一〇
蓍法三……一一三
占法……一一三

易學象數論卷三

原象……一一七

易學象數論卷四

太玄……一四四
太玄蓍法……一四五
乾坤鑿度一……一六〇
乾坤鑿度二……一六一
乾坤鑿度三……一六二
乾鑿度歷法……一六四
元包……一七四
潛虛……一七六
潛虛蓍法……一七八
洞極一……一八三
洞極二……一八四
洪範……一八五

洪範著法……一八六
洪範名數……一九〇
洪範吉凶排法……一九一

易學象數論卷五

皇極一……一九五
皇極二起運……一九七
皇極三卦氣序……一九九
皇極四蓍法……二〇二
皇極五致用……二〇三

易學象數論卷六

六壬一……二四八
六壬二……二五〇
太一一……二八一
太一二……二八三
遁甲……二九六

衡運……三〇五

附録

黄宗羲傳（江藩）……三一四
黄宗羲傳（趙爾巽）……三二一
汪瑞齡序……三二五
提要……三二六

易學象數論自序〔一〕

夫易者，範圍天地之書也。廣大無所不備，故九流百家之學，皆可竄入焉。自九流百家借之以行其說，而於易之本意反晦矣。漢儒林傳：孔子六傳至菑川田何，易道大興。吾不知田何之說何如也！降而焦、京，世應、飛伏、動爻、互體、五行、納甲之變，無不具者。吾讀李鼎祚易解，一時諸儒之説蕪穢康莊，使觀象玩占之理，盡入於淫瞽方技之流，可不悲夫！有魏王輔嗣出而注易，得意忘象，得意忘言；日時歲月，五氣相推，悉皆擯落，多所不關，庶幾潦水盡而寒潭清矣。顧論者謂其以老、莊解易，試讀其注，簡當而無浮意，何曾籠落玄旨？故能遠歷於唐，發爲正義，其廓清之功不可泯也。然而魏伯陽之參同契，陳希夷之圖、書，遠有端緒。世之好奇者，卑王注之淡薄，未嘗不以別傳私之。逮伊川作易傳，收其昆侖旁薄者，散之於六十四卦中，理到語精，易道於是而大定矣。其時康節上接种放、穆修、李之才之傳，而創河圖先天之説，是亦不過一家之學耳。晦庵作本義，加之於開卷，

〔一〕四庫本未收此序，今據廣雅本及南雷文定三集、南雷文約補。

讀易者從之。後世頒之於學官，初猶兼易傳並行，久而止行本義，於是經生學士信以爲羲、文、周、孔，其道不同，所謂象數者，又語焉不詳，將夫子之韋編三絶者，須求之賣醬箍桶之徒，而易學之榛蕪，蓋仍如京、焦之時矣。自科舉之學一定，世不敢復議，稍有出入其説者，即以穿鑿誣之。夫所謂穿鑿者，必其與聖經不合者也。摘發傳注之訛，復還經文之舊，不可謂之穿鑿也。河圖、洛書，歐陽子言其怪妄之尤甚者，且與漢儒異趣，不特不見於經，亦是不見於傳。先天之方位明與「出震」「齊巽」之文相背，而晦翁反致疑於經文之卦位；生十六，生三十二，卦不成卦，爻不成爻。一切非經文所有，顧可謂之不穿鑿乎？晦翁曰：「談易者譬之燭籠，添得一條骨子，則障了一路光明，若能盡去其障，使之統體光明，豈不更好。」斯言是也。奈何添入康節之學，使之統體皆障乎？世儒過視象數，以爲絶學，故爲所欺。余一一疏通之，知其於易本了無干涉，而後反求之程傳，或亦廓清之一端也。

易學象數論卷一

圖書一

歐陽修言「河圖、洛書怪妄」之尤甚者，自朱子列之本義，家傳户誦，今有見歐陽子之言者，且以歐陽子爲怪妄矣。然歐陽子言其怪妄，亦未嘗言其怪妄之由。後之人徒見圖、書之説載在聖經，雖明知其穿鑿傅會，終不敢犯古今之不韙而黜其非。中間一二大儒亦嘗至疑於此。張南軒以河圖爲興易之祥；魏鶴山則信蔣山之説，以先天圖爲河圖，五行生成數爲洛書，而戴九履一者則太乙九宫之數；宋潛溪則信劉歆，以八卦爲河圖，班固洪範本文爲洛書，皆礙經文而爲之變説也。是故歐陽子既黜圖、書，不得不并繫辭而疑其僞。不僞繫辭則「河出圖，洛出書」之文駕乎其上，其説終莫之能伸也。然則欲明「圖書」之義，亦惟求之經文而已。六經之言「圖書」凡四：書顧命曰「河圖在東序」；論語曰「河不出圖」；禮運曰「河出馬圖」；易曰「河出圖，洛出書，聖人則之」。由是而求之「圖書」之説，從可知矣。聖人之作易也，一則曰「仰以觀於天文，俯以察於地理」；再則曰「仰則觀象於天，俯則觀法於地，於是始作八卦」。此章之意，正與相類。「天垂象，見吉凶，聖人象之」者，仰觀於天也。「河出圖，洛出書，聖人則之」者，俯察於地也。謂之「圖」者，山川險易，南北高深，如後世之圖經是也；謂之「書」者，風土剛柔，户口扼塞，如夏之禹貢、周之職方是也。謂之「河、洛」者，河、洛爲天下之中，凡四方所上圖書皆以「河、洛」繫其名也。顧命「西序」之「大訓」，猶今之祖訓；「東序」之「河圖」，猶今之黄册，故與寶玉雜陳。不然，其所陳者爲龍馬之蜕與，抑伏羲畫卦之稿本與？無是理也。孔子之時，世莫宗周，列國各自有其人民土地，而河、洛之圖書不至，無以知其盈虚消息之數，故歎「河不出圖」。其與「鳳鳥」言之者，鳳不至爲天時，圖不出爲人事，言天時人事兩無所據也。若圖書爲畫卦叙疇之原，則卦畫疇叙之後，河復出圖，將焉用之？而孔子嘆之者，豈再欲爲畫卦之事耶！觀論語，而圖書之爲地理益明矣。禮運出於漢儒，此可無論。揚子曰：「衆言淆亂則折諸聖。」經文既如是其明顯，則後儒之紛紜，徒爲辭費而已矣。某之爲此言者，發端於永嘉薛士隆。士隆曰：「河圖之數四十有五，乾元用九之數也；洛書之數五十有五，大衍五十之數也。究其終始之數，九實尸之。故地有九州，天有九野。傳稱河、洛皆九曲，豈取數於是乎！」士隆既不安後儒之説，超然遠覽，而又膠滯於數，始信衆言之難破也。

圖書二

按，漢儒孔安國、劉歆皆以八卦爲河圖，洪範本文爲洛書。鄭玄依緯書則云：「河圖有九篇，洛書有六篇。」自唐以前皆祖其説，而無有異同。其一六居下之圖，揚雄曰「三八爲木，爲東方」；「四九爲金，爲西方」；「二七爲火，爲南方」；「一六爲水，爲北方」。又曰：「一與六共宗，二與七共明，三與八成友，四與九同道，五與十〔一〕相守。」乾坤鑿度曰：「天本一而立，一爲數原，地配生六，成天地之數，合而成水性。天三地八木，天七地二火，天五地十土，天九地四金。」虞翻易注曰：「一六合水，二七合火，三八合木，四九合金，五十合土。」黄帝内經曰：「太過者其數成，不及者其數生，土常以生也。」王冰注：「生數：水數一，火數二，木數三，金數四，土數五。成數：水數六，火數七，木數八，金數九，土數五。」歷考諸家，皆以爲天地之數，初未嘗以此爲河圖也。其戴九履一之圖，乾鑿度曰：「太乙行九宫，四正四維皆合於十五。」張衡曰：「律歷卦候，九宫風角，數有徵

〔一〕「十」，揚雄太玄作「五」。

效。」魏伯陽曰：「土王四季，羅絡始終，青赤白黑，各居一方，皆禀中宫，戊己之功。」又曰：「太乙乃君，移居中州。」内經有青於三，東方；青於九，南方；青於七，西方；青於一，北方；青於四維。歷考諸家，皆以爲九宫之數，初未嘗以此爲洛書也。圖書之所指既如彼，二數之稱名又如此，兩者判然不相及。至宋而方士牽强扭合，儒者又從緣飾以爲授受之秘，而漢、唐以來之議論一切抹煞矣。當日歐陽子之所謂怪妄者，猶是漢儒之説，第以龍馬神龜爲不經耳。若二數乃日者之常談，且不足怪妄之矣。奈之何旋毛圻文之附會紛紛如寐語也。且圖書亦自有辨，天地之數固命之爲圖，九宫之數是亦一圖也，豈可爲書！漢儒圖則言畫，書則言文，猶致嚴於名實，此則不暇自掩其失矣。

圖書三

劉牧謂「河圖之數九，洛書之數十」。李覯、張行成、朱震皆因之，而朱子以爲反置。一證之邵子，曰：「圓者，星也。歷紀之數，其肇於此乎？方者，土也。畫州井地之法，其放於此乎？蓋圓者河圖之數，方者洛書之文。」然鶴山辨之曰：「邵子但言方圓之象，不指九十之數。若以象觀之，則九又圓於十矣。且星少陽，土少柔；偶者爲方爲陰，奇者爲圓爲陽，十偶而九奇，邵子之言反若有助於牧也。」再證之關子明，曰：「河圖之文，七前六後，八左九右。洛書之文，九前一後，三左七右，四前左二前右，八後左六後右。」然關子明僞書也，不可爲證。劉因爲之解曰：「關氏之書者非僞，後人之托夫關氏也。蓋僞其自作者，託之於聖人也。」則又不然。關氏書亡，阮逸僞作，安見非後人之托夫關氏乎？三證之大戴禮，明堂篇有二九四七五三六一八。鄭氏注云：「法龜文也。」然鄭玄注小戴禮，未嘗注大戴禮，在藝文志可考。今之所傳亦後人假托爲之也，其疏略不出於鄭氏明矣。況鄭氏明言「河圖九篇，洛書六篇」，豈又以九宫爲洛書，自背其說哉！凡此數證，皆不足以絀牧。在宋以前，二數未嘗有圖，書之名，安得謂此九彼十？至於劉、邵，則同出希夷，授受甚明。若彼此異同，所傳者亦復何事？故以十爲圖九爲書者，特始於朱子，後之諸儒相率而不敢違耳。就二數通之於易，則十者有天一至地十之繫可據，九者並無明文。此朱子爭十爲河圖之意長於長民也。雖然，自一至十之數，易之所有也；自一至十之方位，易之所無也。一三五七九之合於天，二四六八十之合於地，易之所有也；一六合，二七合，三八合，四九合，五十合，易之所無也。天地之數，易之所有也；水火木金土之生成，易之所無也。試盡去後人之添入，依經爲說，則此數仍於易無與，而況名之爲河圖乎。

圖書四

世之言五行者，莫不本於生成之數，皆以爲造化之自然，無容復議也。某則以九流之失，由此數失之於始。夫太虛絪緼相感，止有一氣，無所謂天氣也，無所謂地氣也。自其清通而不可見，則謂之天；自其凝滯而有形象，則謂之地，故曰資始資生，又曰天施地生。言天唱而不和，地和而不唱。今所謂生者，唱也；所謂成者，和也。一三五，天之生數，六八十地之成數；二四地之生數，七九天之成數，是天唱而復和，地和而復唱。真若太虛之中兩氣並行，天氣地氣其爲物貳矣。是故一氣之流行，無時而息。當其和也爲春，是木之行；和之至而温爲夏，是火之行；温之殺而涼爲秋，是金之行；涼之至而寒爲冬，是水之行；寒之殺則又和，木火金水之化生萬物，其凝之之性即土。蓋木火金水土，目雖五而氣則一，皆天也；其成形而爲萬物，皆地也。若以水木土天之所生，火〔二〕金地之所生，則春冬屬天，夏秋屬地，五行各有分屬。一氣循環，忽截而爲天，忽截而爲地，恐無此法象矣。

〔二〕「火」，原作「灭」，今據廣雅本改。

原其一水、二火、三木、四金、五土，不過以質之輕重爲數之多寡、第之先後。故土重於金，金重於木，木重於火，火重於水。然方其爲氣，豈有輕重之可言！未聞涼重於温，寒輕於和也。則知天一至地十之數，於五行無與矣。是故言五行天生地成可也，言地生天成不可也；言奇數屬天偶數屬地可也，言某行屬奇數，某行屬偶數不可也。此千古不解之惑，儒者不免，況於術數家乎。

圖書五

天一至地十之數，儒者必欲言聖人則之以畫卦。崔憬曰：「三天者，謂從三始，順數而至五七九，不取於一。兩地者，謂從二起，逆數而十八六，不取於四。」「艮爲少陽，其數三。坎爲中陽，其數五。震爲長陽，其數七。乾爲老陽，其數九。兑爲少陰，其數二。離爲中陰，其數十。巽爲長陰，其數八。坤爲老陰，其數六。」劉長民曰：「水六金九火七木八而生八卦。此坎、離、震、兑四卦。六居坎而生乾，謂三爲坎，三爲乾也。九居兑而生坤，謂三爲兑，六爲坤也。七居離而生巽，謂三爲離，四爲巽也。八居震而生艮，謂三爲震，五爲艮也。」朱子曰：「河圖之虚五與十者，太極也。奇數二十，偶數二十者，兩儀也。以一二三四爲六七八九者，四象也。析四方之合，以爲乾、坤、離、坎；補四隅之空，以爲兑、震、巽、艮者，八卦也。」同此一數而三家所指不同。如此配卦之論，始於崔憬。憬但言其數，不言其位。乾、坤、震、巽數有可據，其附會者，坎、離、艮、兑耳。長民兼位數而言，六爲水而坎屬之，七爲火而離屬之，八爲木而震屬之，九爲金而兑屬之。以四卦之五行遷就其位數，未爲不可，至於乾、坤、艮、巽則不可通矣。朱子主先天之説，以乾南坤北者，伏羲之卦位也；離南坎北者，文王之卦位也。河圖出於宓戲，其時尚無離南坎北之位，硬以乾南坤北配之，則更無一合者矣。天下之物一人以爲然，千萬人以爲然，其爲物也不遠矣。一人可指之爲此，又一人可指之爲彼，其爲物也無定名矣。故以天地之數配八卦者，皆非定名也。

圖書六

龍圖序見於宋文鑑，以十爲河圖。朱子辨劉牧九爲河圖之非，不取此爲證者，以其爲假書也。見語類。故劉静修曰：「龍圖之説未必出於劉牧之前。」吕伯恭從而誤信之，猶張敬夫爲戴氏師愈所欺也。「希夷未聞有書，傳至邵子而後有書。」宋景濂以爲不然，曰：

「龍圖序非圖南不能作也。」張理註以第一圖爲「未合之位〔二〕」，第二圖爲「已合之位」，蓋不知序言「後既合也」爲第三圖。又以「天一居上爲道之宗」一語誤解在南爲上，於是第二圖上位置一於南，置二於北，置四於東，置三於西。以之合於下位，則二六居下，一七居上，四八居左，三九居右，不可通矣。乃言：「當如太乙、遁甲陰陽二局，以一二三四爲天盤，在上隨時運轉，六七八九爲地盤，布定不易。以一在南動而右轉，初交一居東南，二居西北，三居西南，四居東北；再交一居東北，二居西南，三居東南，四居西北，然後爲生成之位；即朱子河圖。三交一西北，二東南，三東北，四西南；四交一西南，二東北，三西北，四東南。再轉則復於南。」如此則龍圖已合者且有六圖，不勝支離。蓋不知「天一居上」之「上」謂上位也。某故正之，以復希夷之舊。然序之爲説固不能無疑，謂河出未合之圖，「伏羲合而用之」，是伏羲畫卦又畫圖矣。繫辭天數二十有五，積一三五七九而得之，地數三十，積二四六八十而得之。今上位分爲一二三四五十，下位分爲六七八九，則天數雜地數之中，地數雜天數之中，上得六位，下得四位，無乃天數六、地數四乎？既以其數託之於易，又與易背，宜乎？朱子以爲假也。

〔二〕「位」，四庫本易象圖説作「數」。

龍圖序

且夫龍馬始負圖，出於羲皇之代，在太古之先也。今存已合之位或疑之，況更陳其未合之數耶。然則何以知之？答曰：於仲尼三陳九卦之義，探其旨，所以知之也。九卦謂履、謙、復、恒、損、益、困、井、巽之九卦也。

已合之位即今之所謂河圖是也。自未合至已合，其圖有三，亦猶九卦之三陳也，於九卦之義無取。

況夫天之垂象，的如貫珠，少有差則不成次序矣。故自一至於盈萬，皆累累然如係之於縷也。且若龍圖本合，則聖人不得見其象，所以天意先未合而形其象，聖人觀象而明其用。是龍圖者，天散而示之，伏羲合而用之，仲尼默而形之。

未合之位爲河之所出，已合之位爲伏羲所成。

始龍圖之未合也，惟五十五數。上二十五，天數也。

第一圖

上位

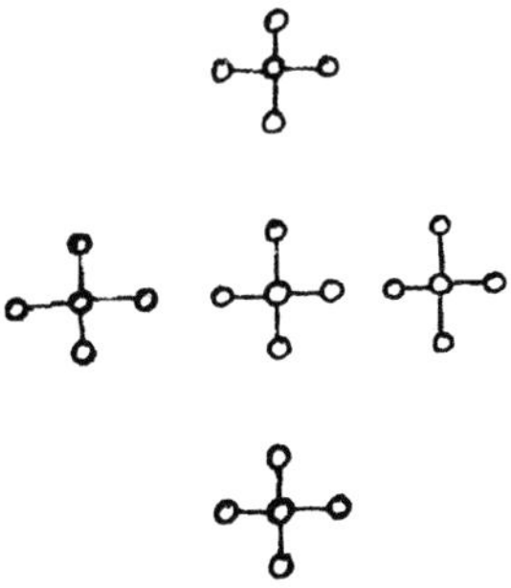

中貫三五九，外包之十五，盡天三天五天九并十五之用，後形一六無位，上位去一，下位去六。又顯二十四之爲用也。茲所謂天垂象矣。

第二圖

上位〔二〕

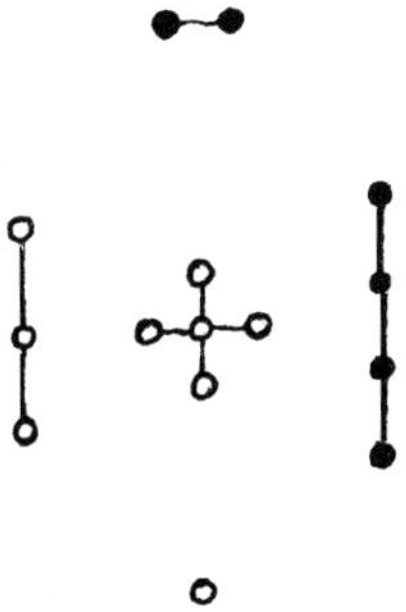

中貫三五九者，以第一圖而論，中五之從三，是中貫三也；中五之居中，是中貫五

〔二〕原圖上二、右四爲白圈，今依慣例改爲黑圈。廣雅本上二、下一、左三、右四皆與中五相連。

也；上五中五下五之從，是中貫九也。去其所從之九，又去無位之一，而分之四方中央，則凡五行之生數皆天數之所成，爲第二圖也。

下三十，地數也。亦分五位，五位言四方中央也。皆明五之用也。上位形五，下位形六。十分爲六，五位六五，三十數也。形坤之象焉。坤用六也。

第一圖

下位〔一〕

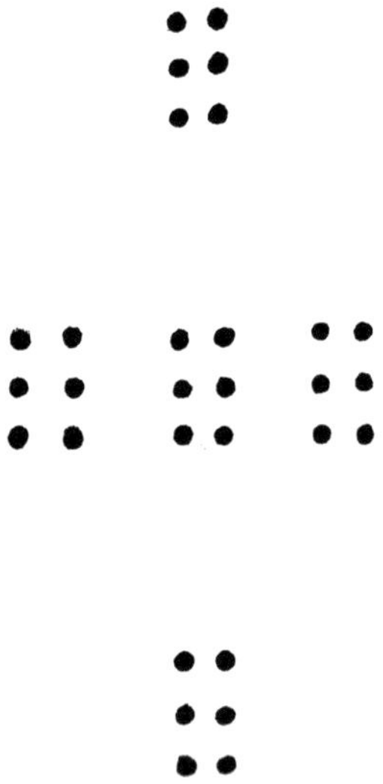

六分而成〔二〕四象，成七九八六之四象。地六不配。謂中央六也。一分在南邊，六成〔三〕少陽七。二分在東邊，六成〔四〕少陰八。三分在西邊六成老陽九。惟在北邊，六便成老陰數，更無外數添也。

〔一〕原圖皆爲白圈，今依慣例改爲黑圈。

〔二〕〔三〕〔四〕「成」，宋文鑑皆作「幾」。

第二圖

下位〔五〕

以三十分爲五位，每位得六，爲第一圖。取中央之六，分其一配南爲七，分其二配東爲八，分其三配西爲九，中央更無餘分，故下六不配。凡五行之成數皆地數所分，爲第二圖也。

在上則一不用，形二十四；　在下則六不用，亦形二十四。上位中心去其一，見二十四〔六〕。下位中心去其六，亦見二十四，以一歲三百六旬周於二十四氣也。故陰陽進退皆用二十四。

天數二十五，去其從九，猶存十六，於生數十五之中則一不用。生數雖十五，而天數固二十五也。一不用則二十四。地數中央之六分配四方，六即不用，數仍三十也。然依原位四方各六，則中六不用，形爲二十四。

〔五〕原圖右爲八個白圈，今據注文及圖義補爲九個白圈。原圖下六左八皆爲白圈，今依慣例改爲黑圈。

〔六〕「見二十」，原作「下位中」，今據宋文鑑改。

後既合也，天一居上爲道之宗，地六居下爲氣之本。一六上下，覆載之中，運四十九之數，爲造化之用也。

此第三圖，合上下位而爲一也。天一居上，以在上位故謂之上；地六居下，以在下位故謂之下，非言一南而六北也。

天三斡地二，地四爲之用。此更明九六之用，謂天三統地二地四成九，爲乾元之用也。九斡五行成數四十，是謂「大衍之數五十，其用四十有九」也。

五行成數六七八九十，積之得四十，以九加之，合大衍之數。

三若在陽則避孤陰，在陰則避寡陽。成八卦者，三位也。謂一三五之三位。二與四只兩位，兩位則不成卦體，是無中正不爲用也。在陽則爲孤陰，四二是也；在陰則爲寡陽，七九是也。三皆不處之，若避之也。

一三五則三在陽，六八十則三在陰。

大矣哉！龍圖之變，岐分萬塗。今略述其梗概焉。

先天圖一

邵子先天横圖次序，以「易有太極，是生兩儀。兩儀生四象，四象生八卦」爲據。黄東發言：「生兩生四生八，易之有矣。生十六生三十二，易有之否耶？」某則據易之生兩生四生八，而後知橫圖之非也。「易有太極，是生兩儀」，所謂一陰一陽者是也。其一陽也，已括一百九十二爻之奇；其一陰也，已括一百九十二爻之偶。以三百八十四畫爲兩儀，非以兩畫爲兩儀也。若如朱子以第一爻而言，則一陰一陽之所生者，各止三十二爻，而初爻以上之奇偶，又待此三十二爻以生。陰陽者，氣也。爻者，質也。一落於爻，已有定位，焉能以此位生彼位哉！「兩儀生四象」，所謂老陽、老陰、少陽、少陰是也。乾爲老陽，坤爲老陰，震、坎、艮爲少陽，巽、離、兑爲少陰。三奇☰者，老陽之象；三偶☷者，老陰之象；一奇二偶☳☵☶者，少陽之象；一偶二奇者☴☲☱，少陰之象。是三畫八卦，即四象也。故曰「八卦成列，象在其中矣」，「八卦以象告」。此質之經文而無疑者也。又曰：「易有四象，所以示也。」又曰：「彖者，言乎象者也。」今觀彖傳，必發明二卦之德，則象之爲三畫八卦明矣。是故四象之中，以一卦爲一象者，乾、坤是也；以三卦爲一象者，震、坎、艮與巽、離、兑是也。必如康節均二卦爲一象，乾、離、坎、坤於四象之位得矣；兑之爲老陽，震之爲少陰，巽之爲少陽，艮之爲老陰，無乃雜而越乎？易言「陽卦多陰，陰卦多陽」，震、艮之爲陽卦，巽、兑之爲陰卦，可無疑矣。反而置之，明背經文，而學者不以爲非，何也？至於八卦次序，乾、坤、震、巽、坎、離、艮、兑，其在説卦者，亦可據矣。而易爲乾一、兑二、離三、震四、巽五、坎六、艮七、坤八，以緣飾圖之左陰右陽。學者信經文乎？信傳注乎？「四象生八卦」者，周禮太卜「經卦皆八，別皆六十四」；占人「以八卦占筮之八故」。則六十四卦統言之，皆謂之八卦也。蓋内卦爲貞，外卦爲悔，舉貞可以該悔。舉乾之貞，而坤乾、震乾、巽乾、坎乾、離乾、艮乾、兑乾該之矣。以下七卦皆然。證之於易，曰：「八卦定吉凶。」若三畫之八卦，吉凶何從定乎？曰「包犧氏始作八卦」，其下文自益至夬所取之十卦，已在其中，則八卦之該六十四亦明矣。由是言之，太極、兩儀、四象、八卦，因全體而見。蓋細推八卦即六十四卦。之中，皆有兩儀四象之理，而兩儀四象初不畫於卦之外也。其言生者，即「生生謂易」之生，非次第而生之謂。康節加一倍之法，從此章而得，實非此章之旨。又何待生十六生三十二而後出經文之外也。其謂之先天者，以此章所生八卦，與前章「始作八卦」，其文相合，以爲宓戲之時，止有三畫而無六畫，故謂之先天。又以己之意生十六、生三十二、生六十四，倣此章而爲之，以補羲皇之闕，亦謂之先天。不知此章於六十四卦已自全俱，補之反爲重出。易言「因而重之」，生十六、生三十二、生六十四，是積累而後成者，豈可謂之重乎！既不難明背，何止如東發言非易之所有耶？

先天圖二

邵子先天方位，以「天地定位，山澤通氣，雷風相薄，水火不相射，八卦相錯」爲據，而作乾南坤北，離東坎西，震東北，兑東南，巽西南，艮西北之圖。於是爲之説曰：「『數往者順』，若順天而行，是左旋也，皆已生之卦也。乾一兑二離三震四，生之序也。震初爲冬至，離、兑之中爲春分，乾末交夏至。故由震至乾皆已生之卦。『知來者逆』，若逆天而行，是右行也，皆未生之卦也。巽五坎六艮七坤八，生之序也。巽初爲夏至，坎、艮之中爲秋分，坤末交冬至。故由巽至坤皆未生之卦。」又倣此而演之，以爲六十四卦方位。夫卦之方位，已見「帝出乎震」一章。康節舍其明明可據者，而於未嘗言方位者重出之，以爲先天，是謂非所據而據焉。「天地定位」，言天位乎上，地位乎下，未聞南上而北下也。「山澤通氣」，山必資乎澤，澤必出乎山，其氣相通，無往不然。奚取其相對乎？「雷風相薄」，震居東，巽居東南，遇近而合，故言相薄。遠之則不能薄矣。東北爲寅時，方正月，豈雷發聲之時耶？「水火不相射」，南方炎，北方寒，猶之冬寒夏熱也。離東坎西，是指春熱秋寒，誰其信之？此皆先儒所已言者。某則即以邵子所據者，破邵子之説。「帝出乎震」之下文：「動萬物者莫疾乎雷，撓萬物者莫疾乎風，燥萬物者莫熯乎火，説萬物者莫説乎澤，潤萬物者莫潤乎水，終萬物始萬物者莫盛乎艮。」其次序非即上文「離南坎北」之位乎？但除乾、坤於外耳。繼之以「故水火相逮，雷風不相悖，山澤通氣，然後能變化，既成萬物也」。然則前之「天地定位」四句，正爲離南坎北之方位而言也。何所容先天之説雜其中耶？且卦爻之言方位者，西南皆指坤，東北皆指艮，南狩南征必爲離，西山西郊必爲兑。使有乾南坤北之位在其先，不應卦爻無闌入之者。康節所謂「已生、未生」者，因横圖乾一兑二之序。乾一兑二之序，一人之私言也。則左旋右行之説，益不足憑耳。凡先天四圖，其説非盡出自邵子也。朱震經筵表云：「陳摶以先天圖傳种放，放傳穆修，修傳李之才，之才傳邵雍。放以河圖、洛書傳李溉，溉傳許堅，堅傳范諤昌，諤昌傳劉牧。」故朱子云：「宓戲四圖，其説皆出邵氏。」然觀劉牧鈎深索隱圖，乾與坤數九也，震與巽數九也，坎與離，艮與兑，數皆九也。其所謂九數者，天一地八定位，山七澤二通氣，雷四風五相薄，水六火三不相射。則知先天圖之傳，不僅邵氏得之也。

天根月窟

康節因先天圖而創爲天根月窟，即參同契「乾、坤門户」、「牝牡」之論也。故以八卦言者，指坤、震二卦之間爲天根，以其爲一陽所生之處也；指乾、巽二卦之間爲月窟，以其爲一陰所生之處也。程前村直方謂「天根在卯，離、兑之中是也；月窟在酉，坎、艮之中是也」，引爾雅「天根氐也」、長楊賦「西壓月窟」證之。然與康節「乾遇巽時觀月窟，地逢雷處見天根」之詩背矣。以六十四卦言者，朱子曰：「天根月窟指復、姤二卦。」有以十二辟卦言者，十一月爲天根，五月爲月窟。其三十六宫，凡有六説。以八卦言者三：乾一、兑二、離三、震四、巽五、坎六、艮七、坤八之次序，積數爲三十六。乾一對坤八爲九，兑二對艮七爲九，離三對坎六爲九，震四對巽五爲九，四九亦爲三十六。乾畫三，坤畫六，震、坎、艮畫各五，巽、離、兑畫各四，積數亦三十六。以六十四卦言者二：朱子曰：「卦之不易者有八，乾、坤、坎、離、頤、中孚、大過、小過。反易者二十八，合之爲三十六。」方虚谷回曰：「復起子左得一百八十日，姤起午右得一百八十日。一旬爲一宫，三百六十日爲三十六宫。」以十二辟卦言者一，鮑魯齋恂曰：「自復至乾六卦，陽爻二十一，陰爻十五，合之則三十六。自姤至坤六卦，陰爻二十一，陽爻十五，合之亦三十六。陽爻陰爻總七十二，以配合言，故云三十六。」按諸説推之，其以陽生爲天根，陰生爲月窟，無不同也。蓋康節之意，所謂天根者，性也；所謂月窟者，命也。性命雙修，老氏之學。其理爲易所無，故其數與易無與也。

八卦方位

離南坎北之位見於經文，而卦爻所指之方亦與之相合，是亦可以無疑矣。蓋畫卦之時，即有此方位。易不始於文王，則方位亦不始於文王，故不當云「文王八卦方位」也。乃康節必欲言文王，因先天乾南坤北之位，改而爲此。朱子則主張「康節之説過當」，反致疑於經文。曰「曷言齊乎巽，不可曉」；曰「坤在西南，不誠東北〔一〕方無地」；曰「乾西北，亦不可曉，如何陰陽來此相薄」？曰「西方肅殺之氣〔二〕，如何言萬物之所説」？凡此數説，有何不可曉。巽當春夏之交，萬物畢出，故謂之齊。觀北地少雨，得風則生氣郁然可驗也。夏秋之交，土之所位，故坤位之，非言地也。若如此致難，則先天方位巽在西南，何不疑東北無風耶？其餘七卦莫不皆然。乾主立冬以後、冬至以前，故陰陽相薄。觀説卦，乾之爲寒爲冰，非西北何以置之！萬物告成於秋，如何不説。朱子注「元亨利貞」之「利」

〔一〕「東北」，朱子語類卷七十七作「西北」。

〔二〕「氣」，朱子語類卷七十七作「地」。

曰：「利者，生物之遂，物各得宜，不相妨害。於時爲秋，於人爲義，而得其分之和。」非説乎？顧未嘗以肅殺為嫌也。然則朱子所以致疑者，由先天之説先入於中，故曰「主張太過」也。康節曰：「乾、坤交而爲泰，言文王改先天圖之義。先天乾南坤北，交而爲泰，故乾北坤南。坎、離交而爲既濟。先天離東坎西，交而爲既濟，故離南坎北。乾生於子，先天乾居午，而其生在子，故下而至北。坤生於午，坤居子，而其生在午，故上而至南。坎終於寅，坎當申，交於離，故終寅。離終於申。離當寅，交於坎，故終申。」所謂交者，不取對待言之也。即以對待而論，則乾南坤北者，亦必乾北坤南，而後泰之形可成也，今坤在西南，乾在西北；離東坎西者，亦必離西坎東，而後既濟之形可成也，今離在上，坎在下，於義何居？藉曰：「再變而後爲今位。」是乾南坤北之後，離南坎北之前，中間又有一方位矣。乾位戌，坤位未，坎位子，離位午，於子午寅申皆無當也。康節又曰：「震、兑，始交者也，陽本在上，陰本在下，陽下而交於陰，陰上而交於陽。震一陽在下，兑一陰在上，故爲始交。故當朝夕之位。坎、離，交之極者也，坎陽在中，離陰在中，故爲交之極。故當子午之位。四正皆爲用位。巽、艮不交，而陰陽猶雜也，巽一陰在下，艮一陽在上，適得上下本然，故爲不交。故當用中之偏。乾、坤，純陽純陰也，故當不用之位。東方陽主用，西方陰爲不用。」夫氣化周流不息，無時不用。若以時過爲不用，則春秋不用者子午，冬夏不用者卯酉，安在四正之皆爲用位也？必以西南、西北爲不用之位，則夏秋之交，秋冬之交，氣化豈其或息乎？康節又曰：

「乾、坤縱而六子横，易之本也。先天之位。震、兑横而六卦縱，易之用也。」由前之説，則後自坎、離以外皆横也；由後之説，則前自坎、離以外皆縱也。圖同而説異，不自知其遷就與？是故離南坎北之位，本無可疑，自康節以爲「從先天改出，牽前曳後」，始不勝其支離。朱子求其所以改之之故而不可得，遂至不信經文，吁可怪也。

納甲一

世言納甲本於參同契，然京房積算已言：「分天地乾、坤之象，益之以甲乙壬癸。甲壬陽，入乾。乙癸陰，入坤。震、巽之象配庚辛，庚陽，入震。辛陰，入巽。坎、離之象配戊己，戊陽，入坎。己陰，入離。艮、兑之象配丙丁。丙陽，入艮。丁陰，入兑。」是則西漢之前已有之矣。魏伯陽因其説，而以月象附會之。參同契曰：「三日出爲爽，震◐庚受西方。八日兑◐受丁，上弦平如繩。十五乾○體就，盛滿甲東方。」「十六轉就緒，巽◐辛見平明。艮◐直於丙南，下弦二十三。坤●乙三十日，東方喪其明。」「壬癸配甲乙，乾、坤括始終。」虞翻注易亦祖伯陽，蓋以月之明魄多少取象於卦畫，而以所見方位爲所納之甲。趙汝楳駁之曰：「晝夜有長短，晝短日没於申，則月合於申，望於寅。晝長則日没於戌，則月合於戌〔一〕，望於辰。十二月間，三日之月未必晝見庚，十五日之月未必晝見甲。合朔有先後，則上下絃〔二〕未必盡在八日、二十三日，望晦未必盡在十五日、三十日。震、巽位於西，兑、艮位於南，乾、坤位於東，與大傳之卦易位。兑畫陽過陰，艮畫陰過陽，不能均平，與上下絃〔三〕月體相符。」朱風林升亦云：「以乾三畫純陽爲望，以坤三畫純陰爲晦，其明魄消長當以五夜當一畫。則震當爲初五夜之月，而非生明；兑當爲初十夜之月，而非上弦。望後巽、艮亦然。此月之明魄與畫卦不類也。地之方位，甲庚相對，既以望夕之月爲乾而出甲，則初生之月不見於庚矣。上下弦之昏旦，同見於南方之中，亦初無上弦見丁，下弦見丙之異也。況月之行天，一歲十二月，其昏旦出見之地，夜夜推移，無定位可指，來月所納之甲，非今月所納之甲矣。」某以爲坎爲月，則月者八卦中之一也。八卦納甲而專屬之月可乎？同此八卦，或取象於昏，或取象於旦，亦非自然之法象也。故沈存中不主月象，謂是「天地胎育之理」。乾納甲壬，坤納乙癸者，上下包之也。六子包於腹中，其次第震、巽宜納丙丁，艮、兑宜納庚辛。今

〔一〕此上兩「戌」字，原作「戍」，今依廣雅本改。以下隨手改正，不另出校。
〔二〕「絃」，廣雅本作「弦」。
〔三〕「絃」，廣雅本作「弦」。

反是者，卦自下生，先初爻，次中爻，末上爻，是以長下而少上也。」某又不然。甲乙至壬癸，乃先後之次第，非上下之次第也。震、巽庚辛，艮、兑丙丁，是亂其先後矣，不得以爻爲解。以方位言之，乾金坤土震木巽木坎水離火艮土兑金，在説卦可證。今乾納甲壬，坤納乙癸，其爲木耶水耶？震、巽之爲金，坎、離之爲土，艮、兑之爲火，將安所適從耶？若置之不論，則又無庸於納也。

納甲二

卦之納甲以六十甲子言，故納辰亦謂之甲也。十二支六陽六陰，陽順傳，陰逆傳，子寅辰午申戌爲順，未巳卯丑亥酉爲逆。乾起初爻納子，順傳六爻則陽支畢。坤起初爻納未，逆傳六爻則陰支畢。震得乾初，初爻納子。坎得乾二，初爻納寅。艮得乾三，初爻納辰。皆順傳六爻。巽得坤四，初爻納丑。先外卦而後内卦，亦逆也。離得坤三，初爻納卯，逆中之逆。兑得坤二，初爻納巳。皆逆傳六爻。或謂陽順陰逆者非也，特左右行耳。陰陽雖判，未嘗不交，唯交故左右行。五行用數，一居北自左而右，二居南自右而左。故乾左行，起子至戌；坤右行，起未至酉。六卦則以子丑寅卯辰巳爲初爻之序，亦陽左陰右。乾、坤爲父母，故各據陰陽之半。

六子以類從，巽、離、兑初爻當納未巳卯。坤內卦。今納丑卯巳坤外卦。者，坤順承天，妻道也。妻不敢敵夫以率諸女，故初爻則隨父左行，自二爻以往始右行以從母。重卦之納甲，內卦觀下三爻，外卦觀上三爻，內外交錯以成之。如乾下坤上，內卦則子寅辰，外卦則丑亥酉。是故納十日者總以卦，納十二辰者析於爻。卜筮家舍納甲則休咎無以辨矣。然觀其所用五行，惟十二辰，而十干無與焉。卦爲體，爻爲用，干爲主，辰爲客。有用而無體，舍主而用客，則是失輕重之倫也。假如生在卦，克在爻，自當去爻而從卦；干則凶，支則吉，豈得昧大而見小。納甲之説，將古有其名而無其實與？抑傳之者失其真與？不然，乾初爻止當云子爲水，不必配爲甲子；坤初爻止當云未爲土，不必配爲乙未。既配以甲乙，自當用其五行矣。且姑置納日之用不用，甲爲五行之全數，卦爲天地之全數，今以四十八爻而納六十甲所餘之十二甲將焉置之。豈卦不足以包五行耶？

魏伯陽月體納甲圖

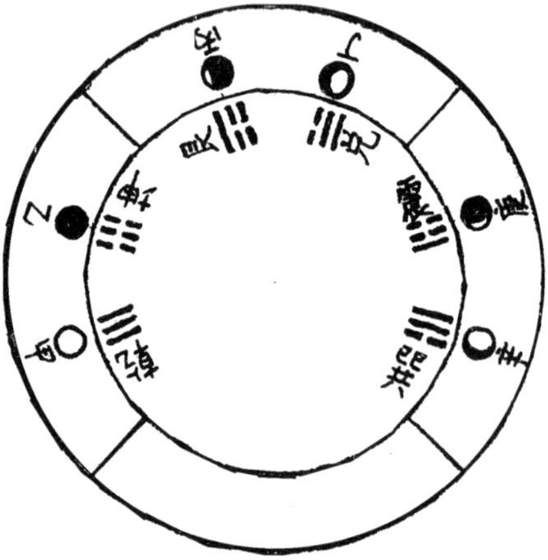

沈存中納甲胎育圖

乾☰甲	艮☶丙	坎☵戊	震☳庚	乾☰壬
坤☷乙	兌☱丁	離☲己	巽☴辛	坤☷癸

純卦納十二辰圖

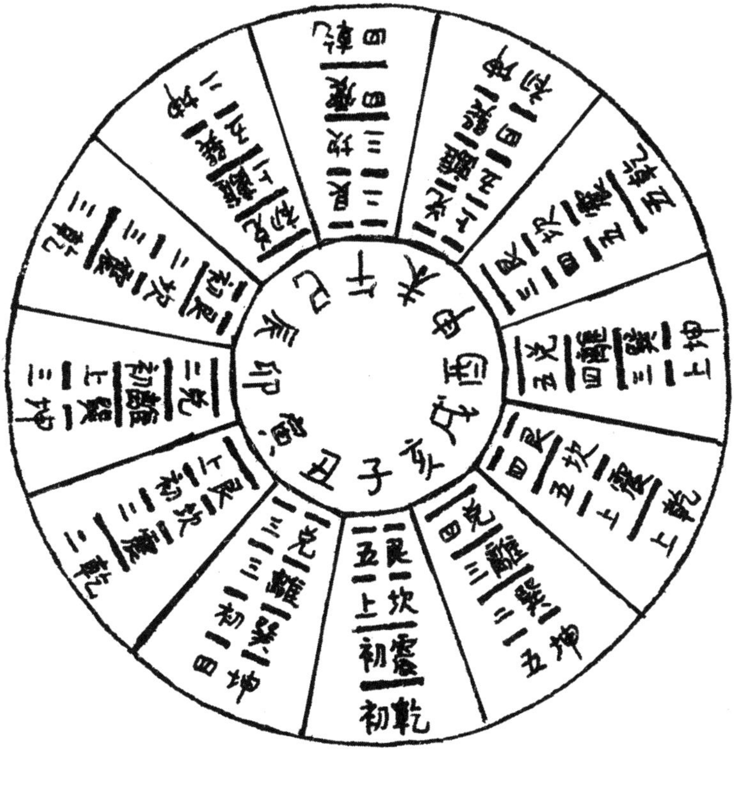

納辰成卦圖

	乾	震	坎	艮	坤	巽	離	兌
上	⚊ 壬戌	⚋ 庚戌	⚋ 戊子	⚊ 丙寅	⚋ 癸酉	⚊ 辛卯	⚊ 己巳	⚋ 丁未
五	⚊ 壬申	⚋ 庚申	⚊ 戊戌	⚋ 丙子	⚋ 癸亥	⚊ 辛巳	⚋ 己未	⚊ 丁酉
四	⚊ 壬午	⚊ 庚午	⚋ 戊申	⚋ 丙戌	⚋ 癸丑	⚋ 辛未	⚊ 己酉	⚊ 丁亥
三	⚊ 甲辰	⚋ 庚辰	⚋ 戊午	⚊ 丙申	⚋ 乙卯	⚊ 辛酉	⚊ 己亥	⚋ 丁丑
二	⚊ 甲寅	⚋ 庚寅	⚊ 戊辰	⚋ 丙午	⚋ 乙巳	⚊ 辛亥	⚋ 己丑	⚊ 丁卯
初	⚊ 甲子	⚊ 庚子	⚋ 戊寅	⚋ 丙辰	⚋ 乙未	⚋ 辛丑	⚊ 己卯	⚊ 丁巳

季彭山曰：「陽卦納陽於陽支，皆順行；陰卦納陰於陰支，皆逆行。乾起甲子，則坤當起乙丑，今爲改正。」羲按，坤起乙未，自京氏積算已然。蓋陰生於午，故從未而起。彭山不知而作，往往如此。近又有改納甲者，戊己干支十二，虚中不用，以離納甲，坎納乙，兑納丙，艮納丁，震納庚，巽納辛，乾納壬，坤納癸，各納其干內所有之支，自下而上如

納甲者。甲子、甲戌、甲申、甲午、甲辰、甲寅，是其所有也。餘倣此。此皆無所證據，輕改古法。

納音

六十甲子納音亦從納甲而生，一律納五音，十二律納六十音也。納音雖同，而立法有三。其本之内經者，五音始於金，傳火傳木傳水傳土，其叙也。乾納甲，坤納癸，爲之始終，故納始於乾金，終於坤土。同位娶妻，隔八生子。甲子金之仲，三元：首仲、次孟、次季。娶乙丑下生壬申，金之孟；娶癸酉上生庚辰，金之季。娶辛巳下生戊子，火自戊子、己〔二〕丑轉丙申、丁酉，轉甲辰、乙巳，火之仲、孟、季畢焉。自壬子、癸丑轉庚申、辛酉，轉戊辰、己〔三〕巳，木之仲、孟、季畢焉。自丙子、丁丑轉甲申、乙酉，轉壬辰、癸巳，水之仲、孟、季畢焉。自庚子、辛丑轉戊申、己酉，轉丙辰、丁巳，土之仲、孟、季畢焉。以上爲陽律。起甲午、乙未，轉壬寅、癸卯，轉庚戌、辛亥，皆金也。戊午、己未轉丙寅、丁卯，轉甲戌、乙亥，皆火也。壬午、癸未轉庚寅、

〔二〕〔三〕「己」，原作「巳」，今據廣雅本改。以下隨手正之，不另出校。

辛卯，轉戊戌、己亥，皆木也。丙午、丁未轉甲寅、乙卯，轉壬戌、癸亥，皆水也。庚午、辛未轉戊寅、己〔二〕卯，轉丙戌、丁亥，皆土也。以上爲陰〔三〕吕。此一法也。葛稚川曰：「子午屬庚，納甲震初爻庚子、庚午。丑未屬辛，巽初爻納辛丑、辛未。寅申屬戊，坎初爻納戊寅、戊申。卯酉屬己，離初爻納己卯、己酉。辰戌屬丙，艮初爻納丙辰、丙戌。巳亥屬丁。兑初爻納丁巳、丁亥。一言得之者宫與土，所屬者即是一言而得。三言得之者徵與火，如戊子、戊午，戊之去庚，數之有三也。餘準此。五言得之者羽與水，如丙子、丙午，丙之去庚爲數五也。七言得之者商與金，如甲子、甲午，甲之去庚爲數七。九言得之者角與木。」此一法也。「子午之數九，九者黄鐘之數。子爲十一月，其律黄鐘。午爲子衝，故其數同。丑未八，丑十二月，故殺子九。寅申七，卯酉六，辰戌五，巳亥四。」「甲己之數九，甲爲子干，己爲甲妃，其數同。乙庚八，丙辛七，丁壬六，戊癸五。」揚子雲太玄之數。其推納音，以火土木金水爲序。甲子、乙丑金者，甲九子九乙八丑八，積三十四，以五除之餘四，故爲金。丙寅、丁卯火者，丙七寅七丁六卯六，積二十六，以五除之餘一，故爲火。餘準此。此一法也。按律書，同位娶妻，如黄鐘與大吕同位爲妻。隔八生子，黄鐘三分損一，隔八生林鐘爲子。今甲

〔二〕「己」，原作「乙」，今據廣雅本改。
〔三〕「陰」，原作「陽」，今據下文内經納音圖和史記律書改。

子黄鐘與乙丑大吕同位，謂之娶妻是矣。而甲子之隔八爲辛未林鐘，何以甲子不能生之也？蔡邕云：「陽生陰爲下生，陰生陽爲上生。」今陽不能生，是但有上生而無下生也。以甲子爲上，癸亥爲下，則又皆下生而上生無十之一二也。内經之法與律書不盡合矣。稚川言：「中央總黄天之氣一，南方丹天之氣三，北方玄天之氣五，西方素天之氣七，東方蒼天之氣九。」皆奇數而無偶數，而一之屬土，三之屬火，五之屬水，七之屬金，九之屬木，亦不知其何義也。揚子雲謂「子之數九，從黄鐘之管」，則丑當從林鐘而六，寅當從太簇而八。十二月各有其律，何以有從有不從耶？是故必欲定納音之法，當以京房六十律與甲子分配，以之上生下生，始無敝耳。

内經納音圖

陽	陰
甲子乙丑金	丙寅丁卯火
戊辰己巳木	庚午辛未土
壬申癸酉金	甲戌乙亥火
丙子丁丑水	戊寅己卯土
庚辰辛巳金	壬午癸未木

甲申乙酉水
戊子己丑火
壬辰癸巳水
丙申丁酉火
庚子辛丑土
甲辰乙巳火
律
戊申己酉土
壬子癸丑木
丙辰丁巳土
庚申辛酉木

丙戌丁亥土
庚寅辛卯木
甲午乙未金
戊戌己亥木
壬寅癸卯金
丙午丁未水
呂
庚戌辛亥金
甲寅乙卯木
戊午己未火
壬戌癸亥水

葛稚川納音圖

一言宮屬土	庚子庚午	辛丑辛未	戊寅戊申
	己卯己酉	丙辰丙戌	丁巳丁亥
三言徵屬火	戊子戊午	己丑己未	丙寅丙申

五言羽屬水

七言商屬金

九言角屬木

丁卯丁酉	丙子丙午	乙卯乙酉	甲子甲午	癸卯癸酉	壬子壬午	辛卯辛酉
甲辰甲戌	丁丑丁未	壬辰壬戌	乙丑乙未	庚辰庚戌	癸丑癸未	戊辰戊戌
乙巳乙亥	甲寅甲申	癸巳癸亥	壬寅壬申	辛巳辛亥	庚寅庚申	己巳己亥

揚子雲積數納音圖

甲子乙丑三十四	甲申乙酉三十	甲辰乙巳二十六
丙寅丁卯二十六	丙戌丁亥二十二	丙午丁未三十
戊辰己巳二十三	戊子己丑三十一	戊申己申二十七
庚午辛未三十二	庚寅辛卯二十八	庚戌辛亥二十四
壬申癸酉二十四	壬辰癸巳二十	壬子癸丑二十八
甲戌乙亥二十六	甲午乙未三十四	甲寅乙卯三十

丙子丁丑三十　丙申丁酉二十六　丙辰丁巳二十二
戊寅己卯二十七　戊戌己亥二十三　戊午己未三十一
庚辰辛巳二十四　庚子辛丑三十二　庚申辛酉二十八
壬午癸未二十八　壬寅癸卯二十四　壬戌癸亥二十

占課

今世揲蓍者少而火珠林之術盛行，大概本於京氏卦。棄其象數，爻取于干支，一卦爲一世應，於動静無與也；一事爲一門類，於爻辭無與也。然某觀京房易傳，又與今世所行間有出入，則亦失其傳也。曰世應，分爲八宫，乾、震、坎、艮、坤、巽、離、兑各主一宫。所屬七卦自下而上以次受變，變至五爻，則上爻不可復變。上爻爲宫之主。故第六卦從第五爻返至四爻，變而復主卦之畫，謂之游魂。第七卦則内卦皆復主卦之畫，謂之歸魂。主卦以上爻爲世，其次五卦以變爻爲世，遊魂以四爻爲世，歸魂以三爻爲世。亦内卦之上爻也。世之對爲應，初與四、二與五、三與上是也。曰飛伏，世爻所在，見者爲飛，不見者爲伏。見者即世爻之納甲，不見者八主卦取相反之納甲，乾與坤反，震與巽反，坎與離反，艮與兑反。五變卦取主卦之納甲，變在一世取主卦一爻，變在二世取主卦二爻。餘準〔二〕此。遊歸〔三〕二卦取從變之納甲。如乾宮遊魂從剥而變，則取剥四納甲爲伏。歸魂從晉而變，則取晉三納甲爲伏。餘準此。曰建，以爻直月，從世起建，布於六位。惟乾、坎從初爻起。乾起甲子，坤起甲午，一卦凡六月也。曰積算，以爻直日，從建所止起日，如姤上九乙亥，即以乙亥起，上九爲一日。終而復始，一卦凡百有八十日也。術家以月爲直符，日爲傳符，指六爻所見之支當之，非矣。曰：「鬼爲繫爻，財爲制爻，天地爲義爻，天地即父母。福德爲寶爻，福德即子孫。同氣爲專爻。兄弟爻也。」即術家所定六親是也。其定身爻視世爻之辰，子午身居初，丑未身居二，寅申身居三，卯酉身居四，辰戌身居五，巳亥身居上，而京氏無定身爻之例。乾卦云：「水配位爲福德，初爻甲子水，乾之子孫。木入金鄉居寶貝，二爻甲寅木，乾之財。土臨内象爲父母，三爻甲辰土，乾之父母。火來四上嫌相敵，四爻壬午火，乾之官鬼。金入金鄉木漸微，五爻壬申金，乾之兄弟。宗廟上建戌亥乾本位。謂上爻壬戌土。」若依術家，則乾五爲身爻，乾上復爲父母。京氏皆不言者，以世即身也。世外復有身，不已贅乎？曰龍德虎刑，「龍德在十一月坎卦子左行，虎刑五月在離卦午右行」。故依建之所

〔二〕「準」，原作「歸」，今據廣雅本改。
〔三〕「歸」，原作「準」，今據廣雅本改。

歷，龍德起子，至四月在巳，虎刑繼之； 虎刑起午，至十月在亥，龍德繼之。術家見子即爲龍德，見午即爲虎刑，失之遠矣。 術家又有青龍、朱雀、勾陳、騰蛇、白虎、玄武六神，以所占之日，甲乙起青龍，丙丁起朱雀，戊起勾陳，己起騰蛇，庚辛起白虎，壬癸起玄武。在龍虎爲重出，餘四神爲增也。 曰卦位，初元士，二大夫，三三公，四諸侯，五天子，上宗廟。曰五星，曰二十八宿，皆從世爻入卦。 曰盈虛，盈則三十有六，虛則二十有八，内外卦各分其半，以其五行所屬起世爻，巡於六位，視與爻之納甲相生克定其吉凶。此皆術家之所無也。

八宮世應圖

	本宮	一世	二世	三世	四世	五世	遊魂	歸魂
乾宮金	䷀乾	䷫姤	䷠遯	䷋否	䷓觀	䷖剥	䷢晉	䷍大有
震宮木	䷲震	䷏豫	䷧解	䷟恒	䷭升	䷯井	䷛大過	䷐隨
坎宮水	䷜坎	䷻節	䷂屯	䷾既濟	䷰革	䷶豐	䷣明夷	䷆師
艮宮土	䷳艮	䷕賁	䷙大畜	䷨損	䷥睽	䷉履	䷼中孚	䷴漸

坤宮土	巽宮木	離宮火	兌宮金
坤	巽	離	兌
復	小畜	旅	困
臨	家人	鼎	萃
泰	益	未濟	咸
大壯	无妄	蒙	蹇
夬	噬嗑	渙	謙
需	頤	訟	小過
比	蠱	同人	歸妹

遊魂八卦伏鬼易十六卦不取本宮爲伏故別爲圖

晉艮四丙戌　大過坎四戊申　明夷震四庚午　中孚乾四壬午　需兌四丁亥　頤離四己酉　訟巽四辛未　小過坤四癸丑

歸魂八卦伏

大有坤三乙卯　隨巽三辛酉　師離三己亥　漸兌三丁丑　比乾三甲辰　蠱震三庚辰　同人坎三戊午　歸妹艮三丙申

京氏月建圖

甲子	乾初　蹇三　謙三　妹三
甲戌	姤五　剥五　遯五　否五　觀五
甲申	晉三　節初　恒二　升二　井二

乙丑 乾二 謙四 小過四 妹四	丙寅 乾三 小過五 妹五	丁卯 乾四 小過上 妹上	戊辰 乾五 小過初 妹初	己巳 乾上 小過二 妹二	庚午 姤初 小過三	辛未 姤二 遯二
乙亥 姤上 遯上 否上 觀上 剥上	丙子 遯初 否初 觀初 剥初 震上	丁丑 否二 觀二 剥二 震初 豫初	戊寅 觀三 剥三 大有三 震二 豫二 解二 坎初	己卯 剥四 晉四 大有四 震三 豫三 解二 恒三 坎二	庚辰 晉五 大有五 震四 豫四 解四 恒四 升四 坎三	辛巳 晉上 大有上 震五 豫五 解五 恒五 升五 井五 坎四
乙酉 升三 井三 隨三 節二 屯二	丙戌 井四 大過四 隨四 節三 屯三 既三	丁亥 大過五 隨五 節四 屯四 既四 革四	戊子 大過上 隨上 節五 屯五 既五 革五 豐五	己丑 大過初 隨初 節上 屯上 既上 革上 豐上	庚寅 大過二 隨二 屯初 既初 革初 豐初 艮上	辛卯 大過三 既二 革二 豐二 艮初 賁初

壬申 姤三　遯三　否三	癸酉 姤四　遯四　否四　觀四	甲午 夬五　師五　艮四　賁四 大畜四　損五　睽四　坤上	乙未 夬上　師上　艮五　賁五 大畜五　損上　睽五　履五 坤初　復初	丙申 夬初　師初　賁上　大畜上 損初　睽上　履上　坤二 復二　臨二	丁酉 夬二　師二　大畜初　損二 睽初　履初　坤三　復三 臨三　泰三
壬午 晉初　大有初　解上　豫上 恒上　升上　井上　坎五	癸未 晉二　大有二　解初　恒初 升初　井初　坎上	甲辰 孚二　漸二　夬四　需四 比四　巽三　小畜三　家三 益三	乙巳 孚三　需五　比五　巽四 小畜四　家四　益四　无四	丙午 需上　比上　巽五　小畜五 家五　益五　无五　噬五	丁未 需初　比初　小畜上　家上 益上　无上　噬上
壬辰 革三　豐三　師三　艮二 賁二　大畜二	癸巳 豐四　夷四　師四　艮三 賁三　大畜三　損四	甲寅 頤初　蠱初　旅上　鼎上 未上　蒙上　渙上	乙卯 頤二　蠱二　鼎初　巽初 未初　蒙初　渙初　艮上	丙辰 頤三　未二　蒙二　渙二 艮初　困初	丁巳 蒙三　渙三　同三　艮二 困二　萃二

戊戌	夷三　損三　睽二　履二　坤四　復四　臨四　泰四　壯四
己亥	睽三　履三　漸三　坤五　復五　臨五　泰五　壯五　夬五
庚子	履四　孚四　漸四　復上　臨上　泰上　壯上　夬上
辛丑	孚五　漸五　臨初　泰初　壯初　夬初　巽上
壬寅	孚上　漸上　泰二　壯二　夬二　巽初　小畜初
癸卯	孚初　漸初　壯三　夬三　比三　巽三　小畜二　家二
戊申	需二　比二　家初　益初　无初　噬初　離上
己酉	需三　益二　无二　噬二　離初　旅初
庚戌	无三　噬三　蠱三　離二　旅二　鼎二
辛亥	噬四　頤四　蠱四　離三　旅三　鼎三　未三
壬子	頤五　蠱五　離四　旅四　鼎四　未四　蒙四
癸丑	頤上　蠱上　離五　旅五　鼎五　未五　蒙五　渙五
戊午	渙四　訟四　同四　艮三　困三　萃三　咸三
己未	訟五　同五　艮四　困四　萃四　咸四　蹇四
庚申	訟上　同上　艮五　困五　萃五　咸五　蹇五　謙五
辛酉	訟初　同初　困上　萃上　咸上　蹇上　謙上
壬戌	訟二　同二　萃初　咸初　蹇初　謙初
癸亥	訟三　咸二　蹇二　謙二

易學象數論卷二

卦氣一

易緯有卦氣之法，京房精於其學。以坎、震、離、兑主二十四氣，其餘六十卦起自中孚，卦有六爻，爻主一日，凡主三百六十日，餘五日四分日之一。每日分爲八十分，五日得四百分，四分日之一得二十分，積四百二十分。均於六十卦，六七四十二，每卦得六日七分。又於六十卦之中，别置復、臨、泰、大壯、夬、乾、姤、遯、否、觀、剥、坤十二以爲辟卦，每爻各主一候。自復至乾爲息卦，曰太陽。自姤至坤爲消卦，曰太陰。息卦所屬者曰少陽，消卦所屬者曰少陰。故孔穎達復彖「反復其道，七日來復」之疏謂：「剥卦陽氣之盡，在於九月之末。十月純坤用事，坤卦之盡則復卦陽來。坤卦有六日七分，舉成數故言七日。」王昭素駁之曰：「坤卦之盡，復卦陽來，則十月之節終，一陽便來，不得到冬至之日矣。據其節終尚去冬至十五日，則卦之七日之義，難用易緯之數。」某以爲昭素駁之是矣。然昭素未悉卦氣之法，不能鍼其痼疾也。以十二辟卦言之，剥之至復，所隔惟坤六爻，其一爻當一候，一候得五日五分六分分之五，六爻得三十日三十五分，非七日也。以六十卦言之，一卦六日七分，剥之至復，中隔艮、既濟、噬嗑、大過、坤、未濟、蹇、頤、中孚九卦，計五十四日六十三分，非一卦也。孔氏牽合兩者，故其説不能合易之「七日來復」。取卦之反易爲義，反剥爲復，所歷七爻，以一日爲一爻，故曰「反復其道」，反復即反覆也。與卦何與？即使孔氏之疏能合卦氣，則易之辭無乃爲卦氣圖説乎？爲卦氣之法者，宓戲耶？文王耶？先儒之議卦氣者，謂冬至不起於中孚，而起於復。中孚爲大雪之終，氣至冬至而始盡，故繫於冬至之下。中孚之於冬至，於象於名兩無當也。然觀太玄之辭曰：「陽氣藏於黄宫，信無不在其中。」則中孚之直冬至者，顧以其名耳。太玄之釋卦序，自辟卦之外，無不以其名爲義也。又何獨疑於中孚乎？所謂六日七分者，六日既盡，七分便爲來日之始，非必取足八十分，而自爲一日也。趙汝楳乃以餘算歸之一卦，於是有一卦直七日者，失其意矣。葉氏則以七分爲之氣盈，六十卦餘五日二十分，若積餘以置閏者，是一卦直六日。且并焦、京之學失其傳也。

卦氣二

六日七分之説，相傳最久。其餘卦氣，皆自後起。有自乾至未濟，並依易書本序，以一卦直一日，乾直甲子，坤直乙丑，至未濟直癸亥，乃盡六十日，六周而三百六十日。四正卦則直二分二至，坎冬至，離夏至，震春分，兑秋分，不在六十卦輪直之列者，焦氏之法也。有以乾、坤、坎、離四卦爲橐籥，餘六十卦依次序，一爻直一時，一月有三百六十時足其數者，又以十二辟卦每卦管領一時，魏伯陽之法也。乾起甲子，坤起甲午，每卦直六月〔一〕者，京房之法也。史繩祖曰：「革居序卦之四十九，當大衍之數；節居序卦之六十，當周天之度。六十卦三百六十爻，一爻主一日。上經乾起甲子，泰甲戌，噬嗑甲申，至離三十卦一百八十日，而三甲盡。下經咸起甲午，損甲辰，震甲寅，至節癸亥而終，亦三十卦一百八十日，而一年周。故曰『天地節而四時成』，亦曰『天地革而四時成』。中孚、小過、既、未濟者，分坎、離、震、兑，中孚巽上兑下，小過震上艮下，既、未濟皆坎離。以應分至，每爻直十五日，以應二

〔一〕「月」，疑當作「日」。

十四氣。先儒言『卦起中孚』，非也。」以六十卦言，甲子起於乾；以分至四卦言，甲子亦起於中孚，亦古法也。至宋而後，有所謂先天圖者，於是邵子以六日七分之法施於其圖，黜「卦起中孚」之說，以復起冬至，姤起夏至。其以坎、離、震、兑四正卦，主二十四氣者，改爲乾、坤、坎、離，此圓圖之卦氣也。張理以方圖覆背置之，泰處於東北，乾處於東南，否處於西南，坤處於西北，亦以冬至起復，至泰而正月，至乾而四月，至否而七月，至坤而十月，此方圖之卦氣也。張氏又以一陰一陽至六陰六陽，類而並列，六陽處南，六陰處北，陽自下而升，陰自上而降，廣辟卦之法也。邵子又以方圖乾、兑、離、震，各重之爲六十四卦，共二〔二〕百五十六卦。以之算大運，亦以算小運。二十四氣每氣六十四爻，積一千五百二十六爻，合乾、兑、離、震掛一之數，謂之掛一圖。所謂皇極之學也。諸家之不同如此，蓋初無一定之理，各以意之所見爲之。是故六日七分之外，有一卦直一日者，有兩卦直一日者，一爻直一日者，四爻三分强直一日者。總卦與日之大數，而後分配其小數，或多或少，不顧其果否如是也。其卦之排比，惟序卦可據。序卦之義，於時日不可强通。故漢儒别求其義於卦名，而有中孚之起。然揚雄氏所傳之卦義，未免穿鑿附會，未嘗爲易之篤論也。宋儒始一

〔二〕「二」，原作「一」，今據廣雅本改。

變其說，以奇偶之升降消長爲言，而於經文四時可據之方位，一切反之。然則宋儒之畫，漢儒之義，猶二五之爲十也。孰分其優劣哉！

六日七分圖		
坎初六冬至十一月中	復六四丘蚓結 六五麋角解	中孚公六日七分
	上六水泉動	復辟十二日十四分
九二小寒十二月節	臨初九雁北鄉	屯侯十八日二十一分
	九二鵲始巢	謙大夫二十四日二十八分
	六三雉雊	睽卿三十日三十五分
六三大寒十二月中	六四雞乳 六五征鳥厲疾	升公三十六日四十二分
	上六水澤腹堅	臨辟四十二日四十九分
六四立春正月節	泰初九東風解凍	小過侯四十八日五十六分

	九二蟄蟲始振	蒙大夫五十四日六十二分
	九三魚上冰	益卿六十日七十分
九五雨水正月中	六四獺祭魚 六五鴻雁來	漸公六十六日七十七分
	上六草木萌動	泰辟七十三日四分
上六驚蟄二月節	大壯初九桃始華	需侯七十九日一十一分
	九二倉庚鳴	隨大夫八十五日十八分
	九三鷹化爲鳩	晉卿九十一日二十五分
震初九春分二月中	九四玄鳥至 六五雷乃發聲	解公九十七日三十二分
	上六始電	大壯辟一百三日三十九分
六二清明三月節	夬初九桐始華	豫侯一百九日四十六分

	九二田鼠化爲鴽	訟大夫一百十五日五十三分
	九三虹始見	蠱卿一百二十一日六十分
六三穀雨三月中	九四萍始生 九五鳴鳩拂其羽	革公一百二十七日六十七分
	上六戴勝降於桑	夬辟一百三十三日七十四分
九四立夏四月節	乾初九螻蟈鳴	旅侯一百四十日一分
	九二丘蚓出	師大夫一百四十六日八分
	九三王瓜生	比卿一百五十二日十五分
六五小滿四月中	九四苦菜秀 九五靡草死	小畜公一百五十八日二十二分
	上九麥秋至	乾辟一百六十四日二十九分
上六芒種五月節	姤初六螗螂生	大有侯一百七十日三十六分

	九二鶪始鳴	家人大夫一百七十六日四十三分
	九三反舌無聲	井卿一百八十二日五十分
離初九夏至五月中	九四鹿角解 九五蜩始鳴	咸公一百八十八日五十七分
	上九半夏生	姤辟一百九十四日六十四分
六二小暑六月節	遯初六温風至	鼎侯二百日七十一分
	六二蟋蟀居壁	豐大夫二百六日七十八分
	九三鷹學習	渙卿二百一十三日五分
九三大暑六月中	九四腐草化爲螢 九五土潤溽暑	履公二百一十九日十二分
	上九大雨時行	遯辟二百二十五日十九分
九四立秋七月節	否初六涼風至	恒侯二百三十一日二十六分

	六二白露降	節大夫二百三十七日三十三分
	六三寒蟬鳴	同人卿二百四十三日四十分
六五處暑七月中	九四鷹祭鳥 九五天地始肅	損公二百四十九日四十七分
	上九禾乃登	否辟二百五十五日五十四分
上九白露八月節	觀初六鴻雁來	巽侯二百六十一日六十一分
	六二玄鳥歸	萃大夫二百六十七日六十八分
	六三群鳥養羞	大畜卿二百七十三日七十五分
兑初九秋分八月中	六四雷始收聲 九五蟄蟲坯户	賁公二百八十日二分
	上九水始涸	觀辟二百八十六日九分
九二寒露九月節	剥初六鴻雁來賓	歸妹侯二百九十二日十六分
	六二雀入大水爲蛤	无妄大夫二百九十八日二十三分

	六三菊有黄華	明夷卿三百四日三十分
六三霜降九月中	六四豺祭獸 六五草木黄落	困公三百一十日三十七分
	上九蟄蟲咸俯	剥辟三百十六日四十四分
九四立冬十月節	坤初六水始冰	艮侯三百二十二日五十一分
	六二地始凍	既濟大夫三百二十八日五十八分
	六三雉入水化蜃	噬嗑卿三百三十四日六十五分
九五小雪十月中	六四虹藏不見 六五天氣騰地氣降	大過公三百四十日七十二分
	上六閉塞而成冬	坤辟三百四十六日七十九分
上六大雪十一月節	復初九鶡鳥不鳴	未濟侯三百五十三日六分
	六二虎始交	蹇大夫三百五十九日十三分
	六三茘挺出	頤卿三百六十五日二十分

六日七分卦序解		姤	微陰初起與陽相遇
中孚 冬至	萬物萌芽於中	鼎 小暑	陰陽之氣相和若調鼎然
復	陽氣復始	豐	陰陽相濟而物茂盛
屯 小寒	一陽微動生物甚難	渙	陰陽相雜渙有其文
謙	陽氣澹然温和萬物於土中始自載幼	履 大暑	陰進陽退有賓主之禮
睽	睽外也萬物將自内而外	遯	陰進而陽遁
升 大寒	萬物爲陽氣所育將射地而出	恒 立秋	陰陽進退不易之常道
臨	陰氣在外萬物扶疎而上	節	陽不可過故陰以節之
小過 立春	小爲陰小過者陰將過也	同人	陰氣雖盛陽氣未去與之相同
蒙	萬物孚甲而未舒	損 處暑	萬物減損
益	陽氣日益	否	陽上陰下萬物否塞

		巽（白露）	巽伏也陽氣將伏
漸（雨水）	陽氣漸生	萃	萬物陽氣萃於内
泰	陽氣日盛萬物暢茂	大畜	大爲陽陽氣畜聚於内
需（驚蟄）	陰尚在上滋生舒緩	賁（秋分）	賁爲文陰升陽降故文見而賁
隨	萬物隨陽氣而徧	觀	陽養其根陰成其形物皆可觀
晉	萬物日進而上	歸妹（寒露）	陽在下故曰歸
解（春分）	陽氣温暖萬物解甲而生	无妄	无妄災也萬物凋落
大壯	陽氣内壯	明夷	物受傷
豫（清明）	陰消陽息萬物和悦	困（霜降）	物受傷而困
訟	萬物爭訟而長	剥	陰剥陽幾盡
蠱	蠱飭也萬物至此整飭	艮（立冬）	物上隔於陰下歸于陽各止其所

革 穀雨	萬物洪舒變形易體	既濟	歲功已濟
夬	陽氣決然無所疑忌	噬嗑	噬嗑食也物美其根而得食
旅 立夏	微陽將升陽氣若處乎旅	大過 小雪	陽之受傷將過
師	萬物衆多	坤	陰上陽下不相逆而順
比	萬物盛而相比	未濟 大雪	陽將復而未濟
小畜 小滿	純陽據位陰猶畜而未肆	蹇	陰極陽生故爲之蹇
乾	萬物猶强盛	頤	陽得養而復
大有 芒種	陽氣充滿將衰		
家人	陽將休息於家		
井	萬物井然不亂		
咸 夏至	陽極陰生感應之理		

卦變一

卦變之説，由泰、否二卦彖辭「小往大來」，「大往小來」而見之，而夫子彖傳所以發明卦義者，於是爲多，顧易中一大節目也。上經三十卦，反對之爲十二卦。下經三十四卦，反對之爲十六卦。乾、坤、頤、大過、坎、離、中孚、小過不可反對，則反其奇偶以相配，卦之體兩相反爻亦隨卦而變。顧有於此則吉，於彼則凶，於彼則當位，於此則不當位。從反對中明此往來倚仗之理，所謂兩端之執也。行有无妄之守，反有天衢之用，時有豐亨之遇，反有羈旅之凶，是之謂卦變。非以此卦生彼卦也，又非以此爻换彼爻也。朱子言：「以彖辭考之，説卦變者凡十九卦，蓋言成卦之由。彖辭不言成卦之由，則不言所變之爻。」此是朱子自言其卦變也。繫曰：「爻者，言乎變者也。」易中何卦不言變？辭有隱顯，而理無不寓。即證之彖辭，亦非止十九卦也。訟「剛來而得中」，以需之反對觀之，彼得正又居中，此但得中不能得正。泰、否之「往來」，所謂「反其類」。隨「剛來而下柔」，蠱「剛上而柔下」，二卦反對。蠱上之剛自外卦來初，居二三之下，隨初剛自下而上，上柔自上而下。噬嗑「柔得中而上行」，賁「柔來而文剛」，「分，剛上而文柔」。前卦言六二上行爲五，後卦言六五自外卦而入内，初九從下卦而至上。无妄「剛自外來而爲主於内」，大畜「剛上而尚賢」。无妄之初九自大畜上爻外卦來，爲内卦之主，大畜之上九自无妄初爻而上。咸「柔上剛下」，恒「剛上柔下」。咸指上六、九三，恒指九四、初六。晉「柔進而上行」，明夷之六二上行，爲六五。睽「柔進而上行」，家人之六二上行爲六五。蹇「往得中也」，解「其來復吉，乃得中也」。蹇之九五自解内卦，故曰「往」；解之九二自蹇外卦，故曰「來」。升「柔以時升」，升上卦之柔，皆萃下卦所升。鼎「柔進而上行」，鼎五由革二而上。漸「進得位」，漸九五當歸妹居二，爲「不得位」。涣「剛來而不窮」者，節五來二；「柔得乎外而上同者」，柔在三失位，在四得位。此朱子所謂「十九卦之彖辭，皆以反對爲義」者也。需「位乎天位，以正中也」，自訟九二而來得中，又得正。損「損下益上，其道上行」，益「損上益下，自上下下」。由損觀之，似以三爻益上爻；由益觀之，似以四爻益初爻。小畜「密雲不雨」，反對爲履。履下之兑，澤氣成雲，故曰「密雲」；兑變而巽，風以散之，故曰「不雨」。大有「應乎天而時行」，方其同人在二之時，應乎天也，今時行而居其位。謙「地道卑而上行」，地道指坤，豫在下卦爲卑，謙在上卦爲行。臨「至於八月」，觀二陽在上，臨二陽在下，自臨至觀歷八爻，故言「八月」。復「七日來復」，剥一陽在上，復一陽在下，自剥至復歷七爻，故言「七日」。明夷「初登於天」言晉，「後入於地」言明夷。夬「所尚乃窮」，對姤爲言。

井「改邑不改井」，兑「爲剛鹵之地」，變而爲巽，則「近利市三倍」，是「改邑」也；坎不變，是「不改井」也，皆對困言之。歸妹「征凶，位不當也」，漸之二五皆當位，至歸妹皆不當。旅「柔得中乎外」，在豐爲得中乎内。巽「柔皆順乎剛」，兑「剛中而柔外」，兑柔不順乎剛，巽柔中而剛外，二卦相反。既濟「剛正而位當〔二〕」，未濟「不當位」，二卦亦相反。此朱子十九卦以外，亦皆反對爲義者也。反對之窮而反其奇偶以配之，又未嘗不暗相反對於其間。如中孚上爻之「翰音」，反對即爲小過初爻之「飛鳥」；頤之「口實」由大過之兑，大過「士夫老夫」由頤之艮、震。此序卦之不可易也。奈何諸儒之爲卦變，紛然雜出，而不能歸一乎？然虞仲翔之釋比曰：「師二上之五得位。」蜀才曰：「此本師卦，六五降二，九二升五。」亦已發其端矣，特未以此通之於別卦也。至李挺之所傳變卦反對圖，可謂獨得其真；而又與六十四卦相生圖並出，則擇焉而不精也。其後，來知德頗以此説變，而以反對者爲綜，奇偶相反者爲錯，於頤、過八卦相反之外取反對者，而亦復錯之，不知奇偶相反之中暗寓反對，非別出一義也。若又有相反一義，何以卦爻略不之及乎？爲卦爻之所不及者，可以無待於補矣。

〔二〕「剛正而位當」，易象傳原作「剛柔正而位當」，似更佳。

卦變二

古之言卦變者，莫備于虞仲翔，後人不過踵事增華耳。「一陰一陽之卦各六，皆自復、姤而變；二陰二陽之卦各九，皆自臨、遯而變；三陰三陽之卦各十，皆自否、泰而變；四陰四陽之卦各九，皆自大壯、觀而變。中孚、小過爲變例之卦，乾、坤爲生卦之原，皆不在數中。」其法以兩爻相易主變之卦，動者止一爻。四陰四陽即二陰二陽之卦也。其變不收于臨、遯之下者，以用臨、遯生卦，則主變者須二爻皆動，而後餘卦可盡，不得不別起觀、壯有四陰四陽；而不用五陰五陽之夬、剥者，以五陰五陽之卦已盡於姤、復，無所俟乎此也。中孚、小過爲變例之卦何也？中孚從二陰之卦，則遯之二陰皆易位；從四陽之卦，則大壯三四一時俱上。小過從二陽之卦，則臨之二陽皆易位；從四陰之卦，則觀三四一時俱上。所謂主變之卦以一爻升降者，至此而窮，故變例也。猶反對之卦，至乾、坤、坎、離、頤、大過、中孚、小過而亦窮也。虞氏之卦變脈絡分明如此。當時所著周易注、周易集林，今既不傳，其見於李鼎祚易解中者，語焉不詳。朱漢上據之以定虞氏卦變，遂有此然彼否之異。無怪趙汝楳謂其「錯雜無統」也。某追尋其緒而後知漢上之誤。然四陰四陽與二陰二陽畢竟相錯，不能不有重出之卦。此八卦者，重於大壯者爲大過、鼎、革、離，重於觀者爲頤、屯、蒙、坎。其主變屬之臨、遯乎？屬之大壯、觀乎？抑兼屬之乎？其説有時而窮也。以彖傳證之，如无妄之「剛自外來」，遯之初三相易，皆在内卦，非外來也。晉之「柔進上行」，觀之四五相易，皆在上卦。睽之「柔進上行」，大壯三上相易，柔爲下行。蹇「往得中」，觀三上相易，不爲得中。皆不能合。此虞氏之短也。

李挺之六十四卦相生圖，「凡卦五陰一陽者皆自復來，復一爻五變而成五卦。師、謙、豫、比、剥。五陽一陰者皆自姤來，姤一爻五變而成五卦。同人、履、小畜、大有、夬。四陰二陽者皆自臨來，臨五復五變而成十四卦。明夷、震、屯、頤、升、解、坎、蒙、小過、萃、觀、蹇、晉、艮。四陽二陰者皆自遯來，遯五復五變而成十四卦。訟、巽、鼎、大過、无妄、家人、離、革、中孚、大畜、大壯、睽、需、兑。三陰三陽者皆自泰來，泰三復三變而成九卦。歸妹、節、損、豐、既濟、賁、恒、井、蠱。三陽三陰者皆自否來，否三復三變而成九卦。漸、旅、咸、涣、未濟、困、益、噬嗑、隨。」其所謂「乾、坤一生二，二生三，至於三極矣」。故不以觀、壯四陰四陽之卦爲主變，可以無虞氏重出之失矣。然臨、遯自第二變以後，主變之卦兩爻皆動，在彖傳亦莫知適從，又不如虞氏動以一爻之有定法也。方寔孫有易卦變合圖，與相生圖同，至兩爻交動則稍更其次序。

朱風林分爲内外體，有「自十辟卦所變者：乾、坤無變，故十二辟卦去之爲十卦。一陽在内體自復變，凡二卦：師、謙。一陽在外體自剝變，凡二卦：豫、比。二陽在内體自臨變，凡二卦：升、明夷。二陽在外體自觀變，凡二卦：晉、萃。二陽在内體一陽在外體自泰變，凡九卦：與相生圖同。一陰在内體自姤變，凡二卦：同人、履。一陰在外體自夬變，凡二卦：小畜、大有。二陰在内體自遯變，凡二卦：无妄、訟。二陰在外體自大壯變，凡二卦：需、大畜。二陰在内體一陰在外體自否變，凡九卦」。與相生圖同。有自「六子卦所變者：二陽分在内外，不處震之主爻者自震變，蹇、蒙。不處坎之主爻者自坎變，小過、頤。不處艮之主爻者自艮變：解、屯。二陰分在内外，不處巽之主爻者自巽變，睽、革。不處離之主爻者自離變，中孚、大過。不處兑之主爻者自兑變，家人、鼎。各得二卦」。其自十辟卦所變者，以一爻升降；其自六子卦所變者，以兩爻升降；自三陰三陽而外，主變之卦多，所生之卦少。何其頭緒之紛紜也。

蘇子瞻言「剛柔相易，皆本諸乾、坤」。程子亦專以乾、坤言卦變，本之蜀才，曰「此本乾卦」，「此本坤卦」。荀爽曰：「謙是乾來之坤。」非創論也。但三陰三陽之卦，此往彼來，顯然可見。其他則來者不知何來，往者不知何往。如无妄「剛自外來」，外卦之乾未嘗損一剛也。而云「自外而來」，不已背乎？故朱子曰：「程子專以乾、坤言卦變，然只是上下兩體皆變者可通。若只一體變者，則不通。」蓋以深中其病矣。然較之虞氏而下鑿空爲説者，某以爲獨優也。

卦變三

朱子卦變圖：「一陰一陽之卦各六，來自復、姤；二陰二陽之卦各十有五，來自臨、遯；三陰三陽之卦各二十，來自否、泰；四陰四陽之卦各十有五，來自大壯、觀；五陰五陽之卦各六，來自夬、剥。」一陰一陽與五陰五陽相重出，二陰二陽與四陰四陽相重出，泰與否相重出。除乾、坤之外，其爲卦百二十有四，蓋已不勝其煩矣。易之上下往來，皆以一爻升降爲言，既有重出，則每卦必有二來，從其一則必舍其一。以彖傳附會之，有一合必有一不合。就其所謂一來者，尚有兩爻俱動，并其二來，則動者四爻矣。原諸儒卦變之意，所以明其自復、姤、臨、遯、否、泰、大壯、觀、夬、剥而來者，以其卦惟此一爻之故變爲别卦，是以脈絡可尋而定爲主變。使一卦之中頭緒紛然，爻爻各操其柄，則彼卦之體已不復存，猶復可認其自某所而來乎？朱子雖爲此圖，亦自知其決不可用。所釋十九卦彖辭，盡舍主變之卦，以兩爻相比者互换爲變。訟則自遯，二三相换。泰則自歸妹，三四相换。否則自漸，三四相换。隨則自困初二相换。自噬嗑五上相换。自未濟，初與二，五與上相换。蠱則自賁初二相换。自井五上相换。自既濟，初與二，五與上换。噬嗑則自益，四五相换。賁則自損二三相换。自既濟，五上相換。无妄則自訟，初二相換。大畜則自需，五上相換。咸則自旅，五上相換。恒則自豐，初二相換。晉則自觀，四五相換。睽則自離二三相換。自中孚四五相換。自家人，二與三，四與五相換。蹇則自小過，四五相換。解則自升，升則自解，皆三四相換。鼎則自巽，四五相換。漸則自渙，二三相換。自旅，四五相換。渙則自漸，二三相換。凡十九卦，而主變者二十有七，或來自一卦，或來自兩卦三卦，多寡不倫，絶無義例。就以其法推之，此十九卦中，朱子之所舉者亦有未盡。訟之自无妄初二相換。自巽，三四相換。隨之自既濟，三四相換。蠱之自未濟，三四相換。噬嗑之自未濟初二相換。自賁三四相換。自隨，五上相換。賁之自蠱初二相換。自噬嗑，三四相換。無妄之自家人，三四相換。大畜之自睽，三四相換。咸之自困，二三相換。恒之自井，四五相換。晉之自艮三四相換。自萃，五上相換。睽之自大畜三四相換。自兑，五上相換。蹇之自坎二三相換。自萃三四相換。自艮，五上相換。解之自震初二相換。自小過二三相換。自坎，四五相換。升之自明夷，初二相換。鼎之自離初二相換。自大過，五上相換。漸之自否，三四相換。渙之自益初二相換。自未濟，四五相換。復得二十九卦，而兼之者不與焉。此二十九卦者，以爲有用乎，則爲彖辭之所不及，以爲無用乎，不應同一卦變在一卦中。其可以附會彖辭者從而取之，其不可以附會彖辭者從而置之。朱子云「某之説却覺得有自然氣象」者，安在也？且易所謂往來上下者，自內之外謂往，自外之內謂來；上者，上卦也；下者，下卦也。今兩爻互換，同在內卦而謂之往，同在外卦而謂之來，同在上卦而曰下，同在下卦而曰上，即欲附會之，而有所不能矣。是朱子之卦變，兩者俱爲無當。宜乎，其說之不能歸一也。

古卦變圖

一陰一陽之卦各六皆自復姤而變

䷗ 復

䷆ 師初之二

䷎ 謙初之三

䷏ 豫初之四

䷇ 比初之五

䷖ 剥初之六

䷫ 姤

䷌ 同人初之二

䷉ 履初之三

䷈ 小畜初之四

䷍ 大有初之五

䷪ 夬初之六

二陰二陽之卦各九皆自臨遯而變

䷒ 臨

䷠ 遯

䷭ 升初之三　　䷘ 无妄初之三

䷧ 解初之四　　䷤ 家人初之四

䷜ 坎初之五　　䷝ 離初之五

䷃ 蒙初之上　　䷰ 革初之上

䷣ 明夷二之三　　䷅ 訟二之三

䷲ 震二之四　　䷸ 巽二之四

䷂ 屯二之五　　䷱ 鼎二之五

䷚ 頤二之上　　䷛ 大過二之上

三陰三陽之卦各十皆自泰否而變

䷊ 泰　　䷋ 否

䷟ 恒初之四　　䷩ 益初之四

䷯ 井初之五　　䷔ 噬嗑初之五

䷑ 蠱 初之上	䷐ 隨 初之上
䷶ 豐 二之四	䷺ 渙 二之四
䷾ 既濟 二之五	䷿ 未濟 二之五
䷕ 賁 二之上	䷮ 困 二之上
䷵ 歸妹 三之四	䷴ 漸 三之四
䷻ 節 三之五	䷷ 旅 三之五
䷨ 損 三之上	䷞ 咸 三之上

四陰四陽之卦各九皆自大壯觀而變

䷡ 大壯	䷓ 觀
䷛ 重大過 初之五	䷚ 重頤 初之五
䷱ 重鼎 初之上	䷂ 重屯 初之上
䷰ 重革 二之五	䷃ 重蒙 二之五

䷝ 重離二之上　䷜ 重坎二之上

䷹ 兌三之五　䷳ 艮三之五

䷥ 睽三之上　䷦ 蹇三之上

䷄ 需四之五　䷢ 晉四之五

䷙ 大畜四之上　䷬ 萃四之上

變例之卦二

䷼ 中孚

䷽ 小過

凡變卦皆從乾坤來

䷀ 乾

䷁ 坤

李挺之變卦反對圖

乾坤二卦爲易之門萬物之祖圖第一

乾老陽 ䷀

坤老陰 ䷁

乾坤相索三變六卦不反對圖第二

坤體而乾來交　頤 ䷚　小過 ䷽　坎 ䷜

乾體而坤來交　大過 ䷛　中孚 ䷼　離 ䷝

乾卦一陰下生反對變六卦圖第三

姤 ䷫　同人 ䷌　履 ䷉

夬 ䷪　大有 ䷍　小畜 ䷈

坤卦一陽下生反對變六卦圖第四

復 ䷗　師 ䷆　謙 ䷎

剝 ䷖　比 ䷇　豫 ䷏

乾卦下生二陰各六變反對變十二卦圖第五

遯 ䷠　訟 ䷅　无妄 ䷘

大壯　需　大畜
睽　兌　革
家人　離　鼎

坤卦下生二陽各六變反對變十二卦圖第六

臨　明夷　升
觀　晉　萃
蹇　艮　蒙
解　震　屯

乾卦下生三陰各六變反對變十二卦圖第七

否　恒　豐
泰　咸　旅
歸妹　節　既濟
漸　渙　未濟

坤卦下生三陽各六變反對變十二卦圖第八

泰	損	賁
否	益	噬嗑
蠱	井	未濟
隨	困	既濟

李挺之六十四卦相生圖

姤　乾一交而爲姤

復　坤一交而爲復

凡卦五陰一陽者皆自復卦而來復一爻五變而成五卦

師　謙　豫

比　剥

凡卦五陽一陰者皆自姤卦而來姤一爻五變而成五卦

同人　履　小畜

大有䷍　夬䷪

遯䷠　乾再交而爲遯

臨䷒　坤再交而爲臨

凡卦四陰二陽者皆自臨卦而來臨五復五變而成十四卦

第一四變　明夷䷣　震䷲　屯䷂　頤䷚

第二復四變　升䷭　解䷧　坎䷜　蒙䷃

第三復三變　小過䷽　萃䷬　觀䷓

第四復二變　蹇䷦　晉䷢

第五一變　艮䷳

凡卦四陽二陰者皆自遯卦而來遯五復五變而成十四卦

第一四變　訟䷅　巽䷸　鼎䷱　大過䷛

第二復四變　无妄䷘　家人䷤　離䷝　革䷰

第三復三變　中孚䷼　大畜䷙　大壯䷡

第四復二變　睽䷥　需䷄

第五復一變　兑䷹

否䷋　乾三交而爲否

泰䷊　坤三交而爲泰

凡卦三陰三陽者皆自泰卦而來泰三復三變而成九卦

第一三變　歸妹䷵　節䷻　損䷨

第二復三變　豐䷶　既濟䷾　賁䷕

第三復三變　恒䷟　井䷯　蠱䷑

凡卦三陽三陰者皆自否卦而來否三復三變而成九卦

第一三變　漸䷴　旅䷷　咸䷞

第二復三變　渙䷺　未濟䷿　困䷮

第三復三變　益　噬嗑　隨

朱子卦變圖

凡一陰一陽之卦各六皆自復姤而來五陰五陽卦同圖異

剝　比　豫　謙　師　復

夬　大有　小畜　履　同人　姤

凡二陰二陽之卦各十有五皆自臨遯而來四陰四陽卦同圖異

頤　屯　震　明夷　臨

蒙　坎　解　升

艮　蹇　小過

晉　萃

觀

大過　鼎　巽　訟　遯

䷰革　䷝離　䷤家人　䷘无妄

䷹兌　䷥睽　䷼中孚

䷄需　䷙大畜

䷡大壯

凡三陰三陽之卦各二十皆自泰否而來

䷨損　䷻節　䷵歸妹　䷊泰

䷕賁　䷾既濟　䷶豐

䷔噬嗑　䷐隨

䷩益

䷑蠱　䷯井　䷟恒

䷿未濟　䷮困

䷺渙

旅　咸

漸

否

咸　旅　漸　否

困　未濟　渙

井　蠱

恒

隨　噬嗑　益

既濟　賁

豐

節　損

歸妹

泰

凡四陰四陽之卦各十有五皆自大壯觀而來

䷙大畜　䷄需　䷡大壯
䷥睽　䷹兌
䷼中孚
䷝離　䷰革
䷩益
䷘无妄
䷱鼎　䷛大過
䷸巽
䷅訟
䷠遯
䷬萃　䷢晉　䷓觀
䷦蹇　䷳艮
䷽小過

䷜坎　䷃蒙

䷧解

䷭升

䷂屯　䷚頤

䷲震

䷣明夷

䷒臨

凡五陰五陽之卦各六皆自夬剥來

䷍大有　䷪夬

䷈小畜

䷉履

䷌同人

䷫姤

䷇比　䷖剥

䷏豫
䷎謙
䷆師
䷗復

朱風林升卦變圖

十辟卦所變乾坤純陽純陰無變故十二辟卦去之爲十卦

䷗一陽在內體自復變
䷆師初二相易
䷎謙初三相易
䷖一陽在外體自剝變
䷏豫上四相易
䷇比上五相易

䷫一陰在內體自姤變
䷌同人初二相易
䷉履初三相易
䷪一陰在外體自夬變
䷈小畜上四相易
䷍大有上五相易

䷒二陽在內體自臨變

䷭升初三相易

䷣明夷二三相易

䷓二陽在外體自觀變

䷢晉五四相易

䷬萃上四相易

䷊三陽在內體一陽在外體自泰變

䷟恒初四相易

䷯井初五相易

䷑蠱初上相易

䷶豐二四相易

䷠二陰在內體自遯變

䷘无妄初三相易

䷅訟二三相易

䷡二陰在外體自大壯變

䷄需五四相易

䷙大畜上四相易

䷋三陰在內體一陰在外體自否變

䷩益初四相易

䷔噬嗑初五相易

䷐隨初上相易

䷺渙二四相易

䷾既濟二五相易

䷿未濟二五相易

䷕賁二上相易

䷮困二上相易

䷵歸妹三四相易

䷴漸三四相易

䷻節三五相易

䷷旅三五相易

䷨損三上相易

䷞咸三上相易

六子卦所變二陰二陽卦其專在內外體者自臨觀遯壯而變其分在內外兩體者自六子卦而變

䷲二陽內外各居而避初四者自震變

䷸二陰內外各居而避初四者自巽變

䷦蹇初五相易四三相易

䷥睽初五相易四三相易

䷃蒙初上相易四二相易

䷰革初上相易四二相易

䷜二陽內外各居而避二五者自坎變

䷝二陰內外各居而避二五者自離變

䷽小過二四相易五三相易

䷼中孚二四相易五三相易

頤二上五初相易　　大過二上五初相易
二陽內外各居而避三上者自艮變　　二陰內外各居而避三上者自兑變
解三四上二相易　　家人三四上二相易
屯三五上初相易　　鼎三五上初相易

來矣鮮知德錯綜圖

一左一右曰錯本圓圖　　一上一下曰綜本序卦

乾	同人	屯蒙
錯	錯	
坤	師	需訟
夬	革	師比
錯	錯	
剝	蒙	小畜履
大有	離	泰否
錯	錯	

比 ䷇

大壯 ䷡ 錯 觀 ䷓

小畜 ䷈ 錯 豫 ䷏

需 ䷄ 錯 晉 ䷢

大畜 ䷙ 錯 萃 ䷬

泰 ䷊ 錯 否 ䷋

坎 ䷜

豐 ䷶ 錯 渙 ䷺

家人 ䷤ 錯 解 ䷧

既濟 ䷾ 錯 未濟 ䷿

賁 ䷕ 錯 困 ䷮

明夷 ䷣ 錯 訟 ䷅

同人 ䷍ 大有

謙 ䷏ 豫

隨 ䷑ 蠱

臨 ䷓ 觀

噬嗑 ䷕ 賁

剝 ䷗ 復

无妄 ䷙ 大畜

咸 ䷟ 恒

遯 ䷡ 大壯

晉 ䷣ 明夷

家人 ䷥ 睽

履䷉ 錯 謙䷎

兌䷹ 錯 艮䷳

睽䷥ 錯 蹇䷦

歸妹䷵ 錯 漸䷴

中孚䷼ 錯 小過䷽

節䷻ 錯

无妄䷘ 錯 升䷭

隨䷐ 錯 蠱䷑

噬嗑䷔ 錯 井䷯

震䷲ 錯 巽䷸

益䷩ 錯 恒䷟

屯䷂ 錯

蹇 解

損 益

夬 姤

萃 升

困 井

革 鼎

震 艮

漸 歸妹

豐 旅

巽 兌

渙 節

旅䷷　鼎䷱　未濟䷿既濟

損䷨錯咸䷞　頤䷚錯大過䷛

臨䷒錯遯䷠　復䷗錯姤䷫

互卦

互卦者，取卦中二三四及三四五，又得經卦二也。左傳莊二十二年，周史爲陳侯筮，「遇觀之否。曰：『坤，土也。巽，風也。乾，天也。風爲天於土上，山也。』」杜預註：「自二至四有艮象，艮爲山。」此互體説易之始，漢、晉相承，王輔嗣黜而不用。鍾會亦言「易無互體」，荀凱難之：「夫春秋之説經者，去聖人未遠，其相傳必有自。苟非證之經文，而見其違背，未嘗可以臆棄矣。」輔嗣云：「爻苟合順，何必坤乃爲牛？義苟應健，何必乾乃爲馬？」以言二體無乾、坤，而有牛馬，不當更求其故。不知易中之象無一字虚設，牛馬既爲乾、坤之物，則有牛馬必有乾、坤。求之二體而無者，求之互體而有矣。若棄互體，是聖人有虚設之象也。或曰：「遯無坤，六二稱牛；明夷無乾，六二稱馬。以互體求之，亦無乾、坤，誠如輔嗣有虚設之牛馬也。」曰：「不然。遯之稱牛以艮，艮剛在上猶牛革在外，稱牛革不稱牛也。明夷之稱馬以互體之坎，坎於馬爲美脊，爲亟心，馬之壯者也。」他如洪容齋所言：「師之長子，謙、蠱之大川，蹇之重險之類，苟非互體，終不可通。象之無虚設亦明矣。」或曰：「『雜物撰德，辨是與非，非中爻不備。』先儒以此爲互體之據，然下文不及互體，何也？」曰：「卦無乾、坤而有牛馬，非雜物乎？卦無艮、兑而言止説，非撰德乎？『雜物撰德』即是互體，無待於下文也。」其後説互卦者，朱子發於一卦中，既互兩卦，又於互卦伏兩卦。林黄中以六畫之卦爲太極，上下二體爲兩儀，合二互體爲四象，又顛倒看二體及互體，通爲八卦。黄中又有包體圖，每卦只取一互卦，留三畫爲本卦之體，乾包八卦，八卦包乾。如乾包坤則爲損䷨益䷩，坤包乾則爲咸䷞恒䷟。餘準此。凡一卦之相包，得三十二卦，八卦得二百五十六卦。戴師愈亦一卦具八卦，而與黄中異，有正有伏，有互有參。如需卦，乾下坎上是正；乾變爲坤，坎變爲離是伏；自二至四爲兑，自三至五爲離是互；互體兑下離上爲睽是參；本卦是需，凡八卦也。吴草廬以先天圓圖互體立卦，左右各二卦互一卦，六十四卦互成十六卦，又以十六卦互之，成四卦而止。僞説滋蔓，互卦之稂莠也。若因此而并去互卦，無乃懲噎而廢食乎！

互卦圖

乾乾	乾巽	坤坤	坤震
乾	同人	坤	師
姤	遯	復	臨
夬	革	剥	蒙
大過	咸	頤	損
震坎	震兌	巽離	巽艮
艮	升	兌	否
謙	泰	困	萃
明夷	蠱	訟	隨
賁	大畜	履	无妄
坎離	坎艮	離坎	離兌

解　睽　歸妹　未濟　艮坤　比　益　屯　觀

豫　噬嗑　震　晉　艮震　坎　中孚　節　渙

蹇　家人　既濟　漸　兑乾　恒　大有　大壯　鼎

井　小畜　需　巽　兑巽　大過　離　豐　旅

吳草廬互先天圖

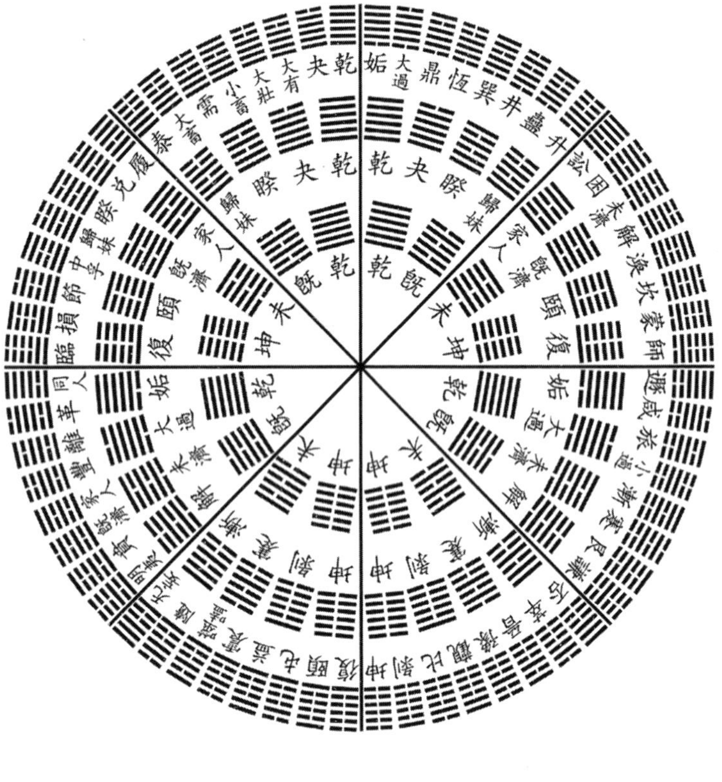
乾 夬 大有 大壯 小畜 需 大畜 泰 履 兌 睽 歸妹 中孚 節 損 臨
同人 革 離 豐 家人 既濟 賁 明夷
姤 大過 鼎 恆 巽 井 蠱 升 訟 困 未濟 解 渙 坎 蒙 師
遯 咸 旅 小過 漸 蹇 艮 謙 否
乾 夬 睽 歸妹 家人 既濟 頤 復
乾 既 未 坤

吴草廬曰：「自昔言互體者，不過以六畫之四畫互二卦而已，未詳其法象之精也。今以先天圖觀之，互體所成十六卦，皆隔八而得，外一層隔八卦得兩卦，即中一層互體之卦名。縮四而一，内層一卦縮外層四卦。圖之左邊起乾、夬，歷八卦而至睽、歸妹，中層睽、歸妹即接乾、夬。又歷八卦而至家人、既濟，家人、既濟即接睽、歸妹。餘倣此。又歷八卦而至頤、復。圖之右邊起姤、大過，歷八卦而至未濟、解，又歷八卦而至漸、蹇，又歷八卦而至剥、坤。左右各二卦互一卦，合六十四卦互體，只成十六卦。又合十六卦互體，只成四卦，乾、坤、既、未濟也。周易始乾坤，終既、未濟，以此歟。」「中一層左右各十六卦，其下體兩卦相比，一循乾一坤八之序，其上體十六卦，兩周乾一坤八之序。」「正體則二爲内卦之中，五爲外卦之中；互體則三爲内卦之中，四爲外卦之中，故皆謂之中爻。」

林黃中栗包體圖

乾
包乾 乾 乾
包坤 損 益
包震 大畜 中孚
包巽 履 同人
包坎 睽 家人
包離 小畜 履
包艮 中孚 无妄
包兌 大有 小畜
乾包 乾 乾
坤包 咸 恒
震包 革 大壯
巽包 姤 姤
坎包 大過 大過
離包 同人 大有
艮包 遯 鼎
兌包 夬 夬
乾

坤
包坤 坤 坤
包震 謙 師
包巽 萃 小過
包坎 豫 謙
包離 蹇 解
包艮 比 豫
包兑 小過 升
包乾 咸 恒

坤包 坤 坤
震包 復 復
巽包 蒙 觀
坎包 師 比
離包 頤 頤
艮包 剥 剥
兑包 臨 屯
乾包 損 益
坤

震

包震	明夷	臨
包巽	隨	豐
包坎	震	明夷
包離	既濟	歸妹
包艮	比	震
包兑	豐	泰
包乾	革	大壯
包坤	復	復

震包	明夷	臨
巽包	蠱	渙
坎包	升	坎
離包	賁	損
艮包	艮	蒙
兑包	泰	節
乾包	小畜	中孚
坤包	謙	師

震

巽

包巽訟遯
包坎未濟漸
包離巽訟
包艮渙否
包兑鼎巽
包乾姤姤
包坤蒙觀
包震蠱渙

巽包訟遯
坎包困咸
離包无妄離
艮包否旅
兑包兑革
乾包履同人
坤包萃小過
震包隨豐

巽

坎

包坎　解　蹇
包離　井　困
包艮　坎　萃
包兑　恒　升
包乾　大過　大過
包坤　師　比
包震　升　坎
包巽　困　咸

坎包　解　蹇
離包　噬嗑　賁
艮包　晉　艮
兑包　歸妹　既濟
乾包　睽　家人
坤包　豫　謙
震包　震　明夷
巽包　未濟　漸

坎

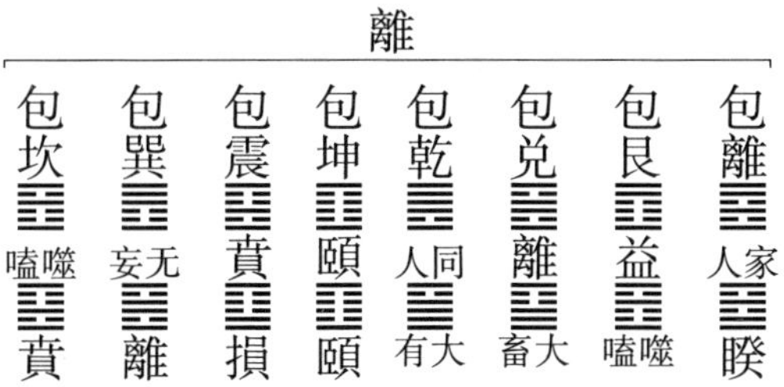
離
包離 家人 睽
包艮 益 噬嗑
包兌 離 大畜
包乾 同人 大有
包坤 頤 頤
包震 賁 損
包巽 无妄 離
包坎 噬嗑 賁

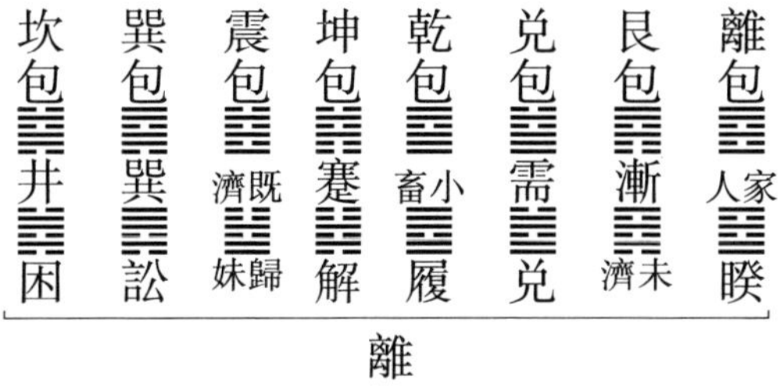
離包 家人 睽
艮包 漸 未濟
兌包 需 兌
乾包 小畜 履
坤包 蹇 解
震包 既濟 歸妹
巽包 巽 訟
坎包 井 困
離

艮

包艮䷓觀䷢晉
包兑䷷旅䷑蠱
包乾䷠遯䷱鼎
包坤䷖剥䷖剥
包震䷳艮䷃蒙
包巽䷋否䷷旅
包坎䷢晉䷳艮
包離䷴漸䷿未濟

艮包䷓觀䷢晉
兑包䷻節䷐隨
乾包䷼中孚䷘无妄
坤包䷇比䷏豫
震包䷂屯䷲震
巽包䷺渙䷋否
坎包䷜坎䷬萃
離包䷩益䷔噬嗑

艮

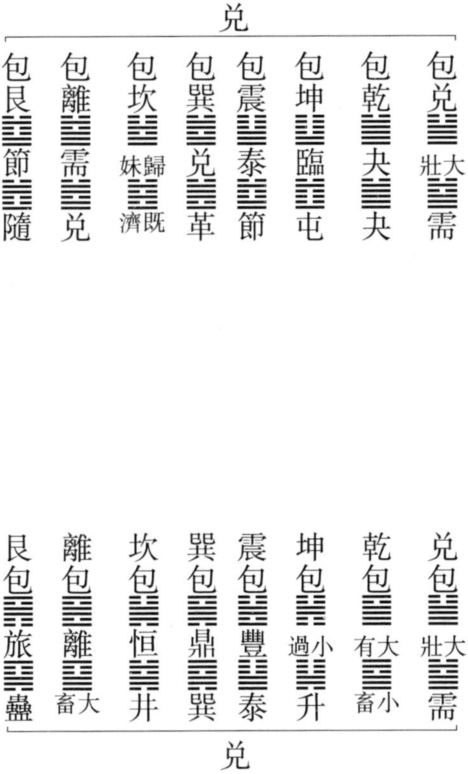

案，朱子與林黃中辨云：「繫辭所謂『易有太極，是生兩儀。兩儀生四象，四象生八卦。』此是聖人作易綱領。次第惟邵康節見得分明。今侍郎乃以六畫之卦爲太極，中含二體爲兩儀，又取二互體通爲四象，又顛倒看二體及互體，通爲八卦。若論太極，則一畫亦未有，何處便有六畫底卦來？如此恐倒説了。兼若如此，即是太極包兩儀，兩儀包四象，四象包八卦，與聖人所謂生者，意思不同矣。」林曰：「惟其包之，是以能生之。

包之與生，實一義爾。」曰：「包如人之懷子，子在母中。生如人之生子，子在母外。恐不同也。」則林黄中之所謂包體者，如需卦，乾下坎上是兩儀，互體得離、兑是四象，顛倒爲坎下乾上，互體得巽、離是八卦。今楊止庵傳易考所載包體圖如上，與朱子所辨者不同。取八卦之互相包裹，以爲六畫之卦，多寡絶殊，於大義無所發明。豈當時朱子見之，以爲不足辨而置之歟？

蓍法一

揲蓍之法，「其用四十有九」者，策數四十九，無所謂虚一反於櫝中也。「分而爲二以象兩」者，信手中分，由静而之動，動静兩端也。「掛一以象三」者，或左或右，隨取一策，孔氏取左，朱子取右。横於案上，不必在左手小指之間方名爲「掛一」；變中凡三掛，故曰「象三」，非蒙上象兩而爲三也。「揲之以四，以象四時」者，先取左手之策，四四爲數，一策一時也。「歸奇於扐以象閏」者，四數之餘，不一則二，不三則四，謂之殘奇；扐是指間扐物之處，歸此殘奇於扐；閏者，月之餘日；奇者，揲之餘策，故象之也。「五歲再閏，故再扐而後掛」者，次取右手之策，四四爲數，并於前之正策；其餘策左三則右一，左二則右二，左一則右三，左四則右四，亦歸之於扐，是爲「再扐」，猶再閏也；其言「五歲」者，四十八策中分爲兩，除殘奇以外，每手正策大約以二十爲率，四策一歲，則二十策爲五歲也，以明扐之相去如此；非必真如五歲之中有兩閏，以齊氣朔也。此爲第一變。別置餘策，取見存正策或四十、或四十四，信手中分，復掛一爲二，揲四、歸奇如前法。此爲再變。并其餘策，取見存正策或四十、或三十六、或三十二，信手中分，復掛一爲三，揲四、歸奇如前法。此爲三變。并其餘策，取正策以四而一，得九爲老陽，得六爲老陰，得七爲少陽，得八爲少陰，老變而少不變，始成一爻。故十八變而成六爻也。初變爲奇者三，爲偶者一；再變、三變爲奇者二，爲偶者二。其法見於虞翻氏之注，孔穎達氏因之。朱子則有蓍卦考誤，以主張是說。

然法雖是，而所以釋經文者則多不合。虞氏謂：「奇，所掛一策；扐，所揲之餘」。當是時揲餘未有安置，奇已在掛。信如虞說，則當言歸扐於奇，不應倒置。若是且掛、餘截然兩事，合之有何義理？故掛與掛合，餘與餘合，不相雜也。孔氏以三多三少、兩少一多、兩多一少餘策定陰陽之老少。經文「乾之策二百一十有六，坤之策百四十有四」，其所以定陰陽老少者，指正策而言，以明餘策置之不用矣。今棄正策而就餘策，是背經文也。蓍之所以用四十九者，以去其十三則得三十六，去其十七則得三十二，去其二十一則得二十八，去其二十五則得二十四，只有此九六七八老少四者之策。若三多三少之數，則加乎四十九，減乎四十九，無不可得，亦可不顧九六七八策數，而以之定老少耶？惟餘策不用，故初變爲四爲八，再變三變爲三爲七，各不相妨。今必準餘策而以掛一雜於其間，連掛則初變之五、九爲有餘，除掛則再變三變之三、七爲不足。無乃違「揲四」之義乎？又有於餘策多少分八卦之象者。夫三變方成一爻，一爻之中但有老少之可分。今於一爻而指其孰爲乾、震、坎、艮，孰爲坤、巽、離、兑，是六變而可以成卦矣。古人何不憚煩而爲此十八變乎？朱子發圍徑之義，以餘策爲徑，正策爲圍。奇之象圓，而徑一得圍三，頗爲近似；偶之象方，而徑二得圍二，其説有所不達矣。此皆執餘策之病也。

蓍法二

郭兼山書伊川揲蓍法云：「四十九蓍，兩手無意而中分之，於左手取蓍一莖，揲於左手小指之間，此名奇也。以右手之蓍置之案上。取左手之蓍四揲之，四揲之餘數置案之左方。次取右手之蓍四揲之，四揲之餘數并入左餘，爲之扐，即取所掛之奇歸於扐。一變後復合見存之策，再以左右手分爲二，更不重掛奇，四揲之餘并入前扐，爲第二變。其第三變如第二變。凡揲蓍第一變必掛一者，謂不掛一則無變，所餘皆得五也。惟掛一則所餘非五則九，故能變。第二第三雖不掛，亦有四八之變，蓋不必掛也。」朱子作蓍卦考誤，辨之「三變皆掛，可爲老陽者十二，可爲老陰者四，可爲少陰者二十八，可爲少陽者二十。若後兩變不掛，則老陽少陰皆二十七，少陽九，老陰一而已。深有害於成卦變爻之法。」是後兩變之不可不掛審矣。某推求其故，後兩變不掛，與以掛爲奇，蓋相因爲説者也。蓍之所以必四十九者，每四而當一月，四十有八，十二月之數也。其一者，四分月之一也。四分月之一積四歲成月，而爲閏。然閏恒三歲，以餘分前後相移，不截然一歲餘月之一，故五歲再閏也。每合蓍爲一歲，後兩變未嘗不餘一，然而不掛者，猶歲歲有餘分，不俟滿分不可以爲閏也。十有八變凡六掛而策道窮，十有八歲凡六閏而氣朔齊。其在一歲論之，乾、坤之策三百六十。堯典曰：「朞三百有六旬有六日。」十二月月三十日，正三百六十日矣。又除小月六日，是爲歲有餘十二日。乾、坤十二爻，凡十有二掛。此閏數在當期之外者也。以歷法參合蓍法，姑存之以備一説。

蓍法 三

自陰陽老少之不均也，後兩變不掛，老陰之變一，三變皆掛，老陰之變亦止四而已，故爲説者紛紜。宋莊綽作揲蓍新譜，引張轅之法：「用蓍四十九莖，總筋把之，以意中分，扐小指間，四揲之。第一揲餘一二足滿五，餘三四足滿九，第二第三揲餘一二足滿四，餘三四足滿八。皆揲左不揲右。四五爲少，八九爲多。三多老陽交分，三少老陽重分，兩少一多少陰拆分，兩多一少少陽單分。」元張理因之，以謂「揲法從程子、張子，初變既掛一以象人，置而不用，後二變乃蒙上不復掛者爲是也。揲左不揲右，從唐張轅、莊綽二家，（綽宋人，理誤爲唐。）蓋天動地靜，陽變陰合，地承天而行，於義爲當。左餘一而右承之以三，左餘三而右承之以一者，成其爲奇之陽也。左餘二而右承之以六，左餘四而右承之以四者，成其爲偶之陰也。」明季本「竊疑大傳所言『大衍之數五十，其用四十有九』，『九』字當爲『八』字之誤。止用四十八策，虚二以爲陰陽之母。分二、掛一、揲四、歸奇，三變皆同。除掛一外，左一則右必二，左二則右必一，左三則右必四，左四則右必三。由諸家之法於陰陽老少得均矣。」然莊綽之餘三足九，張理之餘二承六，皆不可通。四揲之外方爲殘奇，五策六策尚有一揲，豈可遷就以合左乎？季本則明改經文，無所依據。然則陰陽老少終不可均乎？曰無所俟乎均也。成卦之法在陰陽不在老少。以古法論之，陰陽各三十二，九六常少，七八常多，七八所成之卦與九六所成之卦，無以異也。爻之變不變在老少。六爻之中占者一爻，則一變而足，七八居其五，九六居其一，乃可謂之均也。若變者與不變者相均，將擾擾何所適從乎？彼輕改古法以均老少者，其亦未達乎此也。

占法

啓蒙占法：「一爻變，則以本卦變爻辭占。二爻變，則以本卦二變爻辭占，以上爻爲主。三爻變，則占本卦及之卦之彖辭，而以本卦爲貞，之卦爲悔。前十卦主貞，後十卦主悔。凡三爻變者，每卦有二十卦。四爻變，則以之卦二不變爻占，以下爻爲主。五爻變，則以之卦不變爻占。六爻變，乾、坤占二用，餘卦占之卦彖辭。六爻皆不變，則占本卦彖辭，而以內卦爲貞，外卦爲悔。」

王氏占法：「一爻變，本卦爻爲貞，之卦爻爲悔，二爻兼用。二爻變，以初變爻爲貞，次變爻爲悔，作兩節消息之。三爻變，以先變爻爲貞，後二變爻爲悔。四爻變、五爻變、六爻變，皆以先變爻爲貞，後變爻爲悔，作四五六節消息之。六爻皆不變，則占彖辭。彖辭爲七八不變者設也。」

豐南禺占法：「貞悔者，以六畫言則内爲貞，外爲悔；以三畫言則下爲貞，上爲悔。貞取定守爲義，悔取感通爲義。故六畫則決之外卦，三畫則決之於上爻。如初、二兩爻變，則以二決之。内卦三爻皆變，則以三決之。如内三爻皆静，外卦之二爻變、三爻變者，皆依内卦之例。如初之於四，或五，或上，二之於四，或五，或上，三之於四，或五，或上，皆二爻變，概決之於悔。三爻變者，如初、四、五，如二、五、上，如三、四、上；四爻變者，如初、三、四、上，皆以最上一爻決之。三爻變者，如二、三、四；四爻變者，如初、二、三、四，則以四決之，而參之以二。所謂『二與四同功而異位也』。如二、三、五，如三、四、五，如初、三、五，皆三爻變者；如初、二、三、五，如初、二、四、五，如二、三、四、五，皆四爻變者；如初、二、三、四、五，爲五爻變者，則以五決之，而參之以三。所謂『三與五同功而異位也』。如初、二、三、四、上，如初、三、四、五、上，如初、二、四、五、上，皆五爻變者，則以上爻決之，而參之以初。蓋上下相應，亦若二四、三五之例也。六爻皆變，乾、坤占二用，餘占之卦之貞悔。六爻皆静，則占本卦之貞悔。六爻變，占之卦大象。六爻不變，占本卦大象。若彖辭則專以待卜。天子諸侯有大事，則筮人先筮得其卦，書於板以授太卜。太卜以墨畫所得之卦於龜腹，春灼後左，夏灼前左，秋灼前右，冬灼後右，其文入於卦墨，謂之食，則決於象。」

蓋兩家之所以不從啓蒙者，以周公爻辭本爲九、六之變者設，非爲七、八之不變者設。周易不用七八，豈有七八而冒用九六之辭哉！「則以之卦不變爻占」者，失其意矣。象與爻各自爲書，象不取足於爻，爻不取足於象。易果爲卜筮而作，未有爻時，象不可占，豈文王爲未成之書耶？則以占辭平分於爻、象者，非矣。然王氏之法所謂「四五六節消息」者，則亦雜而無紀。豐氏之法所謂「二四同功」、「三五同功」，初上本末者，亦强以辭入於占，不可爲例。後之君子苟得左氏之意，其無例者，未嘗不可見也。故一爻變者，既占本卦變爻，亦占之卦對爻。蓋未有有貞而無悔者。觀左氏「晉獻公筮嫁伯姬，遇歸妹之睽」，上爻變，既引歸妹上之「刲羊」「承筐」，又引睽上之「張弧」，可知矣。二爻變者，以下爻爲貞，上爻爲悔；三爻變者，以末一爻爲主，本卦爲貞，之卦爲悔。觀晉筮立成公，遇乾之否，「三爲變末」，曰：「配而不終，君三出焉。」終者，乾三之「終日」也。否三「包羞」，故「配而不終」也。而啓蒙以晉重耳之「貞屯悔豫」，司空季子占「利建侯」爲例，謂當占兩卦象辭，不知凡所遇之卦，不論一爻變至六爻變，象辭無不可引用，何獨以三爻變專之？觀左氏孔成子筮立君，遇屯之比，此一爻變者，而史占屯象之「元亨」。穆姜遇艮之隨，此五爻變者，而稱隨象之辭，亦明矣。如郭璞遇驢鼠，遇遯之蠱，又爲晉王筮，遇豫之睽，皆三爻變也，皆不稱彖辭。四爻變、五爻變者，皆以變末一爻爲主，本卦爲貞，之卦爲悔，即如穆姜五爻之變，主在上爻。艮上之「敦艮」，既有止義，而隨上之辭「拘係之，乃從維之」，故穆姜曰：「必死於此，弗得出矣。」六爻變者，皆以上爻爲主，兩卦爲貞悔。六爻不變者，以初爲貞，上爲悔。觀晉伐楚，筮之遇復，六爻不變，史曰：「南國蹙，射其元王，中厥目。國蹙王傷，不敗何待？」蓋晉貞楚悔，初之「元吉」，晉實當之；上之「行師大敗，以其國君凶」，楚實當之。其例明顯，如是則無三家之病矣。

易學象數論卷三

原象

聖人以象示人，有八卦之象，六畫之象，象形之象，爻位之象，反對之象，方位之象，互體之象，七者而象窮矣。後儒之爲僞象者，納甲也，動爻也，卦變也，先天也。四者雜而七者晦矣。吾觀聖人之繫辭，六爻必有總象以爲之綱紀，而後一爻有一爻之分象，以爲之脉絡。學易者詳分象而略總象，則象先之旨亦晦矣。劉長民鈎深索隱圖每談總象，又雜四者而爲言，以是不免穿鑿附會之病。羲故别著之以爲象學。

乾

戌亥月

午未月

寅卯月

申酉月

辰巳月

子丑月

東方蒼龍七宿：角、亢、氐、房、心、尾、箕。子丑月，黄昏蒼龍入地，故曰「潛」。寅卯月，角宿昏見天淵之分，故曰「在淵」。辰巳月，蒼龍昏見天田星下，故曰「見龍在田」。午未月，龍星昏中於天，故曰「在天」。申酉月，大火西流，龍將入地，故曰「夕惕」。戌亥月，平旦龍見於東北，晝晦其形，故曰「亢」。魏獻子問龍於蔡墨，蔡墨曰：「周易有之，在乾之姤。」云云。若不朝夕見，誰能物之？龍非星也，豈得朝夕見乎？

坤 ䷁

「冰霜」之候，農功未施。「直方大」，田疇之經界也。三之「含章」，黍稷華秀也。四之「括囊」，穫稻納稼也。五之「黃裳」，授衣載績也。上「龍戰於野」，塞向墐户。春秋傳曰：「凡土功，龍見而畢務。」

屯 ䷂

孝子
墓尸
賓客
墓林
嫠婦
墓門

屯難之時，淒然有墟墓之象。「盤」，大石；「桓」，豐碑。所以下棺者，「林中」墓木叢生之處。上之「泣血」，孝子也。二之「不字」，嫠〔二〕婦也。五之「屯膏」，取蕭祭脂也。「班如」，馬行別其類。左氏有「班馬之聲」是也。

〔二〕「嫠」，原作「婺」，今據廣雅本改。

蒙 解惑 心性 聞見 物欲 傳道 氣稟

陽爲師，陰爲弟子。「包」爲傳道，「擊」爲解惑。氣稟如「桎梏」，物欲如「金夫」。玩物喪志，徇聞見者「困」。山無草木之爲「童」，爲道日損，獨露性真，亦「童」也。

需

需爲飲食。農者，飲食所自出也。「需郊」、「需沙」、「需泥」、「需穴」，皆農事也。「血」即洫字。「需血」者，致力於溝洫，由是而歲功成矣。故得「酒食」以「速客」。古者穴居，農事興而「出穴」，農事畢而「入穴」，此四上之義也。

訟

訟與獄異。此亦一是非，彼亦一是非，皆訟也。初之「小有」，言枝葉之辯也。二不能自持其説，三唯諾，無别白。四如漢儒堅守師説，五如孟子之闢楊墨，上則小言破道。直待得不見自家有是、世間有非，斯無訟矣。

師 ䷆

天子六師，將皆命卿，故六爻皆軍將也。將不從中制六五者，中軍之佐而非天子。內卦爲行軍之象，故曰「師出」，曰「在師中」。外卦爲養兵之象，「左次」者，在間左而不發；「田有禽」者，農隙講武；「開國承家」者，兵民不分也。

比 ䷇

王者巡狩，諸侯來朝，皆畋獵講武，故五爻皆諸侯也。上之爲「无首」者，處在荒服，遠於教化，非梗化也。

小畜 ䷈

大畜、小畜皆畜乾也，遇艮而止，其畜宜也。「風以散之」而言畜者，以風行天上則爲罡風，不能及下而下畜矣。下三爻取畜牧爲義。初爲始生之犢，往來自恣，故曰「復自道」。二已受羈靮，故曰「牽」。三則已在輹下，故曰「輿」。上三爻取畜積爲義。四言「惕出」，五言「富鄰」，上言「既處」，其指一也。

履

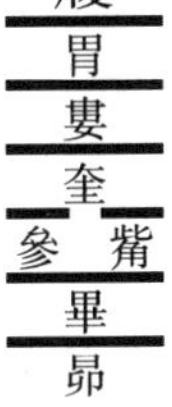

西方七宿爲白虎，乾、兑當之。初當昴，昴爲白衣，故「素履」。二當畢，昴畢間爲天街，故「履道坦坦」。三當觜參，觜爲虎首，故「咥人」。四當奎，奎爲虎尾，故云「履虎尾」。五當婁，在虎尾之上，卦中言「履」者，指此一爻，故云「夬履」。上當胃，胃爲天倉，明則天下和平，故云「考祥」。

泰

否

否、泰之「往來」，一歲之寒暑也。兩卦内爻同爲「拔茅」而時異。泰之「拔茅」，言拔地而生也。野火燒不盡，春風吹又生，「包荒」之象。「无平不陂，无往不復」者，薈蔚參差之貌。否之「拔茅」，言隕落而根撥也。野有死麕，白茅包之，故「包承」、「包羞」，皆取用於茅也。當泰則陰亦爲美，在人民則「不富以鄰」，大道爲公也；在女則爲「帝乙之妹」，不自有其貴也；在土則爲「城隍」，可以守禦也。當否則陽亦無用，四之委於天命，五之憂亡，上之望治，徒袖手旁觀耳。

同人 ䷌

彖言大同，爻則天下爲家，各親其親、各子其子之事也。故同必以族。家庭爲一族，宗黨爲一族，山林爲一族，城市爲一族，軍旅爲一族，田野爲一族。其事同，則其心不得不同。離事以爲同，而後謂之君子。

大有 ䷍

大有者，以覲禮爲象。「无交害」者，覲亦交也。「大車所載」之庭實在道者，「享於天子」，上公三享，侯伯再享，子男一享。「匪其彭」者，彭，盛貌，束帛加璧，以致庭實，匹馬卓上，九馬隨之，儀文盛矣。而將之以恭敬，匪僅儀文也。「交如」者，天子賜侯氏以車服，荅其貢賦也。「自天祐之」者，侯氏肉袒，告聽事於廟門，天子辭以歸寧也。

謙 ䷎

謙以五禮爲象。初屬吉禮，祭祀之道。求之於陰，一謙也；求之於陽，一謙也，故曰「謙謙」。二屬凶禮，哭、踊，皆「鳴」也。「无不利」者，大小通行之謂。嘉禮以親萬民，故屬之。「鄰者」，邦國。賓禮以親邦國，故屬之。行師屬軍禮，有鐘鼓曰伐，故亦「鳴」也。五禮以忠信爲主，三之一陽是也。

豫

謙、豫兩卦，一禮一樂。雷出地而後有聲，故五爲宮。「貞疾，恒不死」者，陽氣不可滅而出也。「冥豫有渝」者，祀神之樂謂之「冥豫」，「渝」則變其聲，不用商也。角如雉登木鳴，初應震木而「鳴」也。中聲所止而徵生。宮，天也。徵，地也。磬鼓長而狹以象天，股短而厚以象地。二居中當徵，故曰「如石」。張羽爲宮，其細已甚，則爲靡靡之樂。三之「盱」睢，亡國之音也。四則八音克諧，故爲「朋盍」。

隨

震，春也。兑，秋也。初至四有離象，三至上有坎象，夏與冬也。又互爲艮、巽。六子皆備，具乾、坤之德，故「元亨利貞」。爻以隨前爲義，初隨二，二隨三，三隨四，四隨五，五隨上，不論比應。初隨二中正，故「出門有功」。二隨三失初，故「係小子」。三隨四失二，故「係丈夫」。四隨五，故「有獲而凶」。五隨上，詩云「縶之維之，于焉嘉客」，故「孚于嘉」。上居天位，人道已畢，無所復隨，則隨於神，故有「西山之亨」。

蠱

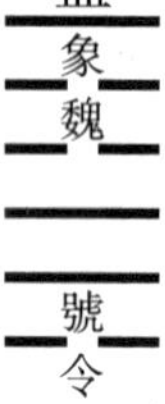

艮爲「門闕」，所謂象魏也。「巽以申命」，有號令之義。以號令縣之於象魏，當蠱壞之時，不得不以此感動人心。「先甲三日，後甲三日」。周禮「挾日而藏之」，鄭云：「從甲至甲，謂之挾日。」此先甲後甲之義與。

臨

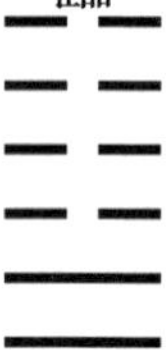

觀

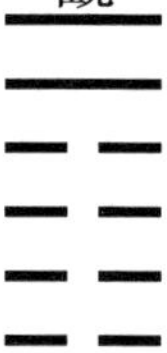

臨似夾畫之震，觀似夾畫之艮。「震爲雷」。八月雷始收聲，則非震之時矣，故曰「有凶」。艮爲鬼門，又爲宮闕。地上有木而爲鬼門宮闕者，天子宗廟之象，故有「盥薦」之事。臨本體爲澤，加坤其上，是澤之厚者，故水深而「甘」。觀本體爲風，加坤其下，是風之培者，故能化及「童」、「女」。

噬嗑

噬嗑有圜土之象。九四，寘之圜土者也。初、上則司寇之屬，在圜土之中，宜以困苦象

之。而二三四五皆言飲食，何也？周禮曰：「以圜土聚教罷民，先王之設刑官，所以輔教官之不逮，非欲以斬刈之也。」以燕享祭祀之心，革縲絏桎梏之事。「膚」者，膚鼎也。「腊肉」者，腊鼎也。「乾胏」者，二骨以並也。「乾肉」者，腶脩也。陳鼎時膚爲下，故二「噬膚」。腶脩，主婦所設，最後，故五「噬乾肉」。

賁 ䷕

離有「繼明」之象，而賁變離之四爻，日月相抱持也。其六爻皆有天文之象。初當軫，軫爲車，在下而未出地，故曰「舍車」。二當須女，故曰「賁其須」。須女之上爲天漢，三之「濡如」，言天漢也。四之「白馬」，言天駟也。五之「束帛」，言織女也。五居君位，故以天孫當之。「白賁」者，西宮白帝也。

剥 ䷖

其象俎豆。五陰爲「足」，一陽爲「牀」，由鼎而升於俎者，爲「膚」、「爲魚」。「貫魚」者，饋食。禮魚用鮒十有五，而俎縮載是也。籩豆之實，水土之品，故有「碩果」。五爻數奇，故言魚。上爻數偶，故言果。鼎俎奇而籩豆偶也〔一〕。

復 ䷗

剥、復爲本末。陽在木上爲末，剥也。陽在木下爲本，復也。「七日」者，剥之上九爲一日，反對之，即復之上六爲二日，去復遠，故「迷」。六五爲三日，土再覆爲「敦」，陰氣重也。六四爲四日，在七日之中，故云「中行」。六三爲五日，「頻」者，中道而又往之謂。六二爲六日，與復相近，故「休」。初九爲七日，七日似「遠」，同一卦體，故云「不遠」。坤體本虛，任人來往，一陽横亘其下，有關之象。

无妄 ䷘

天下之无妄者，莫如五穀。春稼秋穡，時候不爽，或遭旱澇，則无所用。其「耕穫」、「菑畬」，有「牛」亦且「繫之」。趨吉避凶，人所同然，雖甚愚者，未嘗以求「疾」、「眚」爲事，

〔一〕此章剥卦象原在下，與復卦象並列；正文原在上，與賁卦正文連接。今據廣雅本改。

乃忽然而至，是〔一〕出於非望者也。「无妄」一作「无望」〔二〕。於是逐妄迷復，喪其固有。故惟置身於榮枯得喪之外，而後能无妄。三所「繫之牛」，即大〔三〕畜六四之「童牛」，在大畜居艮體爲「邑人」，在无妄居震體爲「行人」。

大畜 ䷙

大畜亦以畜牧爲義。下三爻皆取象於馬，以「乾爲馬」也。「有厲，利已」，馬而病厲，不可行者也。二之「説輹」，罢〔四〕駕之馬也。唯三爲「良〔五〕馬」，則知初、二皆不良〔六〕矣。三至上有離象，故四爲「童牛」。艮爲黔喙，故五爲「豕牙」。艮象「門闕」，是豕在牢，牛在宫者也。艮「爲徑路」，路在天上，則爲天衢。「何天衢」者，其天駟與。

頤 ䷚

〔一〕「是」字下，廣雅本有一「皆」字。
〔二〕注文依廣雅本補。
〔三〕「大」字原脱，今據廣雅本補。
〔四〕「罢」，廣雅本作「罢」。
〔五〕〔六〕「良」，原作「艮」，今據廣雅本改。

卦中二陽養人，四陰待養。初不能養民，惟剥民以自養，如後世之君誅求無厭。故二、三「顛」「拂」無告，亂世之民也。上九分田制地，徇民好惡，故四、五皆得其養。雖待哺之民，有若飢「虎」，亦應之不倦，治世之民也。

大過 ䷛

初六在巽體，「巽爲木」〔二〕。上六在巳，巳當巽位，巽又爲木。二木在外，以夾四陽。四陽互體爲二乾。乾「爲君、爲父」。二木夾君父，是棺槨之象。養生者不足以當大事，惟送死可以當大事，送死不嫌於大過也。孔子曰：「五十以學易，可以無大過矣。」言可以無死也。「原始反終，知死生之説」。故可以無死，與「朝聞夕死」同一義矣。

坎 ䷜

「坎爲水」，又「爲月」。月臨子午則潮盛〔三〕，水與月同一氣也。內三爻言水之在天地間，外三爻言人之治水。初六水始導源，江河之「坎窞」也。六三萬川歸之，大海之「坎窞」

〔二〕「木」，原作「本」，今據廣雅本改。
〔三〕「盛」，廣雅本作「生」。

也。水爲天地間大患，在治之得人。「樽酒簋貳」，巡行治水者以勞之也。五「不盈」，九川滌源，九澤既陂也。「徽纆」，黑索也；「叢棘」，聚大木若棘也。治水用索挽木以塞決口，皆不順水性，故績用不成，「三歲不得」也。

離 ䷝

明兩作，在天爲日，在地爲火。内卦，日也。外卦，火也。初爲始旦，二爲日中，三爲日昃。日運於上，人事作於下。四之「焚如」，心火上炎，進退失序也。五之「沱若」，水爲火所逼也。「王用出征」，兵猶火也，不戢自焚。君子「退藏於密」，猶火藏於木石而已。

咸 ䷞

自有此身，不能離感應。僞往則僞來，誠往則誠來，思慮纔動，肺肝已見，無一而非感也。人惟求感人，不求自感。逆詐、億、不信見，有人己，故有「往來」。不逆詐、不億、不信，不信者，吾亦信之，往來之路窮，斯之爲真感。君子以虚受人，心尚爲下，而況於「口舌」乎？

恒 ䷟

蘇子瞻曰：「自其變者而觀之，則天地曾不能以一瞬；自其不變者而觀之，則物與我皆無盡也。人但知男女飲食之爲恒事，盡力與造化相搏。造化以至變者爲恒，人以其求恒者受變。苟知乾坤成毁不離俄頃，則恒久之道得矣。」故爻多以飲食男女爲象。

遯 ䷠　大壯 ䷡

遯爲重畫之巽，壯爲重畫之兑。巽之象「爲雞」，故初之「遯尾」，雄雞自斷其尾者也。上之「蜚遯」〔二〕，風雨如晦，雞鳴不已，鼓翼而飛者也。兑之象「爲羊」，統一卦而言之，皆有羊象焉。初者，羊之足趾也。羊以角觸而趾用其力，故曰「壯于趾」。

晉 ䷢

晉有日行黄道之象。内三爻爲夜，外三爻爲晝。夜行爲人目所不見，故「摧如」、

〔二〕「蜚」，易經原文作「肥」，亦作「飛」。

「愁如」。遲明出海，萬目睽睽，此「衆允」也。帝堯時，日南至纏虛，虛爲「鼠」也。六五「矢〔二〕得」，矢，箭籌也，用之以算日次。角，東方七宿之首，自虛至此，七宿日行一周天矣。

明夷 ䷣

明夷有日食之象。初在食限，去合朔尚遠，故曰「三日不食」。二爲初虧，四爲食甚，五爲復圓，上爲「入地」。曰「左股」、「左腹」者，日月俱東行，日遲月疾，其食也必〔三〕日在右，而月從左追及之，故日食必先於左。若日在左，則與月不相及矣。

家人 ䷤

或問文中子家人之象。子曰：「明内而齊外，蓋離、巽之卦也。一陽一陰相配於中，有父母、夫婦之象。」焦延壽以上爻爲宗廟，五爲君，在家人則君位爲父矣。

〔二〕「矢」，原作「失」，今據易經原文改。
〔三〕「必」，原無，今據廣雅本補。

睽 ䷥

睽有人死爲鬼之象。祖而薦馬,故初言「喪馬」。將葬,甸人抗重而出,重有主道。「遇主於巷」者,謂重也。「輿」,喪車也。「輿曳牛掣」者,所謂「輪按軌以徐進,馬悲鳴而踊顧」也。「其人天且劓」者,括髮擁鼻而號哭也。「元夫」,尸也。孝子不見親之形象,於虞祭立尸,「遇元夫」也。「膚」,膚鼎。「宗廟」之祭,内神也。「車」中之「鬼」,外神也。

蹇 ䷦

蹇卦内艮爲山城象也,外坎爲谿隍象也。世道之壞,起於人心。當蹇難之時,機械爭勝,天下皆「往」而不「來」,靡然降服。唯君子反身修德,固守名教,有干城之象,亦如燕盡降齊,城獨莒、即墨不肯下耳。

解 ䷧

坎中之一陽,即震下之一陽,始包於坎中,既出坎爲震,若果核之仁變而爲芽,則「甲拆」矣。坎爲狐，「三狐」，坎〔二〕三爻也。二以剛居中，一陽貫於二陰之間，似矢中之。「射」之者，「高墉」之上六也。上六，柔也，何以能射？蓋剛已中狐，無矢故柔。

損 ䷨　益 ䷩

分田授土於下，貢稅終事於上，上與下交相損益者也。損初舉趾，粟米之征也。九二「利貞」，布縷之征也。六三「損人」，力役之征也。四損民之疾苦者也。百姓足，君孰與不足，故五有「或益之龜」。不以天下自富，故上有「無家」之譽。益初「大作」，受田而耕。六二「享帝」，春秋祈報，國之大事，在祀與農。二爻皆養生之事也。六三「凶事」，送死之事也。四之「遷國」，封建諸侯，各行井田也。九五「惠心」，以不忍人之心，行不忍人之政也。損益之道如此。聖人逆知後世剥下奉上，民不聊生，不授田養民，則上無益下之道矣。民買田以自養，又復重稅驅而納之溝壑，使下損無可損，而後之俗儒猶曰：「十一而稅，先王之制也。」是上之於下，非「益之」，乃「擊之」也。故以上九終焉。

〔二〕「坎」，原作「故」，今據廣雅本改。

夬

頄　頄　草　臀　趾〔一〕

「兑爲羊」。上卦之羊固矣，而統卦皆有羊象。爻中所言，皆統卦之義也。上爲羊頄，三以應之，故曰「壯頄」，非三爲頄也。四爲羊「臀」，初爲羊「趾」。「莧陸」，羊所食之草。羊善鳴，得草故「無號」也。

姤

彖辭「勿用取女」，六爻皆以此爲象。女登車而「金柅」見「繫」，是爲不吉。嫁娶之家必宴會賓客，而「庖中無魚」，「臀肉無膚」，「瓜」尚在「杞」，羊餘惟「角」，則不成禮矣。其爲牝雞索家不待言也。

萃

王　王　者　者　吉　凶　吉　凶〔二〕

聚天下之人心者，莫如宗廟。九五「萃有位」，四海之内各以其職來祭。四之「大吉」，

〔一〕卦象中文字，依廣雅本補。

〔二〕卦象中文字依廣雅本補。

二之「用禴」，吉萃也。上六「齎咨涕洟」，是王者大喪，群公萃而哭臨。三之「嗟如」，初之「號若」〔一〕，凶萃也。

升 ䷭

此王者受命〔二〕升中祭告之事。「允升」者，德洽而後升也。「用禴」者，宗廟之祭也。「虛邑」者，名山之邑，如春秋祊者，鄭伯之所受命而祭泰山之邑是也。將「享岐山」，先宿其邑，而後升也。「升階」者，築土爲壇，故有階也。「冥升」者，感格於冥冥也。

困 ䷮

兑正秋而坎爲冬。兑之一陰象乎始秋之氣，蔓草未殺，故爲「葛藟」之困。六三則秋冬之交，蔓草葉脱而刺存焉，故爲「蒺藜」之困。初六則在坎之下，大寒之時也。蔓爲霜殺而靡有孑遺，所存者，株木而已。

〔一〕「號若」，易經原文作「若號」。
〔二〕「受命」，原無，今據廣雅本補。

井䷯

此即井田之制，故以名卦。巽「爲繩直」，坎爲水區。晝於水上者，田也。田以溝洫爲主，溝洫之水入，即取汲爲食。「井泥不食」者，溝洫不治，涸而見泥，荒田也，故爲鳥雀所不集。「井谷射鮒」者，水深而有魚可射也。「井渫」、「井甃」、「井洌」，皆「我疆我理，南東其畝」者也。「井收勿幕」者，大有之年，粒米狼戾，當收斂而勿蓋藏也。「勞民勸相」，省耕省斂也。若以井泉取義，禽固不能入井，有魚之井亦不多見矣。

革䷰

革有爐、鞴之象。離火鼓鑄兑金，而金從革也。金成器則文彩生，故「虎變」、「豹變」。「黄牛之革」，橐籥也。「巳日乃革」，巳爲土冶，必用土也。「革言三就」者，黑濁之氣竭，黄白之氣竭，青白之氣竭，然後可鑄也。器敝改鑄之之爲革。天下亦大器也，禮樂制度，人心風俗，一切變衰，聖人起而革之，使就我範圍以成器。後世以力取天下，仍襲亡國之政，惡乎革。

鼎 ䷱

初爲鼎足，二三四爲鼎腹，五爲鼎耳，上爲鼎鉉。凡烹飪之事，自鑊升於鼎，自鼎載於俎，鼎不受烹者也。彖傳：「以木巽火，烹飪也。」此因鼎以及烹飪，非烹飪以鼎也。「顛趾」「出否」，雍人陳鼎於門外以告潔也。「鼎有實」，司馬、司士升牲〔二〕於鼎中也。「耳革」、「行塞」者，主人未迎鼎之時也。「折足」、「覆餗」者，舉鼎入門，佐食升之俎也。折足非鼎，牲體節折之謂之折，俎自脊〔三〕脅以外，肩脅臑膊胳，皆足也。「黄耳金鉉」者，牛鼎受一斛，羊鼎五斗，豕鼎三斗，天子皆飾以黄金也。

震 ䷲

雷之在天地間，能生物亦能殺物。「笑言啞啞」，萬物之鬱結解也。「七日得」，陰不能錮陽也。「蘇蘇」，更生之貌，言草木禽蟲也。内三爻皆爲生物。雷將擊物，其聲重濁，爲「震泥」。上下不已，物遇而傷焉，爲「往來厲」。其擊物也，若有鬼神憑之，爲「雷索索，視

〔二〕「牲」，原作「性」，今據廣雅本改。
〔三〕「脊」，原作「眷」，今據廣雅本改。

瞿瞿」。外三爻皆爲殺物。

艮 ䷳

艮「爲門闕」，兩艮爲重門，互坎爲月。重門不啓，明月在庭，靜之至也。其爻言「輔」頰不言口，言「身」不言腹，言「夤」、「限」不言臍，有背面而立之象。四陰拂〔二〕布，狀背脅也。上一陽爲肩髆，中一陽爲脊膂〔三〕。

漸 ䷴

巽「爲長女」，艮爲門庭，女自外而歸男家之象。六禮必奠鴈，故彖言「女歸」，爻言「鴻漸」。鴻者，隨陽之鳥。艮、巽界於子、午。鴻之去來，應之地勢，北高南下。「干」者，水之涯；「磐」者，岸之下；「陸」則及於岸，南方之象也。「木」者，林木之高；「陵」者，邱陵之際；「逵」者，天際。北方之象也。

〔二〕「拂」，廣雅本作「排」。
〔三〕「膂」，原作「背」，今據廣雅本改。

歸妹 ䷵

震爲春，兌爲秋，正嫁娶之時也。下三爻明嫡妾之分。二得中爲嫡，初與三皆「娣」姪也。四之「愆期」，謂請期也。五爲親迎婦入門也。上爻婦見舅姑，故「承筐」。舅姑醴婦，故「刲羊」。

豐 ䷶

豐亦爲日食之象。初之「配主」，月也。此在日食前月之望，故「雖旬无咎」，過旬則災。離南方之卦，五六月之交，日在午未。日食於井、柳，則斗宿遠而得見。「日中見昧」〔一〕，日食之既也。其應在大臣，故「折其右肱」。震東方之卦，正二月之交，日在亥戌。日食於室、壁，則斗柄之指午未者遠而得見。卦中兩斗，異星也。「來章」，復圓〔二〕也。「闃其無人」〔三〕，日入而人息也。

〔一〕「昧」，易經原文作「沬」。
〔二〕「復圓」，原作「從固」，今據廣雅本改。
〔三〕「闃」，原作「閴」，今據易經改。「人」，原作「入」，今據廣雅本改。

旅 ䷷

艮「爲闕門」，有次舍之象，故内卦皆爲「即次」。三之「焚次」，以近離火也。離「爲科上槁」，則是巢而已，非次舍也。上卦本三陽，有三矢象，六來居之，「亡其一矢」，是爲野鳥入室，故有「焚巢」之變。人生何在非逆旅，豈能久居！聖人以「焚巢」示象。「瑣瑣」者，世人經營求望之心，爭城受禪皆「瑣瑣」也。「焚巢」、「喪牛」，運數之在天者也。中四爻之「得失」，何足芥蔕乎。

巽 ䷸

巽有俎象，陰象足，陽象牀，上下二巽爲重俎。凡易之言牀，皆指俎豆而言，非人所卧之牀也。三爲牀，二爲「史巫」，初爲主人。「三品」，牀上所設之牲也。上又一「牀」，亦宜加以鼎實。六四在上卦，是上爻所設之物也。今設之於下卦之上，不可復加，故云「喪其資斧」。

兌 ䷹

兑爲正秋之卦，下二〔一〕爻七月之象，中二爻八月之象，上二爻爲九月之象。言「和」言「孚」者，陽氣猶盛也。秋於五音爲「商」。「介」者，陰陽之介也。「剥」則陰欲剥陽，「引」則陽欲避陰，衰落之候也。

涣 ䷺

上巽下坎，有東風解凍之象。亂〔二〕離之後，天地閉，賢人隱，故「用拯馬壯」，以求巖穴之士相助爲理。「机」，几也。既得賢才，則使之〔三〕几而崇禮之。「涣其躬」，所爲學焉而後臣也。當是時，不知幾人稱「王」，幾人稱帝。聚而爲「群」，吾從而涣之。「涣汗其大號」者〔四〕，建立諸侯，各有封號也。「涣其血」者，原野厭人之肉〔五〕，川谷流人之血，吾以不嗜殺人涣之也。

〔一〕「二」，原作「三」，今據廣雅本改。
〔二〕「亂」，原作「辭」，今據廣雅本改。
〔三〕「之」，廣雅本作「憑」。
〔四〕「涣汗其」，帛書周易作「涣其汗」。
〔五〕「肉」，原作「内」，今據廣雅本改。

節 ䷻

水澤何以謂之節也？百川注海，無澤以納之，則水利不興，旱潦爲患。内爻爲興居之節。互艮爲門户，初二兩陽，若人處其中。外爻爲飲食之節。「安」者，五味相和。自三至上，五以一陽處於三陰之中，坤之稼穡作「甘」也。自二至五有離象，火性炎上作「苦」，故上爲苦也。

中孚 ䷼　小過 ䷽

中孚生陽，羽族卵〔二〕生也。咸卦生陰，血肉之物胎生也。中孚爲生陽之始，小過爲生陽之成，有嫗卵之象焉。當「燕」之來，鳥雀生卵之時也。「鶴鳴」、「子和」，鶴以聲抱者也。「或鼓或罷，或泣或歌」，調和伏卵之節也。「月幾望」，其氣候將至也。「有孚攣如」，卵已成形，其爪尚攣也。「翰音登天」，則出㲉而鳴矣。小過「飛鳥之音」，即「翰音」也。中二陽爲鳥之腹背，下二陰爲左翼，上二陰爲右翼，有東飛之象。大道不行，鳥獸之卵胎既

〔二〕「卵」，原作「即」，今據廣雅本改。

不可俯闚，飛而害之者至矣。故初爲「飛鳥之凶」。三之「或戕」，四之「往厲」，五爲矰繳，上爲網罟，人世之險一至於此。

既濟：中呂、姑洗、夾鐘、太簇、大呂、黃鐘

未濟：无射、應鐘、夷則、南呂、蕤賓、林鐘〔一〕

乾、坤分六陰六陽而爲坎、離，坎、離合而爲既濟、未濟。在六十四卦之中，一律一呂可以相配者，更無別卦。既濟初爲黃鐘。黃鐘，陽之始生。「曳輪」、「濡尾」，象其初出之貌。二爲大呂。陰爲陽侶，有「婦女」之義。三爲太簇。其分野幽州，故云「鬼方」。四爲夾鐘。陽以陰爲夾，猶「衣」以「袽」爲夾也。五爲姑洗。百物滌故就新，猶「祭祀」之齋戒也。上爲中呂。「濡其首」者，首陽而爲陰所伏也。未濟初爲林鐘。辟卦在遯，「濡尾」即遯尾濡。二爲蕤賓。陰爲主，陽爲賓，既爲賓主，是「曳其輪」而未行也。三爲南呂。四陰盛長，「未可濟」也。四爲夷則。夷，傷也。故有「伐鬼方」之事。五爲應鐘。微陽應而將復，故有「君子之光」。上爲無射。射，厭也。萬物之資陽氣，無有厭射，猶人之「飲酒」，無厭射也。

〔一〕卦象中文字依廣雅本補。

易學象數論卷四

太玄

揚子雲太玄以兩贊當一日，七百二十九贊以當一歲三百六十四日半，於歲法三百六十有五日四分日之一，尚不及四分日之三也。立踦、嬴二贊以補之，例以兩贊當一日，則過四分日之一矣。故蘇明允謂：「四分而加一，是四歲而加一日，千載之後，恐大冬之爲大夏也。欲以一百八分爲日率，四分之，每分得二十七，三之爲八十一。每首加一，盡八十一首，而四分日之三者無過不及之患矣。」然余以爲，玄之所以准日者，贊也。加一分於首，贊之不及如故，是失所以立贊之意。既以踦、嬴名贊，不與他贊爲伍，則亦不援兩贊一日之例，即以四分之三當之，無不可矣。第踦以虚而言，嬴以盈而言，猶之所謂氣盈朔虚也。合氣盈朔虚，十日有奇，則踦、嬴當得二十餘贊。今以二贊僅寄其名，餘皆渾於七百二十九贊之中，此則不可謂之合於歷也。明允言：「聖人以六日七分言易，而卦爻未嘗及之。雄以三百六十五日四之一言玄，而首贊擬之，失其所以爲書之意。」余以爲，易未嘗有六日七分之説，加之起於後世。子雲准歷以作玄，茍不相似，則又何以爲書？是故子雲之短不在局歷以失玄，在不能牽玄以入歷也。歷以一定之法禦其至變，而後可以傳之久遠。茍不得其至變，即不可謂之定法也。玄之中首，起牛一度。今未二千年，冬至在箕四度，星之屬水者已屬木矣。其從、違亦異。此玄失之較然者也。明允加一分以合四分之一，不知四分之一者亦有消長，則又不如踦、贏之以不齊齊之也。

太玄蓍法

令曰：假太玄，或作元，通用。假太玄孚貞，爰質所疑于神于靈。休則逢陽，星時數辭從；咎則逢陰，星時數辭違。

以上命筮之辭。

凡筮有道：不精不筮，不疑不筮，不軌不筮，不〔二〕以其占不若不筮。神靈之，神靈之〔三〕曜

〔二〕「不」上原有「革」字，今據太玄原文删。

〔三〕「神靈之」三字，司馬光太玄集注不重出。

曾越卓。

去此四者而筮，則神聽之矣。此言爲筮之道。雙湖胡氏連上文爲命筮，非也。

三十有六而筴視焉。

蓍之數三十有六。

天以三分，終於六成，故十有八策。

以下明蓍三十六之故。「三分」者，參天之數。「六成」者，一二三之積數。「十有八」者，三六之乘數。

天不施，地不成，因而倍之。

天施地成故地數亦十有八，合之爲三十六。

地則虚三，以扮天十八也。

陽饒陰乏，地則虚三，故揲用三十三。

别一挂于左手之小指。

三十三策之中，取一以挂，挂而後分也。

中分其餘，以三搜之，并餘于艻。蘇氏作扐。

分爲二刻。三搜左刻，置其餘或一、或二、或三。次三搜右刻，置其餘如前。數其餘數，不二即五，挂策在外。

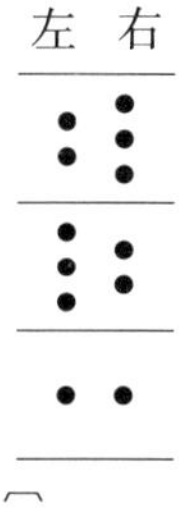

〔一〕

左二則右必三，左三則右必二，左一則右亦一。以上初揲，在易爲再扐，在玄爲一艻之半。次除前餘數，復合其見存之策，或三十、或二十七。不挂，分、搜如前法。其餘數不三即六。

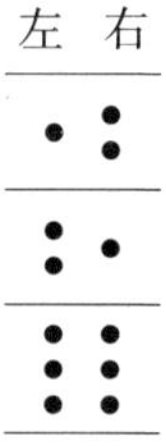

〔二〕

左一則右必二，左二則右必一，左三則右亦三。以上爲再揲。再揲之餘，并之於艻，是爲一艻。艻即所挂之一也。王制：「祭用數之仂。」鄭注：「什一。」挂先別於正數，故名艻。蓋再揲未竟，餘數未并，再揲竟，則餘數并入挂內。此所謂餘，乃不用之數，與上下分數之餘異。

一艻之後而〔三〕數其餘，七爲一，八爲二，九爲三。

〔一〕〔二〕「左右」，原無，今據廣雅本補。

〔三〕「而」，司馬光太玄集注作「再」。

再揲止一挂，故曰一艻。餘數既并，置之不用，而數其所得之正策，七其三爲一畫⚊，八其三爲二畫⚋，九其三爲三畫𝌀，以成一方之位。如是每再揲而成位，自家而方，四〔二〕位通計八揲〔三〕，然後首名定也。老泉蘇氏曰：「一挂一扐之多，不過乎六。既六而其餘二十七者，可以爲九而不可以爲八、七。況夫不至於六哉？」於是改爲「再扐而三數其餘，八扐而四位成」。羲按，易「再扐而後挂」之義，揲左手竟而扐之，揲右手竟而又扐，謂之再扐。蘇氏以初揲爲一扐，故加一扐於玄，不知玄之以挂爲艻也。若準易之例，四位凡十六扐焉。

六筭而策道窮也。

一艻止於再揲，可以爲七、八、九，而不可以爲六。范注曰：「謂餘得七則下一筭，得八則下二筭，得九則下三筭。一、二、三凡六揲，三十三止得六筭，故言窮也。窮則揲以成四位，不出七八九也。」

〔二〕「四」，原作「曰」，今據廣雅本改。
〔三〕「八」字上，四庫本原有一「去」字，「去」，廣雅本爲一黑點。以無「去」字於文義爲順暢，今刪。

七爲一。

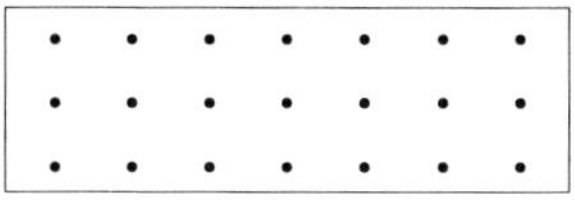

掛一，不用餘數十一。

八爲二。

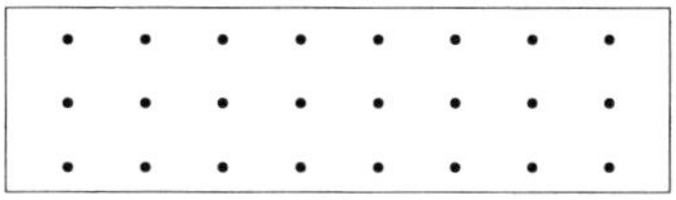

掛一，不用餘數八。

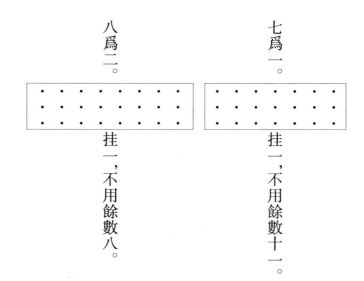

九爲三。

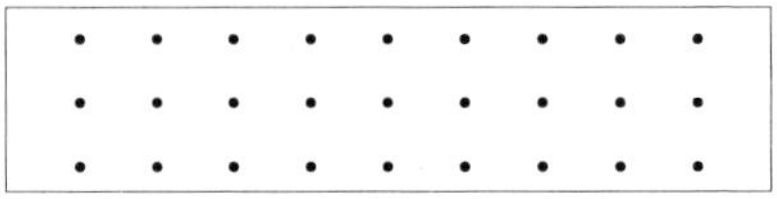

挂一，不用餘數五。

逢有下中上，下思也，中福也，上禍也。思、禍、福〔二〕各有下中上。九贊之位，一思内，二思中，三思外；四福小，五福中，六福大；七禍〔三〕生，八禍中，九禍極。

以晝夜別其休咎焉。

〔二〕「思禍福」，太玄原文作「思福禍」。

〔三〕「禍」，原作「福」，今據廣雅本改。

首有陰陽，一陽二陰，終九起一。陽首以一、三、五、七、九爲晝，二、四、六、八爲夜。陰首以二、四、六、八爲晝，一、三、五、七、九爲夜。筮者逢晝爲休，逢夜爲咎。

一從二從三從，是謂大休。

旦筮用一五七爲一表，夕筮用三四八爲一表，日中、夜中筮用二六九爲一表。一五七逢陽首，則皆晝，爲從；逢陰首，則皆夜，爲違。三四八逢陽首，則一晝兩夜；逢陰首，則一夜兩晝。二六九逢陽首，則兩夜一晝；逢陰首，則兩晝一夜。三從者，旦筮逢陽首也。

一從二從三違，始中休，終咎。

中筮逢陰首。

一從二違三違，始休，中終咎。

夕筮逢陽首。

一違二從三從，始咎，中終休。

夕筮逢陰首。

一違二違三從，始中咎，終休。

中筮逢陽首。

一違二違三違，是謂大咎。

旦筮逢陰首。

占有四：或星，

首五行，一水二火三木四金五土，六水七火八木九金，終九首復一。星五行，角亢氐房心尾箕東方，屬木；奎婁胃昴畢觜參西方，屬金；井鬼柳星張翼軫南方，屬火；斗牛女虛危室壁北方，屬水。星與首同德是從，與首背德是違。

或時，

冬至筮，逢十月以前首爲違，冬至以後首爲從。夏至筮，逢四月以前首爲違，夏至以後首爲從。

或數，

即九贊晝夜之數。

或辭。

贊辭。

旦則用經，夕則用緯。

南北爲經，東西爲緯。一六水在北，二七火在南，五土在中，故一二五六七爲經。三八木在東，四九金在西，故三四八九爲緯。旦筮一五七，是用經也。夕筮三四八，是用緯也。中筮二六九，經緯雜用之也。

觀始中，決從終。

范註：「凡筮或先違而後從，先從而後違，或三皆從，或三皆違，決之者從終辭也。」

推玄筭：

筮所得首，於八十一中次第何居，推其筭也。

家一置一〔一〕，二置二，三置三。

隨家所得之位置筭。

部一勿增，二增三，三增六。

部位得一不置筭，得二置三筭，得三置六筭。

州一勿增，二增九，三增十八。方一勿增，二增二十七，三增五十四。

四位積筭，是首之次第也。如筮得樂首，一方三州二部三家，方一不置筭，州三置十

〔一〕「一」，原無，今據廣雅本及太玄原文補。

八筭，部二置三筭，家三置三筭，積二十四筭，是樂去中之數也。

求表之贊，

贊七百二十九分爲二百四十三表，筮所得次第之數。

置玄姓去太始策數，

玄姓，筮所得之首。太始，中爲群首之始。去太始策數，即玄筭也。

減而九之，

減所得之首一筭，以九乘之。每首九贊故九之。

增贊。

增所得首之贊於乘數。如樂首二十四減一，以九乘得二百有七，增入所得贊，是去太始贊數也。又如樂首二十四減一，以三乘得六十有九，增入所得表，即是表數也。

去玄數半之，則得贊去冬至日數矣。

玄以七百二十九贊加踦、嬴配三百六十五日四分日之一，二贊而爲一日，故半之即得去冬至日數矣。如樂首二百有七增二贊，半之是一百五日。

偶爲所得日之夜，奇爲所得明日之晝也。

二贊一晝一夜，率一首而四日有半。奇首之次九，爲偶首初一之晝。此言奇偶，統七百二十九贊也。如樂首增一贊二百有八則偶，乃是夷首次九之夜，增一贊則奇，爲明日之晝。

求星：從牽牛始，除筭盡則是其日也。

冬至日在牛一度，中首之初一也。日行一度，已得日數依星度除之，則得。如樂首一百五日，從牛一度除之盡，是爲胃五度。

星度：

牛八　女十二　虚十　危十七　室十六　壁九　奎十六　婁十二　胃十四　昴十一　畢十六　觜二　參九　井三十一　鬼四　柳十五　星七　張十八　翼十八　軫十七　角十二　亢九　氐十五　房五　心五　尾十八　箕十一　斗二十六

玄圖曰：「泰積之要，始于十有八策，終于五〔一〕十有四。

天地人各十八，并之五十四。

并始終策數，半之爲泰中。

并五十四于十八爲七十二。

〔一〕「五」，原作「二」，今據太玄圖原文改。

泰中之數三十有六策，以律七百二十九贊，凡二萬六千二百四〔二〕十四策，爲泰積。猶易二篇之策也。每贊三十有六，乘之得太積策數。

七十二策爲一日，凡三百六十四日有半，踦滿焉，以合歲之日而律曆行。

一歲三百六十五日四分日之一。七十二策，二贊晝夜之數也。太積策數於歲日不及四分日之三，應增五十四策，此踦、贏所繇作也。

王涯揲蓍法

三十六策虛三，挂一，中分左右，以三數左，置餘；以三數右，置餘。合左右正策數之，爲三者七，而後一一數之，及八以爲二，及九以爲三，不及八不及九，從三三之數，而以三七爲一。老泉蘇氏曰：「是苟以牽合乎一扐之言，而不知夫八者，須挂一、扐三而後成，而扐終不可以三也。」羲按，左右一揲之餘，其挂扐之數不三即六。三者，得三十策，三七之餘爲九；六者，得二十七策，三七之餘爲六；更無得二十九策可以爲八也。然王氏雖謬，不以餘策而論，猶爲未失其傳也。

〔二〕「四」，原作「二」，今據太玄圖原文改。

胡雙湖揲蓍法

三揲有餘一、餘二、餘三，而無餘七、餘八、餘九之理。解者甚多，皆不通意者。子雲之法以餘一準七，餘二準八，餘三準九，只餘一二三，則七八九自定矣。故曰：「餘七爲一，八爲二，九爲三。」只倒用一字，故難解。若作餘一爲七，二爲八，三爲九，人無不曉矣。義按，胡氏舍正策而論餘數，失之遠矣。南宋以後，揲蓍者皆尚簡便，而置正策，不獨太玄也。然易之餘數，與正策相合，故論之不爲失。太玄餘數，直置之不用者，無可推之理。假如胡氏所言，一刻有餘一、餘二、餘三，連挂則不得有餘一而有餘四；二刻連挂則有餘三、餘六，而不得有餘一、餘二。然則三固準九，六亦準九，玄之四位皆三而已，豈可通哉！

季彭山揲蓍法

太玄揲法，注家多不能通其説。老泉以爲傳之失者，得其意矣。蓋玄之虚三，地之所以配天也。而挂一於左手之策，則天之所以運行乎地也。其曰「挂一」，非謂所用三十三策之中，而挂其一也。所用三十三策之中而挂其一，則歸餘者與七八九之數不合矣。故「挂一」者，十策之中而挂其一也。是三十三策之中分之爲三，而各挂一策，所用實止三十策也。范叔明曰：「十取出一，名以爲扐。」謂之扐者，蓋以識三十蓍之數也。如此則當其中分左右也，止揲左策，以其所餘者或一、或二、或三，以合於所虚之三、所挂之三，則得一者爲七，得二者爲八，得三者爲九，而右策亦不必揲矣。故不再扐也。意其傳之者失此法耳。所幸范注略發此意，尚得以尋其緒焉。　羲按，季氏牽合餘數，故轉展愈誤也。揚子之虚三，老泉尚議之，又從而挂其三乎？　據所引者范注，而范云：「扐猶成也。合之爲十，取一以識之爲扐。中分其餘於左手之二，以三搜之，其所餘者，并之於左手兩指間，以識揲蓍之數也。凡一挂、再扐以成一方之位。」然則范之所謂扐者，餘數也，爲從餘數可以識正策之數。季氏用之證挂，不亦疏乎？　玄數曰：「别一以挂於左手之小指，中分其餘，以三搜之，并餘於扐。」季氏曰挂三，止搜左策，不亦盡背之乎？

太玄方州部家八十一首圖

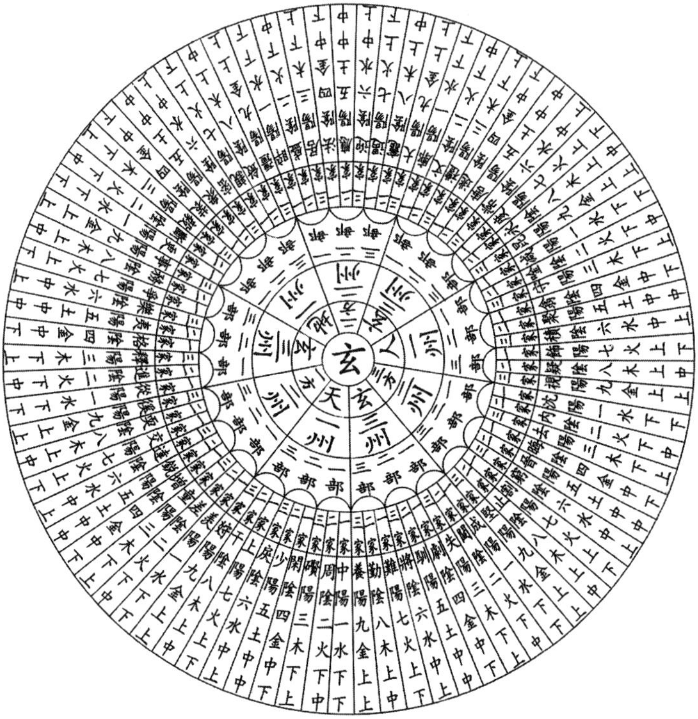

乾坤鑿度一

自緯學禁絶之後，其全書之見於今者，乾鑿度而已。而脱文誤字，蕪不可理。間常爲之，反覆推求，其術有五：一求所直部歲。置積筭以元歲除之，餘不滿部首歲，即爲天元；滿部首歲，除之爲地元；再滿部首歲，除之爲人元。不盡以紀歲約之，即所入部之年也。以部上之干支次，其不滿紀歲之年，則得歲次矣。二求主歲之卦。置部首以來歲數，以三十二除之，餘不足者，從乾、坤始，二卦而當一歲，末筭即主歲之卦。三求世軌。世軌有二，有唐堯世軌，有文王世軌。其用法則同。置積筭以大周三萬一千九百二十除之，餘以七百六十而一爲一軌，不滿軌者，即入軌之年也。一軌消息一卦。大周逢奇起復，逢偶起姤。四十二軌消息卦三周有半，八十四軌消息卦七周，所謂八十四戒也。四求戹數軌意。置大周以來年數，用文王世軌，大周三萬二百四十。别用消息卦除之，每一除爲一戹。此屬過去。周而復始，除至當下而止。視其所直之年，甲乙爲飢，丙丁爲旱，戊己爲中興，庚辛爲兵，壬癸爲水。五求五德終始。置積筭以一千五百二十歲除之，餘以三百四歲約之，木金火水土相次爲轉移之歲。五德日數，置部首以來積日，以一百八十除之，餘以三十六約之，甲、庚、丙、壬、戊五子相次，是其日也。其積筭天元至文王受命之歲，「二百七十五萬九千二百八十脱一五字歲，入戊午部二十九年伐崇侯，作靈臺，改正朔」。戊午部之歲爲庚子，二十九年則戊辰也。以武王伐紂十三祀推之，時歲在己卯，則文王受命爲丁卯。伐崇、改朔，乃是受命後一年之事。鄭康成謂「受命後五年爲此」，非也。康成云：「三部首而一元，一元而太歲復於甲寅。」以甲寅爲天元之歲，伐崇是戊午年，而非戊午部也。戊午年文王尚在羑里，豈能伐崇哉？召誥「周公攝政七年」，孔穎達疏：「此年入戊午部五十六歲。」歲在乙未，上距伐紂十七年，伐崇二十八年，其爲戊午部，而非戊午年，明矣。不得甲寅爲天元歲首也。今定天元至壬子作象數論之歲〔一〕。二百七十六萬二千一百四十九歲，入人元庚子部五年。

乾坤鑿度二

主歲之卦以周易爲序，而爻之起貞，則以六日七分之法爲序。内卦爲貞，外卦爲悔，故從初爻起爲貞。其卦於六日七分在某月，即以某月起初爻。陽卦左行，陰卦右行。兩卦以

〔一〕「作象」，原注文重出，今據廣雅本删。

當一歲，前爲陽，后爲陰。左行者其次順數，右行者其次逆數，皆間一辰。乾於卦序在四月巳，坤於卦序在十月亥。今乾初不起四月，坤初不起十月者，以十一月陽生，五月陰生。乾、坤不與衆卦偶，故乾貞於十一月子。坤又不起五月者，五月與十一月皆陽辰，間辰而次則相重矣。故貞於六月未。舍午而用未，是退一辰也。屯序在十二月，蒙序在正月，各以其月爲貞。師序在四月，比序亦在四月。陰卦與陽卦同位，陰卦退一辰，而貞五月。陽卦在陽辰，子、寅、辰、午、申、戌，皆陽辰。陰卦亦在陽辰；陽卦在陰辰，陰卦亦在陰辰，丑、卯、巳、未、酉、亥，皆陰辰。皆退一辰以爲貞，不特同位然也。泰在正月，貞其陽辰，否在七月，亦陽辰也，自宜避之。以兩卦獨得乾、坤之體，故各貞其辰，而皆左行。中孚貞於十一月子。小過，正月之卦也。宜貞於二月卯，而貞於六月，非其次矣。故云「法乾、坤」。蓋諸卦皆一例，惟乾、坤、泰、否、中孚、小過六卦不同。此是作者故爲更張，自亂其義，而註言「泰卦當貞於戌，否卦當貞於亥」，抑又不知所據矣。

乾坤鑿度三

軌運測驗之法可以考見者，以所值之軌分。受命之君之善惡，從世爻得正失正而言。

復之初陽得正，故聖人。臨之二陽失正，故庸人。泰之三陽得正，故君子。大壯之四陽失正，故庸人。夬之五陽得正，故聖人。乾之上陽失正，故庸人。姤之初陰失正，故小人。遯之二陰得正，故君子。否之三陰失正，故小人。觀之四陰得正，故君子。剥之五陰失正，故小人。坤之上陰得正，故君子。以一卦得正之爻爲享國之世數。復二、四、上，三陰得正，三六十八，故十八世。初陽得正而不數者，陽少故也。臨四、上得正，二六也，故十二世。泰初、三得正爲二九，四上得正爲二六，并之三十世。大壯初、三得正爲二九，上得正爲一五，并之二十四世。夬初、三、五得正爲三九，上得正爲一四，盛極而消。并之三十二世。姤、遯主陰，雖三五得正，而皆陽也，故止一世。否二、五得正，一九、一六得十五世。以非盛時，故即以二、五爲世數。觀二、四、五得正，而二、五止數其位，四則數位兼數，并之二十世。剥二、四得正爲二六，故十二世。乾三九二十七，而三十二世者，於五兼數其位也。坤三六十八，而三十六世者，偶其數也。其受命即位之年在入軌之初，與天運相符，則有賢子孫繼之，以畢其軌，亦如六爻次序，自初至上。不當軌年之初，入軌已十年、百年。既與天運不符，身倖不失，子孫自不能繼受命之君。其德宜與卦運相符，苟失其德，陰則起大而强，陽則柔易而弱，則不永其位。水旱兵飢，考知其年，預爲之備，則可以救災度厄。此五者，其大略也。然其言自相違背，不審於理。一軌七百六十年，所謂聖人、庸人、君子、小人者，一君當之乎？統一軌之君以當之乎？乾爲庸人而三十二世，遯爲君子而一世，則是有天下者，可一委之運數，而人事不修也。即位之年必欲當軌之初，從古來有七百餘年不易姓者乎？帝王之治，天下允執其中，寧因消息所直，而過剛過柔以迎卦氣乎？水旱兵飢，十年内外不能不遇，而以六百年、七百年爲期，是亂日少而治日多也。小道可觀，致遠恐泥，其斯之謂與。

乾鑿度歷法

元	紀		
部首	甲子一甲子部每部七十六年	庚辰二癸卯部	丙甲三壬午部
一	壬子四辛酉部	戊辰五庚子部	甲申六己卯部
爲	庚子七戊午部	丙辰八丁酉部	壬申九丙子部
天	戊子十乙卯部	甲辰十一甲午部	庚申十二癸酉部

元
丙子十三壬子部
甲子十六己酉部
壬子十九丙午部
部首
甲申一甲子部
二
壬申四辛酉部
爲
庚申七戊午部
地
戊申十乙卯部
元
丙申十三壬子部
甲申十六己酉部
壬申十九丙午部
部首
甲辰一甲子部

壬辰十四辛卯部
庚辰十七戊子部
戊辰二十乙酉部
庚子二癸卯部
戊子五庚子部
丙子八丁酉部
甲子十一甲午部
壬子十四辛卯部
庚子十七戊子部
戊子二十乙酉部
庚申二癸卯部

戊申十五庚午部
丙申十八丁卯部

丙辰三壬午部
甲辰六己卯部
壬辰九丙子部
庚辰十二癸酉部
戊辰十五庚午部
丙辰十八丁卯部

丙子三壬午部

三	壬辰四辛酉部	戊申五庚子部	甲子六己卯部
爲	庚辰七戊午部	丙申八丁酉部	壬子九丙子部
人	戊辰十乙卯部	甲申十一甲午部	庚子十二癸酉部
元	丙辰十三壬子部	壬申十四辛卯部	戊子十五庚午部
	甲辰十六己酉部	庚申十七戊子部	丙子十八丁卯部
	壬辰十九丙午部	戊申二十乙酉部	

日法八十一分。

月之日二十九日餘八十一分日之四十三。

歲之月十二餘十九分月之七。

紀歲七十六。

紀月九百四十。

紀日二萬七千七百五十九。

部歲一千五百二十。

部月一萬八千八百。

部日五十五萬五千一百八十。

元歲四千五百六十。

元月五萬六千四百。

元日一百六十六萬五千五百四十。

分部之法，十九年爲一章。章首甲子日子時朔旦、冬至，謂之至朔同日。第二章首復得至朔同日，然非甲子日，乃癸卯日酉時。第三章首至朔同日，乃是癸未日午時。第四章首至朔同日，乃是癸亥日卯時。歷四章畢得七十六年。其明年至朔同日，乃癸卯日子時。因其至朔同時，與第一章首同，遂以七十六年斷爲一紀，而以其日干支名其部。每章差三十九日九時，每紀差一百五十九日，除兩甲子則每紀止差三十九日，二十紀通差七百八十日。甲子十三周無餘，復以甲子别起部首。

乾坤鑿度主歲卦

乾	⚊九月	⚊七月	⚊五月	⚊三月	⚊正月	⚊十一月
坤	⚋八月	⚋十月	⚋十二月	⚋二月	⚋四月	⚋六月
屯	⚋十月	⚊八月	⚋六月	⚋四月	⚋二月	⚊十二月
蒙	⚊三月	⚋五月	⚋七月	⚋九月	⚊十一月	⚋正月
需	⚋十二月	⚊十月	⚋八月	⚊六月	⚊四月	⚊二月
訟	⚊五月	⚊七月	⚊九月	⚋十一月	⚊正月	⚋三月
師	⚋二月	⚋十二月	⚋十月	⚋八月	⚊六月	⚋四月
比	⚋七月	⚊九月	⚋十一月	⚋正月	⚋三月	⚋五月
小畜	⚊二月	⚊十二月	⚋十月	⚊八月	⚊六月	⚊四月
履	⚊九月	⚊十一月	⚊正月	⚋三月	⚊五月	⚊七月
剝	⚊七月	⚋五月	⚋三月	⚋正月	⚋十一月	⚋九月
復	⚋二月	⚋四月	⚋六月	⚋八月	⚋十月	⚊十二月
无妄	⚊七月	⚊五月	⚊三月	⚋正月	⚋十一月	⚊九月
大畜	⚊十月	⚋十二月	⚋二月	⚊四月	⚊六月	⚊八月
頤	⚊九月	⚋七月	⚋五月	⚋三月	⚋正月	⚊十一月
大過	⚋十二月	⚊二月	⚊四月	⚊六月	⚊八月	⚋十月
坎	⚋九月	⚊七月	⚋五月	⚋三月	⚊正月	⚋十一月
離	⚊八月	⚋十月	⚊十二月	⚊二月	⚋四月	⚊六月
咸	⚋三月	⚊正月	⚊十一月	⚊九月	⚋七月	⚋五月
恒	⚋十月	⚋十二月	⚊二月	⚊四月	⚊六月	⚋八月
萃	⚋六月	⚊四月	⚊二月	⚋十二月	⚋十月	⚋八月
升	⚋三月	⚋五月	⚋七月	⚊九月	⚊十一月	⚋正月
困	⚋七月	⚊五月	⚊三月	⚋正月	⚊十一月	⚋九月
井	⚋八月	⚊十月	⚋十二月	⚊二月	⚊四月	⚋六月
革	⚋正月	⚊十一月	⚊九月	⚊七月	⚋五月	⚊三月
鼎	⚊八月	⚋十月	⚊十二月	⚊二月	⚊四月	⚋六月
震	⚋十二月	⚋十月	⚊八月	⚋六月	⚋四月	⚊二月
艮	⚊正月	⚋三月	⚋五月	⚊七月	⚋九月	⚋十一月
漸	⚊十一月	⚊九月	⚋七月	⚊五月	⚋三月	⚋正月
歸妹	⚋十二月	⚋二月	⚊四月	⚋六月	⚊八月	⚊十月

泰	否	同人	大有	謙	豫	隨	蠱	臨	觀	噬嗑	賁
⚋ 六月	⚊ 十二月	⚊ 五月	⚊ 八月	⚋ 十月	⚋ 五月	⚋ 十二月	⚊ 五月	⚋ 十月	⚊ 十一月	⚊ 八月	⚊ 十一月
⚋ 五月	⚊ 十一月	⚊ 三月	⚋ 十月	⚋ 八月	⚋ 七月	⚊ 十月	⚋ 七月	⚋ 八月	⚊ 正月	⚋ 六月	⚋ 正月
⚋ 四月	⚊ 十月	⚊ 正月	⚊ 十二月	⚋ 六月	⚊ 九月	⚊ 八月	⚋ 九月	⚋ 六月	⚋ 三月	⚊ 四月	⚋ 三月
⚊ 三月	⚋ 九月	⚊ 十一月	⚊ 二月	⚊ 四月	⚋ 十一月	⚋ 六月	⚊ 十一月	⚋ 四月	⚋ 五月	⚋ 二月	⚊ 五月
⚊ 二月	⚋ 八月	⚋ 九月	⚊ 四月	⚋ 二月	⚋ 正月	⚋ 四月	⚊ 正月	⚊ 二月	⚋ 七月	⚋ 十二月	⚋ 七月
⚊ 正月	⚋ 七月	⚊ 七月	⚊ 六月	⚋ 十二月	⚋ 三月	⚊ 二月	⚋ 三月	⚊ 十二月	⚋ 九月	⚊ 十月	⚊ 九月

遯	大壯	晉	明夷	家人	睽	蹇	解	損	益	夬	姤
⚊ 四月	⚋ 五月	⚊ 十二月	⚋ 十一月	⚊ 三月	⚊ 二月	⚋ 九月	⚋ 四月	⚊ 五月	⚊ 四月	⚋ 正月	⚊ 八月
⚊ 二月	⚋ 七月	⚋ 十月	⚋ 正月	⚊ 正月	⚋ 四月	⚊ 七月	⚋ 六月	⚋ 三月	⚊ 六月	⚊ 十一月	⚊ 十月
⚊ 十二月	⚊ 九月	⚊ 八月	⚋ 三月	⚋ 十一月	⚊ 六月	⚋ 五月	⚊ 八月	⚋ 正月	⚋ 八月	⚊ 九月	⚊ 十二月
⚊ 十月	⚊ 十一月	⚋ 六月	⚊ 五月	⚊ 九月	⚋ 八月	⚊ 三月	⚋ 十月	⚋ 十一月	⚋ 十月	⚊ 七月	⚊ 二月
⚋ 八月	⚊ 正月	⚋ 四月	⚋ 七月	⚋ 七月	⚊ 十月	⚋ 正月	⚊ 十二月	⚊ 九月	⚋ 十二月	⚊ 五月	⚊ 四月
⚋ 六月	⚊ 三月	⚋ 二月	⚊ 九月	⚋ 五月	⚊ 十二月	⚋ 十一月	⚋ 二月	⚊ 七月	⚊ 二月	⚊ 三月	⚋ 六月

豐	旅	巽	兌	渙	節	中孚	小過	既濟	未濟
⚋ 四月	⚊ 七月	⚊ 十一月	⚋ 六月	⚊ 四月	⚋ 九月	⚊ 九月	⚋ 八月	⚋ 八月	⚊ 正月
⚋ 二月	⚋ 九月	⚊ 正月	⚊ 四月	⚊ 二月	⚊ 十一月	⚊ 七月	⚋ 十月	⚊ 六月	⚋ 三月
⚊ 十二月	⚊ 十一月	⚋ 三月	⚊ 二月	⚋ 十二月	⚋ 正月	⚋ 五月	⚊ 十二月	⚋ 四月	⚊ 五月
⚊ 十月	⚊ 正月	⚊ 五月	⚋ 十二月	⚋ 十月	⚋ 三月	⚋ 三月	⚊ 二月	⚊ 二月	⚋ 七月
⚋ 八月	⚋ 三月	⚊ 七月	⚊ 十月	⚊ 八月	⚊ 五月	⚊ 正月	⚋ 四月	⚋ 十二月	⚊ 九月
⚊ 六月	⚋ 五月	⚋ 九月	⚊ 八月	⚋ 六月	⚊ 七月	⚊ 十一月	⚋ 六月	⚊ 十月	⚋ 十一月

乾鑿度世軌

一軌䷗ 七百六十年	聖人	十八世消
二軌䷒ 一千五百二十年	庸人	十二世消
三軌䷊ 二千二百八十年	君子	三十世消
四軌䷡ 三千四十年	庸人	二十四世消
五軌䷪ 三千八百年	聖人	三十二世消
六軌䷀ 四千五百六十年	庸人	三十二世消
七軌䷫ 五千三百二十年	小人	一世消
八軌䷠ 六千八十年	君子	一世消
九軌䷋ 六千八百四十年	小人	十世消
十軌䷓ 七千六百年	君子	二十世消
二十二軌䷓ 一萬六千七百二十年	君子	二十世消
二十三軌䷖ 一萬七千四百八十年	小人	十二世消
二十四軌䷁ 一萬八千二百四十年	君子	三十六世消
二十五軌䷗ 一萬九千年	聖人	十八世消
二十六軌䷒ 一萬九千七百六十年	庸人	十二世消
二十七軌䷊ 二萬五百二十年	君子	三十世消
二十八軌䷡ 二萬一千二百八十年	庸人	二十四世消
二十九軌䷪ 二萬二千四十年	聖人	三十二世消
三十軌䷀ 二萬二千八百年	庸人	三十二世消
三十一軌䷫ 二萬三千五百六十年	小人	一世消

十一軌	䷖	八千三百六十年	小人	十二世消
十二軌	䷁	九千一百二十年	君子	三十六世消
十三軌	䷗	九千八百八十年	聖人	十八世消
十四軌	䷒	一萬六百四十年	庸人	十二世消
十五軌	䷊	一萬一千四百	君子	三十世消
十六軌	䷡	一萬二千一百六十年	庸人	二十四世消
十七軌	䷪	一萬二千九百二十年	聖人	三十二世消
十八軌	䷀	一萬三千六百八十年	庸人	三十二世消
十九軌	䷫	一萬四千四百四十年	小人	一世消
二十軌	䷠	一萬五千二百年	君子	一世消
二十一軌	䷋	一萬五千九百六十年	小人	十世消
三十二軌	䷠	二萬四千三百二十年	君子	一世消
三十三軌	䷋	二萬五千八十年	小人	十世消
三十四軌	䷓	二萬五千八百四十年	君子	二十世消
三十五軌	䷖	二萬六千六百年	小人	十二世消
三十六軌	䷁	二萬七千三百六十年	君子	三十六世消
三十七軌	䷗	二萬八千一百二十年	聖人	十八世消
三十八軌	䷒	二萬八千八百八十年	庸人	十二世消
三十九軌	䷊	二萬九千六百四十年	君子	三十世消
四十軌	䷡	三萬四百年	小人	二十四世消
四十一軌	䷪	三萬一千一百六十年	聖人	三十二世消
四十二軌	䷀	三萬一千九百二十年	庸人	三十二世消

文王世軌

一軌七百二十年

二軌一千四百四十年

三軌二千一百六十年

四軌二千八百八十年

五軌三千六百年

六軌四千三百二十年

七軌五千四十年

八軌五千七百六十年

九軌六千四百八十年

十軌七千二百年

十二軌八千六百四十年

十三軌九千三百六十年

十四軌一萬八十年

十五軌一萬八百年

十六軌一萬一千五百二十年

十七軌一萬二千二百四十年

十八軌一萬二千九百六十年

十九軌一萬三千六百八十年

二十軌一萬四千四百年

二一軌一萬五千一百二十年

二三軌一萬六千五百六十年

二四軌一萬七千二百八十年

二五軌一萬八千年

二六軌一萬八千七百二十年

二七軌一萬九千四百四十年

二八軌二萬一百六十年

二九軌二萬八百八十年

三十軌二萬一千六百年

三一軌二萬二千三百二十年

三二軌二萬三千四十年

三四軌二萬四千四百八十年

三五軌二萬五千二百年

三六軌二萬五千九百二十年

三七軌二萬六千六百四十年

三八軌二萬七千三百六十年

三九軌二萬八千八十年

四十軌二萬八千八百年

四一軌二萬九千五百二十年

四二軌三萬二百四十年

十一軌七千九百二十年

二二軌一萬五千八百四十年

三三軌二萬三千七百六十年

水旱軌意

復䷗陽爻六十四陰爻五十六復一陽五陰再周得六百八十八

臨䷒二陽四陰再周得七百四

泰䷊三陽三陰再周得七百二十

大壯䷡四陽二陰再周得七百三十六

夬䷪五陽一陰再周得七百六十

乾䷀六陽再周得七百六十八

姤䷫一陰五陽再周得七百六十

遯䷠二陰四陽再周得七百三十六

否䷋三陰三陽再周得七百二十

觀䷓四陰二陽再周得七百四

剝䷖五陰一陽再周得六百八十八

坤䷁六陰再周得六百七十二

乾鑿度五德轉移

木德　三百四歲

金德　六百八歲
火德　九百一十二歲
水德　一千二百一十六歲
土德　一千五百二十歲

五德日數從部首起冬至甲子朔

木德　甲子三十六日
金德　庚子三十六日
火德　丙子三十六日
水德　壬子三十六日
土德　戊子三十六日

元包

元包祖京氏以爲書，分純卦爲八宫。一世、二世爲地易，三世、四世爲人易，五世、六世爲天易，遊魂、歸魂爲鬼易。但更其次序，先陰而後陽，則歸藏之旨也。首坤宮八卦爲太陰，次乾宮八卦爲太陽，兑宮八卦爲少陰，艮宮八卦爲少陽，離宮八卦爲仲陰，坎宮八卦爲仲陽，巽宮八卦爲孟陰，震宮八卦爲孟陽。蓍用三十六策，太陰之數也。兩手分之，先取左手之策，以三數之，滿四三（共十二策）。則置之左。餘一餘二餘三，皆爲歸奇數。餘四餘五餘六，其三爲爻象，一與二與三爲歸奇數。餘七餘八餘九，其兩三爲爻數，一與二與三爲歸奇數。餘十餘十一，其三三爲爻數，一與二爲歸奇數。次取右手之策，以三數之，滿四三則置之右。左餘一則右餘十一，左餘二則右餘十，其三三爲爻數，其二其一爲歸奇數。左餘三則右餘九，左餘四則右餘八，左餘五則右餘七，其兩三爲爻數，其三其二其一爲歸奇數。左餘六則右餘六，左餘七則右餘五，左餘八則右餘四，其一三爲爻數，其三其二其一爲歸奇數。左餘九則右餘三，左餘十則右餘二，左餘十一則右餘一，皆爲歸奇數。於是合兩手之餘策，爻數不九即六，歸奇數不六即三。爻數得九者，陽畫也，歸奇數則三矣。爻數得六者，陰畫也，歸奇數則六矣。兩手各存十二策者，體數也。爻數、歸奇數相消長，亦十二策者，用數也。凡六合十二揲而卦體定矣。其書因卦兩體，詁以僻字，義實庸淺。何以用蓍而好事者爲之張皇也。宋楊楫謂：「元嵩〔一〕，益州成都人。明陰陽歷筭，獻策周武帝。帝〔二〕賜爵持節蜀郡公。武帝不敢臣之。有傳在北史。」今按，北史周書皆無元嵩之傳，惟唐書藝文志列元包十卷。不知楫何所據也。

潛虚

「萬物皆祖於虚，生於氣。氣以成體，體以受性，性以辨名，名以立行，行以俟命。」此數言者，潛虚之大綱也。以五行生成圖爲氣圖，而變一爲𝍠，二爲𝍡，三爲𝍢，四爲𝍣，五爲𝍤，六爲𝍥，七爲𝍦，八爲𝍧，九爲𝍨，十爲十，詁之以「原、熒、本、廾、基、委、焱、末、忍、冢」〔三〕。將謂虚能生氣，墮老氏「有生於無」之説。體分十等：「王、公、岳、牧、率、侯、卿、大夫、士、庶」。此十等者，位也，而非體也。「二五之精，妙合而凝。乾道成男，坤道成女。」乃所謂體。性專生克，先列十純；其次降一，水與火配；其次降二，水與木配；

〔一〕「元嵩」，廣雅本作「衛元嵩」。
〔二〕「帝」，廣雅本無。
〔三〕「廾」，四庫本潛虚作「卝」，「忍」作「刃」。

其次降三，水與金配；　其次降四，水與土配。其下皆降次以配，以生成自配終焉。湯誥曰：「惟皇上帝，降終於下民，若有恒性。」以生克言性則雜矣，不可謂之恒也。温公從來不知性，曰：「性者，人之所受於天以生者也。善與惡兼有之，雖聖人不能無惡，雖愚人不能無善。其所受多少之間則殊耳。」其論性如此，猶之雜生克而爲言也。其名五十有五：「萬物始於元，著於裒，存於齊，消於散，訖於餘五者，形之運也。柔、剛、雍、昧、昭，性之分也。容、言、慮、聆、覿，動之官也。繇、懠、得、罹〔二〕、耽，情之訹恤也。冔、郤、庸、妥、蠢，事之變也。訒、宜、忱、喆、戛，德之塗也。特、偶、暱、續、考，家之綱也。范、徒、醜、隸、林，國之紀也。禋、準、資、賓、戒，政之務也。斆、理〔三〕、績、育、聲，功之具也。興、痡、泯、造、隆，業之著也。」有性而後有情，有情而後有視、聽、言、動，有德而後有事。以動先於情，以事先於德，失其次矣。元、餘、齊三名無變。五十二名之變三百六十四謂之行，以其有辭之可見也。吉、臧、平、否、凶五者謂之命，以其爲時之所遇也。觀辭之善者命必吉，次善者命必臧；　辭之惡者命必凶，次惡者命必否；　辭之善惡半者命必平。所謂「盡人以

〔二〕「罹」，原作「厲」，今據四庫本潛虚原文改。
〔三〕「理」，四庫本潛虚作「乂」。

合天」也。而陰用其幽，則是善者必凶，惡者必吉，次善次凶，次惡次吉。天道與人事相反，其於勸懲之道又何居焉？既云「初上者，事之終始。不占」，則得名之後，揲當五以求變。其揲以七，使得初上將焉用之？是故玄以準易，虛以準玄，亦猶文章遞相模倣，無關大道。論者至謂：「由虛以曉玄，由玄以究易。」斯無躐等之患。使有人言曰：「由三都以曉兩京，由劇秦以究封禪。」當無信者。不知何以異於是。朱子云：「潛虛後截是張行成續，不押韻見得。」今後截未嘗不押韻，似亦不可辨也。

潛虛蓍法

五行相乘得二十五，又以三才乘之得七十五，以爲策。

蓍之數七十有五。

虛五用七十，分爲二，取左一挂於右，揲左以十，觀其餘，扐之。

中分七十策，取左一策挂於右，十數左策，觀其餘而畫𝍠𝍡𝍢𝍣×𝍥𝍦𝍧𝍨十之數於左方。

復合爲一。再分之，挂揲右如左法。

揲左畢，置右不揲。復合七十策，分爲二，取右一策挂於左，揲右，觀其餘畫數於右方。置左不揲。曷爲不左右皆揲，而需復合哉？虛之左右，各備五行之性，若一挂而畢，嫌乎所以授性者不全也。故必需七十而成左，七十而成右。雖曰左右，實分先後也。

左主右客。先主後客者，陽。先客後主者，陰。

左主位，右客位。行圖之中，左右原有定位。先後所得與其左右相符，是爲「先主後客者，陽」。先後所得，左者乃圖之右，右者乃圖之左，是爲「先客後主者，陰」。虛合二數爲名，非如易之上下互換則爲他卦。其左右之分，止辨陰陽，名固不易也。

觀其所合，以名命之。

左右合而虛名定。

既得其名，又合蓍，分之，陽則置右而揲左，陰則置左而揲右。

此求虛之變，猶易之爻也。復合七十策分爲二，陽則取左一，挂於右，揲左，置右不揲；陰則取右一，挂於左，揲右，置左不揲。

生純置右，成純置左。

左右同者爲純。在生數者元〡〡蠢〢〢容〣〣徒𝍣𝍣齊××爲陽；在成數者造𝍥𝍥考𝍦𝍦苒𝍧𝍧乂䷂績卄爲陰。故揲與之準。

揲以七，所揲之餘爲所得之變。

虛之變七，故不得復以十揲之。

觀吉、凶、臧、否、平而决之，陽用其顯，陰用其幽。幽者，吉、凶、臧、否與顯戾也。

吉、凶、臧、否、平，因所得之變觀於命圖，陽則吉凶不易，陰則圖之言吉者反凶，言凶者反吉。

欲知始、中、終者，以所筮之時占之。先體爲始，後體爲中，所得之變爲終。變已主其大矣，又有吉、凶、臧、否、平者，於變之中復細別也。

先體，左也。後體，右也。筮虛凡三揲，以爲始、中、終之時。

不信不筮，不疑不筮，不正不筮，不順不筮，不蠲不筮，不誠不筮。必蠲必誠，神靈是聽。

張敦實曰：「七十五策以占五十五名，衍而積之凡三千八百五十策，以成變化之用。」

羲按，玄以三十有六律七百二十九贊，固未嘗除虛三之策也。虛之積策，惡得除虛五哉？當得四千一百二十五也。

命圖元、齊、餘三者無變，皆不占。初上者，事之終始，亦不占。

	吉	臧	平	否	凶
哀	六	四	二	五	三
柔	五	四	三	六	二
剛	四	六	五	二	三
雍	三	二	五	六	四
昧	二	四	五	六	三
昭	六	四	二	五	三
容	五	四	三	六	二
言	四	六	五	二	三
慮	三	二	五	六	四
聆	二	四	五	六	三
覿	六	四	二	五	三
繇	五	四	三	六	二

	吉	臧	平	否	凶
特	五	四	三	六	二
偶	四	六	五	二	三
暱	三	二	五	六	四
續	二	四	五	六	三
考	六	四	二	五	三
范	五	四	三	六	二
徒	四	六	五	二	三
醜	三	二	五	六	四
隸	二	四	五	六	三
林	六	四	二	五	三
褈	五	四	三	六	二
準	四	六	五	二	三

懠　四六五二三
得　三二五六四
罹　二四五六三
耽　六四二五三
苒　五四三六二
郤　四六五二三
庯　三二五六四
安　二四五六三
蠢　六四二五三
訒　五四三六二
宜　四六五二三
忱　三二五六四
喆　二四五六三
憂　六四二五三

資　三二五六四
賓　二四五六三
戟　六四二五三
斆　五四三六二
理　四六五二三
續　三二五六四
育　二四五六三
聲　六四二五三
興　五四三六二
痛　四六五二三
泯　三二五六四
造　二四五六三
隆　六四二五三
散　五四三六二

洞極一

闗子明易，所傳有兩種：一爲易傳，一爲洞極真經。陳師道言：「闗子明易傳，阮逸所著。」而不及洞經。豈當時合爲一書耶？即不然，洞極遠出易傳之下，其爲僞書者，更不及逸矣。洞極以洛書之文九前一後，三左七右，四前左，二前右，八後左，六後右，故立生以象天，育以象地，資以象人。一爲生之弌，四爲生之弍，七爲生之弎；二爲育之弌，五爲育之弍，八爲育之弎；三爲資之弌，六爲資之弍，九爲資之弎。三象變而各九，以成二十七象，以準彖。弌弍弎以準三爻，翼以準彖傳，則以準大象，傳以準小象。首生次萌，息，華，茂，止，安，熫，實。繼之以資，次用，達，興，紊，悖，静，平，序。繼之以育，次和，塞，作，涣，幾，抑，冥，通。十一論以發明大意，則準易之繫辭焉。其言生也，曰「形而上者謂之天」，日月星辰皆天也。其言育也，曰「形而下者謂之地」，山川草木皆地也。其言資也，曰「命於中者謂之人」，戎狄禽魚皆人也。全割昌黎原人以爲己有，與易傳不出一手亦明矣。獨怪朱子既知其僞，而又引以證圖十書九，何也？

洞極二

極數篇曰：「天一，地二，人三；天四，地五，人六；天七，地八，人九。三極之數四十五，天有十二，地有十五，人有十八。審其數而畫之，三十有九則弌，四十有二則弍，四十有五則弎。生之策百一十七，育之策百二十六，資之策百三十五。遺其餘則三百有六十，當期之日，顯冥之道盡矣。」此蓍法也。胡廷芳云：「三策之數，本甚不合，遺其餘七六五，然後合三百六十之數，未敢以爲然。」楊止庵云：「意其揲當用四十九策而虛三，如揚雄之法。而掛一不用，以九揲左手之策，視其所得之策而定畫焉。右則不揲。自三十有九至三百有六十當期之日，其説多牽强，不可通。」某按，後人不得其解，而洞極之蓍法亡矣。問嘗推之而復得。用四十五策，分爲三刻，不掛，每刻以三揲之，不滿三爲餘。若三刻各餘二者，爲三十九則弌畫▬。若三刻各餘一者，若一刻餘一、一刻餘二、一刻無餘者，爲四十二則弍畫▪▪。若三刻各無餘者，爲四十五則弎畫▪▪▪。是爲初畫。復合全策，如前法者二，是爲二畫、三畫，而極成矣。三極之數四十五者，即策數也。天有十二，一四七。地有十五，二五八。人有十八三六九。者，合天地人得四十五，以明策數之故。「三十有九則弌」者，三刻各餘二，四十五除六爲三十有九，於畫得生也。「四十有二則弍」者，或三刻各餘一，或三刻餘一、餘二、無餘，四十五除三爲四十有二，於畫得育也。「四十有五則弍」者，三刻各無餘，四十五不除，於畫得資也。「生之策百一十七」者，三合策而成極，三其三十九爲百一十七。「育之策百二十六」者，三其四十二。「資之策百三十五」者，三其四十五。「遺其餘則三百六十」者，去七六五以當期之數。猶「二篇之策萬有一千五百二十」，無礙於「當萬物之數也」。蓋諸家蓍法大略分二，此獨分三；大略揲四則餘四，揲三則餘三，此獨揲三而不餘三。推尋者概以常法，故展轉而不能得也。

洪範

蔡九峰洪範數大略倣潛虛而作。虛有𝍠𝍡𝍢𝍣×𝍥𝍦𝍧𝍨十之數，範俱因之，但去十而易𝍣。虛變卦之上下爲左右，範亦因之。虛名𝍠爲原，範亦名𝍠爲原。虛分占爲五，吉、臧、平、否、凶，範分占爲九，吉、咎、祥、吝、平、悔、災、休、凶。蓍法虛簡而範煩，曷不用七十策？初揲左以九，再揲右以九，大數得矣。求小數復如大數之法，則四揲而畢。此恐雷同於虛而故避之者也。虛有爻，而範無爻。然虛不占其辭，而占其所值之吉凶，則範之小數即其爻也。範得一陽二陽三陽，一陰二陰三陰，當年甲子應之者大吉。以陽應陽，以陰應陰，而非正對，亦爲次吉。求其事類，皆於吉圖。範得一陽二陽三陽，一陰二陰三陰，當年甲子違之者大凶。以陰違陽，以陽違陰，而非正對，亦爲次凶。求其事類，皆於凶圖。虛之爲陰陽者二，範之爲陰陽者六。範之五行，一六爲水，二七爲金，三八爲木，四九爲火，中五爲土；虛之五行，一六爲水，二七爲火，三八爲木，四九爲金，五十爲土。一本九宫，世名洛書。一本生成，世名河圖。雖異而實同也。故以數而論，虛之與範無所優劣；以辭而論，虛有易林、太玄之遺，範無聞焉。乃後世進範而退虛，豈知言者哉！胡廷芳謂：「變數之法不傳，莫能適諸用也。」某既疏明其變數，誠依法用之，其猶賢夫火珠林之類也夫！

洪範著法

蓍五十，

虛一，

分二，

掛一，

取右刻一策，掛於左手小指間。

以三揲之，視左右手，歸餘於扐。

取左刻之策，以三數之，餘或一或二或三，歸扐於左手無名指間。次揲右刻之策，餘幾，歸扐於左手中指間。連掛左二則右必二，左三則右必一，左四則右必三。

是爲一揲，爲綱。

視左右之餘策，兩奇爲一，左三右一是也；兩偶爲二，左二右二是也；奇偶爲三，左四右三是也。範分左右，猶卦分上下。此雖有一二三之數，然未成一旁，需之再揲，綱必待於目也。

復合見存之策。

除去掛扐之策，初揲得四三，則見存四十二；初揲得三一或二二，則見存四十五。

分、掛、揲、歸如前法，是爲再揲，爲目。

掛扐之數，左四則右必二，左三則右必三，左二則右必一。亦以兩奇爲一，左三右三是也；兩偶爲二，左四右二是也；奇偶爲三，左二右一是也。

初揲，綱也。再揲，目也。綱一函三，以虛待目；目一爲一，以實從綱。

綱一數具三數，故一可以爲一，亦可以爲二，亦可以爲三。待目而分二之爲四五六，三之爲七八九亦然。如初揲一，再揲一則實其函之一，於左方立𝍠；再揲二則實其函之二，於左方立𝍡；再揲三則實其函之三，於左方立𝍢。如初揲二，再揲一則實其函之四，於左方立𝍣；再揲二則實其函之五，於左方立𝍤；再揲三則實其函之六，於左方立𝍥；如初揲三，再揲一則實其函之七，於左方立𝍦；再揲二則實其函之八，於左方立𝍧；再揲三則實其函之九，於左方立𝍨。此正九數也。

兩揲而九數具，四揲而數名立。

兩揲具範之左方。復合四十九策，如前兩揲，以具右方。此之九數也，如正九是一數之九，是二數爲一之二潛；如正九是五數之九，是六數爲五之六伏。

八揲而六千五百六十一之數備。

數名既定，復兩揲以具左方，是變九之正九也。復兩揲以具右方，是變九之九也。凡四揲而得大數下之小數，如變正九是三，變之九是八，即爲三之八。如大數得一之一，爲原，當於原下尋小數。大數下之横即小數之左；縱即小數之右。横三縱八相合之處，便是變九也。一大數之下有八十一小數，以八十一乘之，得六千五百六十一數，吉凶休咎覩矣。

大事用年，其次用月，其次用日，其次用時。

此占法也。大數爲年，反大數爲月，小數爲日，反小數爲時。反之者，如大數左一右二爲潛，月則左二右一爲成也。如小數左右三在潛下之第三局，時則左三右一在下之第十九局也。如大數小數左右同者，則月時與年日同占。此猶易之卦變。

辨其陰陽五行，物無遁情。

左方以辨陰陽，一三爲一陽，五爲二陽，七九爲三陽；二爲一陰，四六爲二陰，八爲三陰。右方以分五行，一六爲水，二七爲金，三八爲木，四九爲火，中五爲土。如筮得一之一，謂之一陽，屬水；五之二謂之二陽，屬金；七之三謂之三陽，屬木；二之四謂之一陰，屬火；四之五謂之二陰，屬土；八之六謂之三陰，屬水。餘倣此。

洪範名數

原𝍠𝍠一一之 成𝍠𝍡二一之 見𝍠𝍢三一之 此𝍠𝍣四一之 庶𝍠𝍤五一之 飾𝍠𝍥六一之 迅𝍠𝍦七一之 實𝍠𝍧八一之 養𝍠𝍨九一之

潛𝍡𝍠一二之 冲𝍡𝍡二二之 獲𝍡𝍢三二之 開𝍡𝍣四二之 決𝍡𝍤五二之 戾𝍡𝍥六二之 懼𝍡𝍦七二之 賓𝍡𝍧八二之 遇𝍡𝍨九二之

守𝍢𝍠一三之 振𝍢𝍡二三之 從𝍢𝍢三三之 晉𝍢𝍣四三之 豫𝍢𝍤五三之 虚𝍢𝍥六三之 除𝍢𝍦七三之 危𝍢𝍧八三之 勝𝍢𝍨九三之

信𝍣𝍠一四之 祈𝍣𝍡二四之 交𝍣𝍢三四之 公𝍣𝍣四四之 升𝍣𝍤五四之 昧𝍣𝍥六四之 弱𝍣𝍦七四之 堅𝍣𝍧八四之 囚𝍣𝍨九四之

直𝍤𝍠一五之 常𝍤𝍡二五之 育𝍤𝍢三五之 益𝍤𝍣四五之 中𝍤𝍤五五之 損𝍤𝍥六五之 疾𝍤𝍦七五之 革𝍤𝍧八五之 壬𝍤𝍨九五之

蒙𝍥𝍠一六之 柔𝍥𝍡二六之 壯𝍥𝍢三六之 章𝍥𝍣四六之 伏𝍥𝍤五六之 用𝍥𝍥六六之 竞𝍥𝍦七六之 報𝍥𝍧八六之 固𝍥𝍨九六之

閑𝍦𝍠一七之 易𝍦𝍡二七之 興𝍦𝍢三七之 盈𝍦𝍣四七之 過𝍦𝍤五七之 郤𝍦𝍥六七之 分𝍦𝍦七七之 止𝍦𝍧八七之 移𝍦𝍨九七之

須𝍧𝍠一八之 親𝍧𝍡二八之 欣𝍧𝍢三八之 錫𝍧𝍣四八之 疑𝍧𝍤五八之 翕𝍧𝍥六八之 訟𝍧𝍦七八之 戎𝍧𝍧八八之 墮𝍧𝍨九八之

厲𝍨𝍠一九之 華𝍨𝍡二九之 舒𝍨𝍢三九之 靡𝍨𝍣四九之 寡𝍨𝍤五九之 遠𝍨𝍥六九之 收𝍨𝍦七九之 結𝍨𝍧八九之 終𝍨𝍨九九之

洪範吉凶排法

八數相對圖

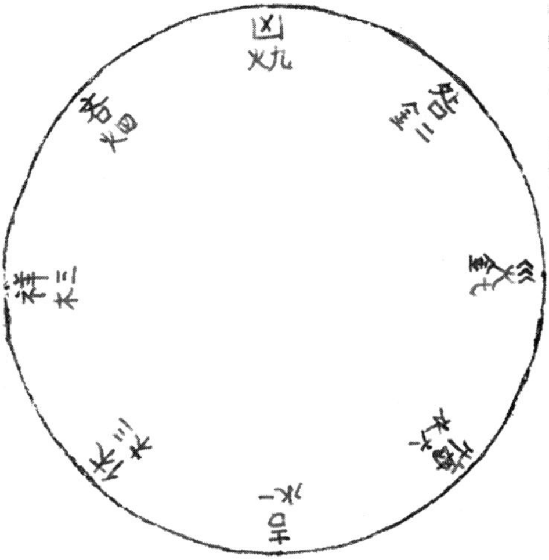

八數周流圖

一數　吉咎祥吝平悔災休凶
二數　吝吉咎災平祥休凶悔
三數　災吝吉休平咎凶悔祥
四數　咎祥悔吉平凶吝災休
五數　平平平平平平平平平
六數　休災吝凶平吉悔祥咎
七數　祥悔凶咎平休吉吝災
八數　悔凶休祥平災咎吉吝
九數　凶休災悔平吝祥咎吉

小數圖

	橫一	橫二	橫三	橫四	橫五	橫六	橫七	橫八	橫九
縱一	𝍠吉 𝍠元	𝍠吉 𝍡咎	𝍠吉 𝍢祥	𝍠吉 𝍣吝	𝍠吉 𝍤平	𝍠吉 𝍥悔	𝍠吉 𝍦災	𝍠吉 𝍧休	𝍠吉 𝍨凶
縱二	𝍡咎 𝍠吉	𝍡咎 𝍡咎	𝍡咎 𝍢祥	𝍡咎 𝍣吝	𝍡咎 𝍤平	𝍡咎 𝍥悔	𝍡咎 𝍦災	𝍡咎 𝍧休	𝍡咎 𝍨凶
縱三	𝍢祥 𝍠吉	𝍢祥 𝍡咎	𝍢祥 𝍢祥	𝍢祥 𝍣吝	𝍢祥 𝍤平	𝍢祥 𝍥悔	𝍢祥 𝍦災	𝍢祥 𝍧休	𝍢祥 𝍨凶
縱四	𝍣吝 𝍠吉	𝍣吝 𝍡咎	𝍣吝 𝍢祥	𝍣吝 𝍣吝	𝍣吝 𝍤平	𝍣吝 𝍥悔	𝍣吝 𝍦災	𝍣吝 𝍧休	𝍣吝 𝍨凶
縱五	𝍤平 𝍠吉	𝍤平 𝍡咎	𝍤平 𝍢祥	𝍤平 𝍣吝	𝍤平 𝍤平	𝍤平 𝍥悔	𝍤平 𝍦災	𝍤平 𝍧休	𝍤平 𝍨凶
縱六	𝍥悔 𝍠吉	𝍥悔 𝍡咎	𝍥悔 𝍢祥	𝍥悔 𝍣吝	𝍥悔 𝍤平	𝍥悔 𝍥悔	𝍥悔 𝍦災	𝍥悔 𝍧休	𝍥悔 𝍨凶
縱七	𝍦災 𝍠吉	𝍦災 𝍡咎	𝍦災 𝍢祥	𝍦災 𝍣吝	𝍦災 𝍤平	𝍦災 𝍥悔	𝍦災 𝍦災	𝍦災 𝍧休	𝍦災 𝍨凶
縱八	𝍧休 𝍠吉	𝍧休 𝍡咎	𝍧休 𝍢祥	𝍧休 𝍣吝	𝍧休 𝍤平	𝍧休 𝍥悔	𝍧休 𝍦災	𝍧休 𝍧休	𝍧休 𝍨凶
縱九	𝍨凶 𝍠吉	𝍨凶 𝍡咎	𝍨凶 𝍢祥	𝍨凶 𝍣吝	𝍨凶 𝍤平	𝍨凶 𝍥悔	𝍨凶 𝍦災	𝍨凶 𝍧休	𝍨凶 𝍨凶

大數下之小數起一一，以至九九八十一。數皆同其吉凶則互换，左以横序，右以縱序。如左是一數，則吉起横一，凶終横九；左是二數，則吝起横一，悔終横九。如右是一數，則吉起縱一，凶終縱九；右是二數，則吝起縱一，凶終縱九。皆視周流圖，以原右一左二。下一圖爲例。

易學象數論卷五

皇極一

皇極之數一元十二會爲三百六十運，一會三十運爲三百六十世，一運十二世爲三百六十年，一世三十年爲三百六十月，一年十二月爲三百六十日，一月三十日爲三百六十時，一日十二時爲三百六十分，一時三十分爲三百六十秒。蓋自大以至於小，總不出十二與三十之反覆相承而已。以掛一圖之二百五十六卦分配，凡一運一世一年一月一日一時，各得四爻。其爲三百六十者，盡二百四十卦，餘十六卦，分於二十四氣，亦每氣得四爻，以寓閏法於其間。不論運世年月日時，皆有閏也。然推求其説，多有可疑。夫自一年成數言之，爲三百六十日；自十二言之，爲三百五十四日；自二十四氣言之，爲三百六十五日三時；自閏歲言之，爲三百八十四日。今以康節之術按之於歷，辰法三百六十，其數皆以秒言。日法四千三百二十，月法十二萬九千六百，歲法一百五十五萬五千二百，世法四千六百六十五萬六千，運法五億五千九百八十七萬二千，會法一百六十七億九千九百一十六，元法二千一十五億五千三百九十二萬，皆成數也。在一月爲三十日，於朔策强二千一百六十，於氣策弱一千八百九十。在一年爲三百六十日，於歲實弱二萬二千六百八十，於十二朔實强二萬五千九百二十。既不可施之歷矣，乃於二氣相接之際，各增一日以爲閏，以准一年三百八十四日之數，可謂巧矣。然三百八十四日，有閏之歲也。閏雖每歲有之，亦必積之三歲兩歲，而後滿於朔實，故有三百八十四日之歲。若一歲之閏策只四萬八千六百，今概之三百八十四日，是歲歲有閏月也。豈可通乎？且所謂閏者，見之於年月日時者也。就如其説，增此四爻，亦當增之於三百六十之中；徒增之於卦，其爲三百六十者如故，是有閏之名，而無閏之實矣。是故運世歲無閏，而月日時有閏，六者不可一例。一年之日三百五十四，以運准之，則少六日。一月之時三百五十四，以世准之，則少六時。康節必欲以十二與三十整齊之，其奇齡〔一〕豈可抹殺乎？如以康節之數而立法，歲實一百五十七萬七千八百八十，朔策一十二萬七千四百四十，氣策六萬五千七百四十五，閏法四萬八千六百，由此推而上之爲元會運世，庶乎可通耳。康節之爲此書，其意總括古今之歷學，盡歸於易。奈易之於歷，本不相通。硬相牽合，所以其説愈煩，其法愈巧，終成一部鶻突歷書，而不可用也。

〔一〕「齡」，廣雅本作「零」。

皇極二 起運

乾、兑、離、震爲天之四卦，四卦自交成十六卦，十六而十六之，得二百五十六卦，謂之掛一圖，以之分配元會運世年月日時。然在一元，會止十二，止以辟卦配之。一元之中有三百六十運，一會之中有三百六十世，一運之中有三百六十年，一世之中有三百六十月，一年之中有三百六十日，一月之中有三百六十時。凡此六者，則以掛一圖配之，皆用四爻直一三百六十，盡二百四十卦，餘十六卦；每氣之首各用四爻，二十四氣恰盡餘卦。顧六者起卦，各有不同。一曰運卦。張文饒得牛無邪之傳，以爲「堯當賁之六五，堯即位在日甲、月己、星癸、辰未之甲辰年。已歷一百八十運」。若起元之元之元之元泰卦，至此在會之世之世之世，其卦爲同人。與無邪之傳異矣。惟起於世之元之元之元升卦，則至此是元之世之世之世，始合無邪之賁，直三、四、五、上爻。一爻直三世，其世在己未，則是五爻以來四十一年也。故文饒據此遂起升卦。番易祝氏謂：「起泰者，未然之卦，運世用之。起升者，已然之卦，歲月日時用之。直以堯當同人。」然無邪有所授受，祝氏以意逆之，固不當舍無邪而從祝氏也。二曰世卦。起於會首所當之卦。子會起升，丑會起否，寅會起損，卯會起泰，辰會起涣，巳會起屯，午會起損，未會起坎，申會起比，酉會起大畜，戌會起隨，亥會起剥。夏禹八年入午會，祝氏起卦用泰。午會之首在大畜，故以大畜六五至節九二爲世之始。其卦〔一〕雖異損，其起於午會同也。但以堯之己未世直賁，歷明夷、同人與午會之大畜相接續，不知逆推而上，則巳會甲子世一千八百一，亦起於大畜矣。以巳會而用午會之起卦，何所取義？蓋祝氏聞堯運在賁之説，用元之元以推運卦，既不能合，而午會世起大畜，其上適與賁接，遂謂無邪所言爲堯之世卦，非運卦也。亦未嘗逆推知其乖戾耳。文饒言「世卦隨大運消長，遇奇卦則取後卦，遇偶卦則取前卦，併二卦以當十二世」。據之，是世卦不煩别起，只在運卦左右，如己未世之運卦是賁，爲偶卦，則取前卦之无妄合之，分配癸亥運内之十二世可也。三曰年卦。所謂小運也。以世當月，以年當日，視其世所當之辰而起。子起冬至，丑起大寒，寅起雨水，卯起春分，辰起穀雨，巳起小滿，午起夏至，未起大暑，申起處暑，酉起秋分，戌起霜降，亥起小雪。所謂中朔同起。三十日分二氣，一氣分三候，一月六候。甲巳孟季仲各直五日。子午卯酉爲仲，辰戌丑未爲季，寅申巳亥爲孟。仲孟逆生，先候五日；季順行，後候五日。即如唐堯以己未世爲月，甲辰年爲日，甲辰是大暑；

〔一〕「卦」，宋元學案百源學案引作「世」。

以甲巳季日，當後五日起卦，直師之三、四、五、上，至十一年甲寅，得蠱之初六，爲立秋節。己未世之季氣，即庚申世之初氣也。若漢高小運以己未世爲月，甲午爲日，亦是大暑；以甲巳仲日，當先五日起卦，直歸妹初九。祝氏用元之元卦圖，其起卦皆氣後月十五日，非也。四曰月卦。以甲子甲午年之正月起升、蒙，三十年而一周。文饒又言：「月卦隨小運進退，如世卦之法。如堯時師爲甲辰年偶卦，則取前卦艮合之，一爻配一月也。」五曰日卦。從氣不從月。以立春起升、蒙，一年而周。六曰時卦。以朔日之子起升、蒙，一月而周。康節當時有數鈐私相授受，後之爲學者多失其傳，余爲考定如此。即如十二會之辟卦，朱子曰：「經世書以十二辟卦管十二會，綳定時節。却就中推吉凶消長，堯時正是乾卦九五。」按一會得一卦，會有三十運，是五運得一爻也。巳會當星之巳一百七十六，巳入乾上九。唐堯在星之癸一百八十，是上爻將終，安得云九五哉？於其易明者且然，況科條煩碎，孰肯究心於此乎？

皇極三　卦氣序

卦氣圖二百五十六位之序，雖曰乾、兑、離、震四卦，自變而成，然按之方圖，又錯雜時有出入。則別立取卦之法，於通數中除極數，以謂即見聖人畫卦之旨。通數二萬八千九百八十一萬六千五百七十六，陽剛太少，其數十，凡四位，爲四十，以四因之，得一百六十。陰柔太少，其數十二，凡四位，爲四十八，以四因之，得一百九十二。以二數相唱和，各得三萬七百二十，謂之動植體數。於一百六十陽數之中，除去陰數四十八，得一百十二；於一百九十二陰數之中，除去陽數四十，得一百五十二。以一百五十二與一百十二相唱和，各得一萬七千二十四，謂之動植用數。以用數自乘得通數。極數元之元一，元之會十二，元之運三百六十，元之世四千三百二十；會之元十二，會之會一百四十四，會之運四千三百二十，會之世五萬一千八百四十；運之元三百六十，運之會四千三百二十，運之運一十二萬九千六百，運之世一百五十五萬五千二百；世之元四千三百二十，世之會五萬一千八百四十，世之運一百五十五萬五千二百，世之世一千八百六十六萬二千四百。假令元之元置通數，從左起二萬至右六，凡九位。以其中位之一萬分，列於右四位爲九千九百九十十〔一〕，其通數萬下之六千五百七十六，除去不用，以此列之。除卦身八筭，在千位除之。又除元之元極數一，餘二萬八千九百八十萬一千九百九十九。以中位，萬爲中位。左見八，八屬坤；右見一，一屬乾。左爲外卦，右爲內卦，成地天泰。其第二卦，即以第一卦餘筭除卦身，除極數，滿六十四卦方去

〔一〕「十」，依下文推算，疑當作「九」。

餘筭，再置通數。如在會之元〔二〕，即以十二除起，凡除卦身，動中萬除右卦身，進動百萬除左卦身。然取卦往往不能相合，則別有五法：　一法退陰於右卦，減一筭或二筭。二法進陽於左卦，增一筭或二筭。進退不過三。三法虛張奇畫，虛張五則爲乾六畫。四法分布偶畫，分布十則爲坤十二畫。五法消息，移右筭補左謂消陰息陽，移左筭補右謂之消陽息陰，數不過八。牛無邪所傳如此。又謂：「退陰而不合，則又進陽，進陽而又不合，則又虛張，以至於消息而止。皆必先右而後左。」以某推之則不然。有不合者，方用五法。若右合而左不合，當竟用其法於左，安得先陰而後陽乎？左爲陽，右爲陰。有不合者，進退可合則用進退，虛張、分布可合，則用虛張、分布，消息可合，則用消息，不須從進退以至於消息也。此無邪之説，胡廷芳謂之「繁晦」歟。然用此五法以增減，則無卦不可附會。故必知卦而後可筭卦。若欲從筭以定卦，則五法俱不可用，而通極二數，有時而窮也。圖之爲序，當必有説。張、祝二家，皆影響矣。

〔二〕「會之元」，宋元學案百源學案引作「元之會」。

皇極四　蓍法

七十二蓍合一曰太極，分爲二以象兩，置左不用，揲右以四，視其餘數，一爲元，二爲會，三爲運，四爲世。既得象矣，元、會、運、世爲四象。復合而分之，取左之四并於右，既分之後，從左手取四策，入於右手。置左不用，揲右以八，視其餘數，爲上卦之體。復合而分之，取右之四并於左，取右手四策，入於左手。置右不用，揲左以八，視其餘數，爲下卦之體。二體相附。既得卦矣，復合而分之，置右不用，揲左以六，視其餘數，自一爲初，訖六爲上，以定直事之爻。假令初揲餘一，於象爲元；再揲餘五，上體爲巽；三揲餘七，下體爲艮；巽、艮合爲漸，在卦氣圖得元之漸卦；終揲餘六，則上九爲直事之爻。漸當元之會之會之運。以律呂圖求之，元之會爲日月聲，卦當履；會之運爲火土音，卦當蒙；合之爲物數，則卦當遯、困。以觀物之象准之，爲皇之帝之帝之王，皇帝王霸。飛之走之走之木，飛走木草。士之農之農之工。士農工商。一之二之七之六之類是也。上九爻變陰則爲蹇，爻自下而上，奇位爲陽，偶位爲陰。當位則不變，不當位則變。以九處上，爲不當位，故變。上體巽變震則爲小過，乾、兑、離、震居上，坤、艮、坎、巽居下，爲當位。反是爲不當位。當位則不變，不當位則變。以巽居上體故變。卦爻皆以當位爲吉，不當位爲凶。漸者，艮歸魂之卦，以九三爲世爻，上九爲應爻。今上九爲當世直事之爻，則應復爲世，與本爻相敵。此占之大略也。

康節本無蓍法，張文饒立之以配易、元包、虛。易、元包、虛[二]有辭，而經世無辭。有辭者以辭占；無辭者占其陰陽之進退，卦爻之當否，時日之蚤暮，五行之盛衰。爻者，時用也。卦者，定體也。爻之變不變以觀其隨時，卦之變不變以觀其大定。變不變者，數也。利不利者，命也。辨其邪正則有理，制其從違則有義。若愛惡之私不忘於胸中，則吉凶以情遷矣。雖專心致志，不可謂之誠也。

皇極五 致用

致用之法，以一定之卦推治亂，以聲音數取卦占事物。凡占一卦，視其卦之當位與否，當位則不變，不當位則變。卦既變矣，視其所直之爻當位與否，當位則不變，不當位則變，以終變之卦爲準。終變之卦即不當位，亦不變。本卦爲貞，變卦爲悔。當位則吉，不當位

[二]「易元包虛」，四庫本不重出。今據廣雅本補。宋元學案引同廣雅本。

則凶。視其卦爲奇爲偶，於方圖中，奇卦在右爲陽中陽，在左爲陰中陽；偶卦在左爲陰中陰，在右爲陽中陰。陽爲順，陰爲逆。視其卦在某會某運某世，大運以會當月，以運當日，以世當辰。如〔二〕堯之巳會癸亥運己未世，即一歲之五月三十日未時也。小運以世當月，以年當日，以月當時。如堯之己未世甲辰年，即一歲之六月十一日也。視其卦之納甲，與所當之年月日時，有無生尅。視其卦之世應，與所直之爻，有無倫奪。又以律呂圖求之，運在四大象中某所，得天門唱卦居左；世在四大象中某所，得地户和卦居右。合兩卦並觀，在既濟圖第幾位，合掛一圖問卦，然後以其卦變化進退之，而推其時運之吉凶。若用年配世，則以世求天門唱卦居左，以年求地户和卦居右，與上一例取卦之時，視筭位中餘數，以六位配六爻，元自一起，世至九終。無問十百千萬，皆以當一。一爲甲，二爲辛，三爲丙，四爲癸，五爲戊，六爲乙，七爲庚，八爲丁，九爲壬，十爲己。甲乙爲木，爲飢饉，爲曲直之物。庚辛爲金，爲兵戈，爲刃物。丙丁爲火，爲大旱，爲鋭物。壬癸爲水，爲淫潦，爲流濕之物。戊己爲土，爲中興，爲重滯之物。此致用之大凡也。

宋景濂作溟涬皇極包羅甚富，百家之學無不可資以爲用，而其要領，在推數之無窮。

〔二〕「如」字上，宋元學案百源學案引有一「衍」字。

生贊，記蜀道士杜可大之言曰：「宇宙太虛一塵爾。人生其間，爲塵幾何？是茫茫者，尚了然心目間。」此一言已盡皇極之秘，能者自有冥契，則余言亦説鈴也。

掛一圖

元之元	元之元之元之元 泰 冬至	元之元之元之會 損	元之元之元之運 大畜	元之元之元之世 節
	元之元之會之元 需	元之元之會之會 中孚	元之元之會之運 小畜	元之元之會之世 歸妹
	元之元之運之元 大壯	元之元之運之會 睽	元之元之運之運 大有 小寒	元之元之運之世 兌
	元之元之世之元 夬	元之元之世之會 履	元之元之世之運 乾	元之元之世之世 困
元之會	元之會之元之元 咸	元之會之元之會 未濟	元之會之元之運 旅	元之會之元之世 解
	元之會之會之元 小過	元之會之會之會 渙 大寒	元之會之會之運 漸	元之會之會之世 坎
	元之會之運之元 蹇	元之會之運之會 蒙	元之會之運之運 艮	元之會之運之世 師

	元之會之世之元 臨	元之會之世之會 謙	元之會之世之運 坤	元之會之世之世 遯
元之運	元之運之元之元 晉（立春）	元之運之元之會 觀	元之運之元之運 比	元之運之元之世 剥
	元之運之會之元 巽	元之運之會之會 升	元之運之會之運 否	元之運之會之世 豫
	元之運之運之元 井	元之運之運之會 豐	元之運之運之運 屯（雨水）	元之運之運之世 革
	元之運之世之元 恆	元之運之世之會 蠱	元之運之世之運 訟	元之運之世之世 益
元之世	元之世之元之元 離	元之世之元之會 大過	元之世之元之運 姤	元之世之元之世 隨
	元之世之會之元 家人	元之世之會之會 震（驚蟄）	元之世之會之運 鼎	元之世之會之世 噬嗑
	元之世之運之元 既濟	元之世之運之會 頤	元之世之運之運 萃	元之世之運之世 明夷
	元之世之世之元 復	元之世之世之會 同人	元之世之世之運 无妄	元之世之世之世 賁
會之元	會之元之元之元 損（春分）	會之元之元之會 大畜	會之元之元之運 節	會之元之元之世 需

	會之元之會之元 中孚	會之元之會之會 小畜	會之元之會之運 大壯	會之元之會之世 睽
	會之元之運之元 大有	會之元之運之會 兑	會之元之運之運 夬 清明	會之元之運之世 履
	會之元之世之元 乾	會之元之世之會 困	會之元之世之運 咸	會之元之世之世 未濟
會之會	會之會之元之元 旅	會之會之元之會 解	會之會之元之運 歸妹	會之會之元之世 涣
	會之會之會之元 漸	會之會之會之會 坎 穀雨	會之會之會之運 蹇	會之會之會之世 蒙
	會之會之運之元 艮	會之會之運之會 師	會之會之運之運 泰	會之會之運之世 臨
	會之會之世之元 謙	會之會之世之會 小過	會之會之世之運 觀	會之會之世之世 剥
會之運	會之運之元之元 蠱 立夏	會之運之元之會 井	會之運之元之運 屯	會之運之元之世 遯
	會之運之會之元 姤	會之運之會之會 訟	會之運之會之運 无妄	會之運之會之世 大過
	會之運之運之元 豫	會之運之運之會 鼎	會之運之運之運 比 小滿	會之運之運之世 巽

	會之運之世之元 坤	會之運之世之會 升	會之運之世之運 萃	會之運之世之世 隨
會之世	會之世之元之元 晉	會之世之元之會 噬嗑	會之世之元之運 否	會之世之元之世 離
	會之世之會之元 革	會之世之會之會 頤 芒種	會之世之會之運 復	會之世之會之世 恆
	會之世之運之元 豐	會之世之運之會 震	會之世之運之運 家人	會之世之運之世 益
	會之世之世之元 既濟	會之世之世之會 賁	會之世之世之運 明夷	會之世之世之世 同人
運之元	運之元之元之元 大畜 夏至	運之元之元之會 節	運之元之元之運 需	運之元之元之世 中孚
	運之元之會之元 小畜	運之元之會之會 歸妹	運之元之會之運 睽	運之元之會之世 大有
	運之元之運之元 兑	運之元之運之會 夬	運之元之運之運 履 小暑	運之元之運之世 乾
	運之元之世之元 困	運之元之世之會 未濟	運之元之世之運 解	運之元之世之世 大壯
運之會	運之會之元之元 恆	運之會之元之會 鼎	運之會之元之運 大過	運之會之元之世 訟

	運之會之會之元 姤	運之會之會之會 隨 大暑	運之會之會之運 旅	運之會之會之世 噬嗑
	運之會之運之元 小過	運之會之運之會 震	運之會之運之運 渙	運之會之運之世 巽
	運之會之世之元 益	運之會之世之會 井	運之會之世之運 屯	運之會之世之世 坎
運之運	運之運之元之元 漸 立秋	運之運之元之會 晉	運之運之元之運 萃	運之運之元之世 泰
	運之運之會之元 蹇	運之運之會之會 豫	運之運之會之運 遯	運之運之會之世 咸
	運之運之運之元 師	運之運之運之會 艮	運之運之運之運 剥 處暑	運之運之運之世 觀
	運之運之世之元 无妄	運之運之世之會 離	運之運之世之運 豐	運之運之世之世 復
運之世	運之世之元之元 蠱	運之世之元之會 革	運之世之元之運 家人	運之世之元之世 否
	運之世之會之元 比	運之世之會之會 升 白露	運之世之會之運 頤	運之世之會之世 賁
	運之世之運之元 蒙	運之世之運之會 謙	運之世之運之運 坤	運之世之運之世 同人

	世之元				世之會				世之運
運之世之世之元 明夷	世之元之元之元 升 秋分	世之元之會之元 坎	世之元之運之元 恆	世之元之世之元 大過	世之會之元之元 兑	世之會之會之元 夬	世之會之運之元 咸	世之會之世之元 履	世之運之元之元 益 立冬
運之世之世之會 臨	世之元之元之會 蒙	世之元之會之會 巽	世之元之運之會 未濟	世之元之世之會 姤	世之會之元之會 乾	世之會之會之會 否 霜降	世之會之運之會 革	世之會之世之會 泰	世之運之元之會 豐
運之世之世之運 損	世之元之元之運 蠱	世之元之會之運 渙	世之元之運之運 鼎 寒露	世之元之世之運 訟	世之會之元之運 萃	世之會之會之運 无妄	世之會之運之運 遯	世之會之世之運 剥	世之運之元之運 歸妹
運之世之世之世 既濟	世之元之元之世 井	世之元之會之世 解	世之元之運之世 困	世之元之世之世 隨	世之會之元之世 噬嗑	世之會之會之世 睽	世之會之運之世 大有	世之會之世之世 頤	世之運之元之世 大壯

	世之運之會之元 小過	世之運之會之會 臨	世之運之會之運 賁	世之運之會之世 中孚
	世之運之運之元 既濟	世之運之運之會 晉	世之運之運之運 損 小雪	世之運之運之世 節
	世之運之世之元 家人	世之運之世之會 需	世之運之世之運 大畜	世之運之世之世 小畜
世之世	世之世之元之元 坤	世之世之元之會 謙	世之世之元之運 漸	世之世之元之世 艮
	世之世之會之元 離	世之世之會之會 比 大雪	世之世之會之運 蹇	世之世之會之世 豫
	世之世之運之元 師	世之世之運之會 同人	世之世之運之運 旅	世之世之運之世 屯
	世之世之世之元 觀	世之世之世之會 震	世之世之世之運 復	世之世之世之世 明夷

世三十　運三百六十　會一萬八百　元十二萬九千六百

世之世九百　世之運一萬八百　世之會三十二萬四千　世之元三百八十八萬八千

運之世一萬八百　運之運十二萬九千六百　運之會三百八十八萬八千　運之元四千六百六十五萬六千

會之世三十二萬四千　會之運三百八十八萬八千　會之會一億一千六百六十四萬　會之元十三億九千九百六十八萬

元之世三百八十八萬八千　元之運四千六百六十五萬六千　元之會十三億九千九百六十八萬　元之元一百六十七億九千六百十六萬

元會運世本數四互相乘，則變爲十六。

世之世之世八十一萬以九百乘九百而得。

世之世之運九百七十二萬以九百乘一萬八百。

世之運之世之運一億一千六百六十四萬以一萬八百乘一萬八百。

世之世之會二億九千一百六十萬以九百乘三十二萬四千。

世之運之運一十三億九千九百六十八萬以一萬八百乘十二萬九千六百。

世之世之元三十四億九千九百二十萬以九百乘三百八十八萬八千。

運之運之運一百六十七億九千六百一十六萬以十二萬九千六百自乘。

世之世之運之元四百一十九億九千四十萬以九百乘四千六百六十五萬六千。

世之世之會之會一千四十九億七千六百萬以九百乘一億一千六百六十四萬。

世之運之元五千三十八億八千四百八十萬以一萬八百乘四千六百六十五萬六千。

世之世之會之元一萬二千五百九十七億一千二百萬以九百乘十三億九千九百六十八萬。

運之運之運之元六萬四百六十六億一千七百六十萬以十二萬九千六百乘四千六百六十五萬六千。

世之世之元之元一十五萬一千一百六十五億四千四百萬以九百乘一百六十七億六千六百十六萬。

世之會之會之會三十七萬七千九百十三億六千萬以三十二萬四千乘一億一千六百六十四萬。

世之運之元之元一百八十一萬三千九百八十五億二千八百萬以一萬八百乘一百六十七億九千六百十六萬。

世之會之會之元四百五十三萬四千九百六十三億二千萬以三十二萬四千乘十三億九千九百六十八萬。

運之運之元之元二千一百七十六萬七千八百二十三億三千六百萬以十二萬九千六百乘一百六十七億九千六百十六萬。

世之會之元之元五千四百四十一萬九千五百五十八億四千萬以三十二萬四千乘一百六十七億九千六百十六萬。

會之會之會之會一兆三千六百四萬八千八百九十六億以一億一千六百六十四萬自乘。

運之會之元之元六兆五千三百三萬四千七百億八十萬以三百八十八萬八千乘一百六十七億九

千六百十六萬。

會之會之會之元十六兆三千二百五十八萬六千七百五十二億以一億一千六百六十四萬乘十三億九千九百六十八萬。

運之元之元之元七十八兆三千六百四十一萬六千四百九億六千萬以四千六百六十五萬六千乘一百六十七億九千六百十六萬。

會之會之元之元一百九十五兆九千一百四萬一千二十四億以一億一千六百六十四萬乘一百六十七億九千六百十六萬。

會之元之元之元二千三百五十兆九千二百四十九萬二千二百八十八億以十三億九千九百六十八萬乘一百六十七億九千六百十六萬。

元之元之元之元二萬八千二百十一兆九百九十萬七千四百五十六億以一百六十七億九千六百十六萬自乘。

又以十六數互相乘。如元之會爲一數，其下之運之世爲一數乘之，變爲二百五十六數，分配二百五十六卦，自泰起元之元之元之元，得二萬八千二百十一兆九百九十萬七千四百五十六億，至明夷卦終，爲世之世之世之世，得八十一萬。今舉二十五條爲例。

既濟陽圖

元之元			
元之元否否泰	會之元遯否需	運之元訟否大壯	世之元姤否夬
水水音八八坤	火水音七八剥	土水音六八比	石水音五八觀
日日聲一一乾	日日聲一一乾	日日聲一一乾	日日聲一一乾
元之會否遯損	會之會遯遯中孚	運之會訟遯睽	世之會姤遯履
水火音八七謙	火火音七七艮	土火音六七蹇	石火音五七漸
日日聲一一乾	日日聲一一乾	日日聲一一乾	日日聲一一乾
元之運否訟大畜	會之運遯訟小畜	運之運訟訟大有	世之運姤訟乾
水土音八六師	火土音七六蒙	土土音六六坎	石土音五六渙
日日聲一一乾	日日聲一一乾	日日聲一一乾	日日聲一一乾
元之世否姤節	會之世遯姤歸妹	運之世訟姤兌	世之世姤姤困
水石音八五升	火石音七五蠱	土石音六五井	石石音五五巽
日日聲一一乾	日日聲一一乾	日日聲一一乾	日日聲一一乾

元之會

元之元否萃咸	會之元遯萃小過	運之元訟萃蹇	世之元姤萃臨
水水音八八坤	火水音七八剥	土水音六八比	石水音五八觀
日月聲一二履	日月聲一二履	日月聲一二履	日月聲一二履
元之會否咸未濟	會之會遯咸渙	運之會訟咸蒙	世之會姤咸謙
水火音八七謙	火火音七七艮	土火音六七蹇	石火音五七漸
日月聲一二履	日月聲一二履	日月聲一二履	日月聲一二履
元之運否困旅	會之運遯困漸	運之運訟困艮	世之運姤困坤
水土音八六師	火土音七六蒙	土土音六六坎	石土音五六渙
日月聲一二履	日月聲一二履	日月聲一二履	日月聲一二履
元之世否大過解	會之世遯大過坎	運之世訟大過師	世之世姤大過遯
水石音八五升	火石音七五蠱	土石音六五井	石石音五五巽
日月聲一二履	日月聲一二履	日月聲一二履	日月聲一二履

元之運

元之元否晉晉	會之元遯晉巽	運之元訟晉井	世之元姤晉恆
水水音八八坤	火水音七八剝	土水音六八比	石水音五八觀
日星聲一三同人	日星聲一三同人	日星聲一三同人	日星聲一三同人
元之會否旅觀	會之會遯旅升	運之會訟旅豐	世之會姤旅蠱
水火音八七謙	火火音七七艮	土火音六七蹇	石火音五七漸
日星聲一三同人	日星聲一三同人	日星聲一三同人	日星聲一三同人
元之運否未濟比	會之運遯未濟否	運之運訟未濟屯	世之運姤未濟訟
水土音八六師	火土音七六蒙	土土音六六坎	石土音五六渙
日星聲一三同人	日星聲一三同人	日星聲一三同人	日星聲一三同人
元之世否鼎剝	會之世遯鼎豫	運之世訟鼎革	世之世姤鼎益
水石音八五升	火石音七五蠱	土石音六五井	石石音五五巽
日星聲一三同人	日星聲一三同人	日星聲一三同人	日星聲一三同人

元之世			
元之元否豫離	會之元遯豫家人	運之元訟豫既濟	世之元姤豫復
水水音八八坤	火水音七八剥	土水音六八比	石水音五八觀
日辰聲一四无妄	日辰聲一四无妄	日辰聲一四无妄	日辰聲一四无妄
元之會否小過大過	會之會遯小過震	運之會訟小過頤	世之會姤小過同人
水火音八七謙	火火音七七艮	土火音六七蹇	石火音五七漸
日辰聲一四无妄	日辰聲一四无妄	日辰聲一四无妄	日辰聲一四无妄
元之運否解姤	會之運遯解鼎	運之運訟解萃	世之運姤解无妄
水土音八六師	火土音七六蒙	土土音六六坎	石土音五六渙
日辰聲一四无妄	日辰聲一四无妄	日辰聲一四无妄	日辰聲一四无妄
元之世否恒隨	會之世遯恒噬嗑	運之世訟恒明夷	世之世姤恒賁
水石音八五升	火石音七五蠱	土石音六五井	石石音五五巽
日辰聲一四无妄	日辰聲一四无妄	日辰聲一四无妄	日辰聲一四无妄

元之會

元之元萃否損	會之元咸否中孚	運之元困否大有	世之元大過否乾
水水音八八坤	火水音七八剥	土水音六八比	石水音五八觀
月日聲二一夬	月日聲二一夬	月日聲二一夬	月日聲二一夬
元之會萃遯大畜	會之會咸遯小畜	運之會困遯兌	世之會大過遯困
水火音八七謙	火火音七七艮	土火音六七蹇	石火音五七漸
月日聲二一夬	月日聲二一夬	月日聲二一夬	月日聲二一夬
元之運萃訟節	會之運咸訟大壯	運之運困訟夬	世之運大過訟咸
水土音八六師	火土音七六蒙	土土音六六坎	石土音五六渙
月日聲二一夬	月日聲二一夬	月日聲二一夬	月日聲二一夬
元之世萃姤需	會之世咸姤睽	運之世困姤履	世之世大過姤未濟
水石音八五升	火石音七五蠱	土石音六五井	石石音五五巽
月日聲二一夬	月日聲二一夬	月日聲二一夬	月日聲二一夬

會之會			
元之元萃萃旅	會之元咸萃漸	運之元困萃艮	世之元大過萃謙
水水音八八坤	火水音七八剥	土水音六八比	石水音五八觀
月月聲二二兑	月月聲二二兑	月月聲二二兑	月月聲二二兑
元之會萃咸解	會之會咸咸坎	運之會困咸師	世之會大過咸小過
水火音八七謙	火火音七七艮	土火音六七蹇	石火音五七漸
月月聲二二兑	月月聲二二兑	月月聲二二兑	月月聲二二兑
元之運萃困歸妹	會之運咸困蹇	運之運困困泰	世之運大過困觀
水土音八六師	火土音七六蒙	土土音六六坎	石土音五六渙
月月聲二二兑	月月聲二二兑	月月聲二二兑	月月聲二二兑
元之世萃大過渙	會之世咸大過蒙	運之世困大過臨	世之世大過大過剥
水石音八五升	火石音七五蠱	土石音六五井	石石音五五巽
月月聲二二兑	月月聲二二兑	月月聲二二兑	月月聲二二兑

會之運

元之元萃晉蠱	會之元咸晉姤	運之元困晉豫	世之元大過晉坤
水水音八八坤	火水音七八剥	土水音六八比	石水音五八觀
月星聲二三革	月星聲二三革	月星聲二三革	月星聲二三革
元之會萃旅井	會之會咸旅訟	運之會困旅鼎	世之會大過旅升
水火音八七謙	火火音七七艮	土火音六七蹇	石火音五七漸
月星聲二三革	月星聲二三革	月星聲二三革	月星聲二三革
元之運萃未濟屯	會之運咸未濟无妄	運之運困未濟比	世之運大過未濟萃
水土音八六師	火土音七六蒙	土土音六六坎	石土音五六涣
月星聲二三革	月星聲二三革	月星聲二三革	月星聲二三革
元之世萃鼎遯	會之世咸鼎大過	運之世困鼎巽	世之世大過鼎隨
水石音八五升	火石音七五蠱	土石音六五井	石石音五五巽
月星聲二三革	月星聲二三革	月星聲二三革	月星聲二三革

會之世			
元之元萃豫晉	會之元咸豫革	運之元困豫豐	世之元大過豫既濟
水水音八八坤	水水音七八剥	土水音六八比	石水音五八觀
月辰聲二四隨	月辰聲二四隨	月辰聲二四隨	月辰聲二四隨
元之會萃小過噬嗑	會之會咸小過頤	運之會困小過震	世之會大過小過賁
水火音八七謙	火火音七七艮	土火音六七蹇	石火音五七漸
月辰聲二四隨	月辰聲二四隨	月辰聲二四隨	月辰聲二四隨
元之運萃解否	會之運咸解復	運之運困解家人	世之運大過解明夷
水土音八六師	火土音七六蒙	土土音六六坎	石土音五六渙
月辰聲二四隨	月辰聲二四隨	月辰聲二四隨	月辰聲二四隨
元之世萃恒離	會之世咸恒恒	運之世困恒益	世之世大過恒同人
水石音八五升	火石音七五蠱	土石音六五井	石石音五五巽
月辰聲二四隨	月辰聲二四隨	月辰聲二四隨	月辰聲二四隨

運之元

元之元晉否大畜	會之元旅否小畜	運之元未濟否兌	世之元鼎否困
水水音八八坤	火水音七八剝	土水音六八比	石水音五八觀
星日聲三一大有	星日聲三一大有	星日聲三一大有	星日聲三一大有
元之會晉遯節	會之會旅遯歸妹	運之會未濟遯夬	世之會鼎遯未濟
水火音八七謙	火火音七七艮	土火音六七蹇	石火音五七漸
星日聲三一大有	星日聲三一大有	星日聲三一大有	星日聲三一大有
元之運晉訟需	會之運旅訟睽	運之運未濟訟履	世之運鼎訟解
水土音八六師	火土音七六蒙	土土音六六坎	石土音五六渙
星日聲三一大有	星日聲三一大有	星日聲三一大有	星日聲三一大有
元之世晉姤中孚	會之世旅姤大有	運之世未濟姤乾	世之世鼎姤大壯
水石音八五升	火石音七五蠱	土石音六五井	石石音五五巽
星日聲三一大有	星日聲三一大有	星日聲三一大有	星日聲三一大有

運之會			
元之元晉萃恆	會之元旅萃姤	運之元未濟萃小過	世之元鼎萃益
水水音八八坤	火水音七八剥	土水音六八比	石水音五八觀
星月聲三二睽	星月聲三二睽	星月聲三二睽	星月聲三二睽
元之會晉咸鼎	會之會旅咸隨	運之會未濟咸震	世之會鼎咸井
水火音八七謙	火火音七七艮	土火音六七蹇	石火音五七漸
星月聲三二睽	星月聲三二睽	星月聲三二睽	星月聲三二睽
元之運晉困大過	會之運旅困旅	運之運未濟困渙	世之運鼎困屯
水土音八六師	火土音七六蒙	土土音六六坎	石土音五六渙
星月聲三二睽	星月聲三二睽	星月聲三二睽	星月聲三二睽
元之世晉大過訟	會之世旅大過噬嗑	運之世未濟大過巽	世之世鼎大過坎
水石音八五升	火石音七五蠱	土石音六五井	石石音五五巽
星月聲三二睽	星月聲三二睽	星月聲三二睽	星月聲三二睽

運之運

元之元晉晉漸	會之元晉旅蹇	運之元未濟晉師	世之元鼎晉无妄
水水音八八坤	火水音七八剥	土水音六八比	石水音五八觀
星星聲三三離	星星聲三三離	星星聲三三離	星星聲三三離
元之會晉旅晉	會之會旅旅豫	運之會未濟旅艮	世之會鼎旅離
水火音八七謙	火火音七七艮	土火音六七蹇	石火音五七漸
星星聲三三離	星星聲三三離	星星聲三三離	星星聲三三離
元之運晉未濟萃	會之運旅未濟遯	運之運未濟未濟剥	世之運鼎未濟豐
水土音八六師	火土音七六蒙	土土音六六坎	石土音五六渙
星星聲三三離	星星聲三三離	星星聲三三離	星星聲三三離
元之世晉鼎泰	會之世旅鼎咸	運之世未濟鼎觀	世之世鼎鼎復
水石音八五升	火石音七五蠱	土石音六五井	石石音五五巽
星星聲三三離	星星聲三三離	星星聲三三離	星星聲三三離

運之世

元之元晉豫蠱	會之元旅豫比	運之元未濟豫蒙	世之元鼎豫明夷
水水音八八坤	火水音七八剥	土水音六八比	石水音五八觀
星辰聲三四噬嗑	星辰聲三四噬嗑	星辰聲三四噬嗑	星辰聲三四噬嗑
元之會晉小過革	會之會旅小過升	運之會未濟小過謙	世之會鼎小過臨
水火音八七謙	火火音七七艮	土火音六七蹇	石火音五七漸
星辰聲三四噬嗑	星辰聲三四噬嗑	星辰聲三四噬嗑	星辰聲三四噬嗑
元之運晉解家人	會之運旅解頤	運之運未濟解坤	世之運鼎解損
水土音八六師	火土音七六蒙	土土音六六坎	石土音五六渙
星辰聲三四噬嗑	星辰聲三四噬嗑	星辰聲三四噬嗑	星辰聲三四噬嗑
元之世晉恆否	會之世旅恆賁	運之世未濟恆同人	世之世鼎恆既濟
水石音八五升	火石音七五蠱	土石音六五井	石石音五五巽
星辰聲三四噬嗑	星辰聲三四噬嗑	星辰聲三四噬嗑	星辰聲三四噬嗑

世之元			
元之元豫否升	會之元小過否坎	運之元解否恆	世之元恆否大過
水水音八八坤	火水音七八剥	土水音六八比	石水音五八觀
辰日聲四一大壯	辰日聲四一大壯	辰日聲四一大壯	辰日聲四一大壯
元之會豫遯蒙	會之會小過遯巽	運之會解遯未濟	世之會恆遯姤
水火音八七謙	火火音七七艮	土火音六七蹇	石火音五七漸
辰日聲四一大壯	辰日聲四一大壯	辰日聲四一大壯	辰日聲四一大壯
元之運豫訟蠱	會之運小過訟渙	運之運解訟鼎	世之運恆訟訟
水土音八六師	火土音七六蒙	土土音六六坎	石土音五六渙
辰日聲四一大壯	辰日聲四一大壯	辰日聲四一大壯	辰日聲四一大壯
元之世豫姤井	會之世小過姤解	運之世解姤困	世之世恆姤隨
水石音八五升	火石音七五蠱	土石音六五井	石石音五五巽
辰日聲四一大壯	辰日聲四一大壯	辰日聲四一大壯	辰日聲四一大壯

會之世											
元之元萃豫兌	水水音八八坤	辰月聲四二歸妹	元之會咸豫乾	水火音八七謙	辰月聲四二歸妹	元之運豫困萃	水土音八六師	辰月聲四二歸妹	元之世大過豫噬嗑	水石音八五升	辰月聲四二歸妹
會之元小過萃夬	火水音七八剥	辰月聲四二歸妹	會之會小過咸否	火火音七七艮	辰月聲四二歸妹	會之運小過困无妄	火土音七六蒙	辰月聲四二歸妹	會之世小過大過睽	火石音七五蠱	辰月聲四二歸妹
運之元萃解咸	土水音六八比	辰月聲四二歸妹	運之會咸解革	土火音六七蹇	辰月聲四二歸妹	運之運解困遯	土土音六六坎	辰月聲四二歸妹	運之世解大過大有	土石音六五井	辰月聲四二歸妹
世之元恒萃履	石水音五八觀	辰月聲四二歸妹	世之會恒咸泰	石火音五七漸	辰月聲四二歸姊	世之運恒困剥	石土音五六渙	辰月聲四二歸妹	世之世恒大過頤	石石音五五巽	辰月聲四二歸妹

世之運			
元之元豫晉益	會之元小過晉小過	運之元解晉既濟	世之元恒晉家人
水水音八八坤	火水音七八剥	土水音六八比	石水音五八觀
辰星聲四三豐	辰星聲四三豐	辰星聲四三豐	辰星聲四三豐
元之會豫旅豐	會之會小過旅臨	運之會解旅晉	世之會恒旅需
水火音八七謙	火火音七七艮	土火音六七蹇	石火音五七漸
辰星聲四三豐	辰星聲四三豐	辰星聲四三豐	辰星聲四三豐
元之運豫未濟歸妹	會之運小過未濟賁	運之運解未濟損	世之運恒未濟大畜
水土音八六師	火土音七六蒙	土土音六六坎	石土音五六渙
辰星聲四三豐	辰星聲四三豐	辰星聲四三豐	辰星聲四三豐
元之世豫鼎大壯	會之世小過鼎中孚	運之世解鼎節	世之世恒鼎小畜
水石音八五升	火石音七五蠱	土石音六五井	石石音五五巽
辰星聲四三豐	辰星聲四三豐	辰星聲四三豐	辰星聲四三豐

世之世

元之元豫豫坤	會之元小過豫離	運之元解豫師	世之元恆豫觀
水水音八八坤	火水音七八剥	土水音六八比	石水音五八觀
辰辰聲四四震	辰辰聲四四震	辰辰聲四四震	辰辰聲四四震
元之會豫小過謙	會之會小過小過比	運之會解小過同人	世之會恆小過震
水火音八七謙	火火音七七艮	土火音六七蹇	石火音五七漸
辰辰聲四四震	辰辰聲四四震	辰辰聲四四震	辰辰聲四四震
元之運豫解漸	會之運小過解蹇	運之運解解旅	世之運恆解復
水土音八六師	火土音七六蒙	土土音六六坎	石土音五六涣
辰辰聲四四震	辰辰聲四四震	辰辰聲四四震	辰辰聲四四震
元之世豫恆艮	會之世小過恆豫	運之世解恆屯	世之世恆恆明夷
水石音八五升	火石音七五蠱	土石音六五井	石石音五五巽
辰辰聲四四震	辰辰聲四四震	辰辰聲四四震	辰辰聲四四震

陰圖

歲之歲			
水水音一一坤	水水音一一坤	水水音一一坤	水水音一一坤
日日聲八八乾	月日聲七八夬	星日聲六八大有	辰日聲五八大壯
歲之歲泰泰	月之歲泰臨	日之歲泰夷明	時之歲泰復
水水音一一坤	水水音一一坤	水水音一一坤	水水音一一坤
日月聲八七履	月月聲七七兑	星月聲六七睽	辰月聲五七歸妹
歲之月臨泰	月之月臨臨	日之月臨夷明	時之月臨復
水水音一一坤	水水音一一坤	水水音一一坤	水水音一一坤
日星聲八六同人	月星聲七六革	星星聲六六離	辰星聲五六豐
歲之日夷明泰	月之日夷明臨	日之日夷明夷明	時之日夷明復
水水音一一坤	水水音一一坤	水水音一一坤	水水音一一坤
日辰聲八五无妄	月辰聲七五隨	星辰聲六五噬嗑	辰辰聲五五震
歲之時復泰	月之時復臨	日之時復夷明	時之時復復

歲之月			
水火音一一謙	水火音一一謙	水火音一一謙	水火音一一謙
日日聲八八乾	月日聲七八夬	星日聲六八大有	辰日聲五八大壯
歲之歲泰大畜	月之歲臨大畜	日之歲明夷大畜	時之歲復大畜
水火音一一謙	水火音一一謙	水火音一一謙	水火音一一謙
日月聲八七履	月月聲七七兌	星月聲六七睽	辰月聲五七歸妹
歲之月泰損	月之月臨損	日之月明夷損	時之月復損
水火音一一謙	水火音一一謙	水火音一一謙	水火音一一謙
日星聲八六同人	月星聲七六革	星星聲六六離	辰星聲五六豐
歲之日泰賁	月之日臨賁	日之日明夷賁	時之日復賁
水火音一一謙	水火音一一謙	水火音一一謙	水火音一一謙
日辰聲八五无妄	月辰聲七五隨	星辰聲六五噬嗑	辰辰聲五五震
歲之時泰頤	月之時臨頤	日之時明夷頤	時之時復頤

歲之日

水土音一三師	水土音一三師	水土音一三師	水土音一三師
日日聲八八乾	月日聲七八夬	星日聲六八大有	辰日聲五八大壯
歲之歲需泰	月之歲需臨	日之歲需明夷	時之歲需復
水土音一三師	水土音一三師	水土音一三師	水土音一三師
日月聲八七履	月月聲七七兌	星月聲六七睽	辰月聲五七歸妹
歲之月節泰	月之月節臨	日之月節明夷	時之月節復
水土音一三師	水土音一三師	水土音一三師	水土音一三師
日星聲八六同人	月星聲七六革	星星聲六六離	辰星聲五六豐
歲之日既濟泰	月之日既濟臨	日之日既濟明夷	時之日既濟復
水土音一三師	水土音一三師	水土音一三師	水土音一三師
日辰聲八五无妄	月辰聲七五隨	星辰聲六五噬嗑	辰辰聲五五震
歲之時屯泰	月之時屯臨	日之時屯明夷	時之時屯復

歲之時			
水石音一四升	水石音一四升	水石音一四升	水石音一四升
日日聲八八乾	月日聲七八夬	星日聲六八大有	辰日聲五八大壯
歲之歲泰小畜	月之歲臨小畜	日之歲明夷小畜	時之歲復小畜
水石音一四升	水石音一四升	水石音一四升	水石音一四升
日月聲八七履	月月聲七七兑	星月聲六七睽	辰月聲五七歸妹
歲之月泰中孚	月之月臨中孚	日之月明夷中孚	時之月復中孚
水石音一四升	水石音一四升	水石音一四升	水石音一四升
日星聲八六同人	月星聲七六革	星星聲六六離	辰星聲五六豐
歲之日泰家人	月之日臨家人	日之日明夷家人	時之日復家人
水石音一四升	水石音一四升	水石音一四升	水石音一四升
日辰聲八五无妄	月辰聲七五隨	星辰聲六五噬嗑	辰辰聲五五震
歲之時泰益	月之時臨益	日之時明夷益	時之時復益

歲之月			
火水音二一剥	火水音二一剥	火水音二一剥	火水音二一剥
日日聲八八乾	月日聲七八夬	星日聲六八大有	辰日聲五八大壯
歲之歲大畜泰	月之歲損泰	日之歲賁泰	時之歲頤泰
火水音二一剥	火水音二一剥	火水音二一剥	火水音二一剥
日月聲八七履	月月聲七七兑	星月聲六七睽	辰月聲五七歸妹
歲之月大畜臨	月之月損臨	日之月賁臨	時之月頤臨
火水音二一剥	火水音二一剥	火水音二一剥	火水音二一剥
日星聲八六同人	月星聲七六革	星星聲六六離	辰星聲五六豐
歲之日大畜明夷	月之日損明夷	日之日賁明夷	時之日頤明夷
火水音二一剥	火水音二一剥	火水音二一剥	火水音二一剥
日辰聲八五无妄	月辰聲七五隨	星辰聲六五噬嗑	辰辰聲五五震
歲之時大畜復	月之時損復	日之時賁復	時之時頤復

月之月											
火火音二二艮	日日聲八八乾	歲之歲大畜大畜	火火音二二艮	日月聲八七履	歲之月大畜損	火火音二二艮	日星聲八六同人	歲之日大畜賁	火火音二二艮	日辰聲八五无妄	歲之時大畜頤
火火音二二艮	月日聲七八夬	月之歲損大畜	火火音二二艮	月月聲七七兑	月之月損損	火火音二二艮	月星聲七六革	月之日損賁	火火音二二艮	月辰聲七五隨	月之時損頤
火火音二二艮	星日聲六八大有	日之歲賁大畜	火火音二二艮	星月聲六七睽	日之月賁損	火火音二二艮	星星聲六六離	日之日賁賁	火火音二二艮	星辰聲六五噬嗑	日之時賁頤
火火音二二艮	辰日聲五八大壯	時之歲頤大畜	火火音二二艮	辰月聲五七歸妹	時之月頤損	火火音二二艮	辰星聲五六豐	時之日頤賁	火火音二二艮	辰辰聲五五震	時之時頤頤

日之月			
火土音二三蒙	火土音二三蒙	火土音二三蒙	火土音二三蒙
日日聲八八乾	月日聲七八夬	星日聲六八大有	辰日聲五八大壯
歲之歲大畜需	月之歲損需	日之歲賁需	時之歲頤需
火土音二三蒙	火土音二三蒙	火土音二三蒙	火土音二三蒙
日月聲八七履	月月聲七七兑	星月聲六七睽	辰月聲五七歸妹
歲之月大畜節	月之月損節	日之月賁節	時之月頤節
火土音二三蒙	火土音二三蒙	火土音二三蒙	火土音二三蒙
日星聲八六同人	月星聲七六革	星星聲六六離	辰星聲五六豐
歲之日大畜既濟	月之日損既濟	日之日賁既濟	時之日頤既濟
火土音二三蒙	火土音二三蒙	火土音二三蒙	火土音二三蒙
日辰聲八五无妄	月辰聲七五隨	星辰聲六五噬嗑	辰辰聲五五震
歲之時大畜屯	月之時損屯	日之時賁屯	時之時頤屯

月之時											
火石音二四蠱	日日聲八八乾	歲之歲大畜小畜	火石音二四蠱	日月聲八七履	歲之月大畜中孚	火石音二四蠱	日星聲八六同人	歲之日大畜家人	火石音二四蠱	日辰聲八五无妄	歲之時大畜益
火石音二四蠱	月日聲七八夬	月之歲損小畜	火石音二四蠱	月月聲七七兑	月之月損中孚	火石音二四蠱	月星聲七六革	月之日損家人	火石音二四蠱	月辰聲七五隨	月之時損益
火石音二四蠱	星日聲六八大有	日之歲賁小畜	火石音二四蠱	星月聲六七睽	日之月賁中孚	火石音二四蠱	星星聲六六離	日之日賁家人	火石音二四蠱	星辰聲六五噬嗑	日之時賁益
火石音二四蠱	辰日聲五八大壯	時之歲頤小畜	火石音二四蠱	辰月聲五七歸妹	時之月頤中孚	火石音二四蠱	辰星聲五六豐	時之日頤家人	火石音二四蠱	辰辰聲五五震	時之時頤益

歲之日											
土水音三一比	日日聲八八乾	歲之歲需泰	土水音三一比	日月聲八七履	歲之月需臨	土水音三一比	日星聲八六同人	歲之日需明夷	土水音三一比	日辰聲八五无妄	歲之時需復
土水音三一比	月日聲七八夬	月之歲節泰	土水音三一比	月月聲七七兑	月之月節臨	土水音三一比	月星聲七六革	月之日節明夷	土水音三一比	月辰聲七五隨	月之時節復
土水音三一比	星日聲六八大有	日之歲既濟泰	土水音三一比	星月聲六七睽	日之月既濟臨	土水音三一比	星星聲六六離	日之日既濟明夷	土水音三一比	星辰聲六五噬嗑	日之時既濟復
土水音三一比	辰日聲五八大壯	時之歲屯泰	土水音三一比	辰月聲五七歸妹	時之月屯臨	土水音三一比	辰星聲五六豐	時之日屯明夷	土水音三一比	辰辰聲五五震	時之時屯復

日之月			
土火音三二蹇	土火音三二蹇	土火音三二蹇	土火音三二蹇
日日聲八八乾	月日聲七八夬	星日聲六八大有	辰日聲五八大壯
歲之歲需大畜	月之歲節大畜	日之歲既濟大畜	時之歲屯大畜
土火音三二蹇	土火音三二蹇	土火音三二蹇	土火音三二蹇
日月聲八七履	月月聲七七兑	星月聲六七睽	辰月聲五七歸妹
歲之月需損	月之月節損	日之月既濟損	時之月屯損
土火音三二蹇	土火音三二蹇	土火音三二蹇	土火音三二蹇
日星聲八六同人	月星聲七六革	星星聲六六離	辰星聲五六豐
歲之日需賁	月之日節賁	日之日既濟賁	時之日屯賁
土火音三二蹇	土火音三二蹇	土火音三二蹇	土火音三二蹇
日辰聲八五无妄	月辰聲七五隨	星辰聲六五噬嗑	辰辰聲五五震
歲之時需頤	月之時節頤	日之時既濟頤	時之時屯頤

日之日

土土音三三坎	日日聲八八乾	歲之歲需需	土土音三三坎	日月聲八七履	歲之月需節	土土音三三坎	日星聲八六同人	歲之日需既濟	土土音三三坎	日辰聲八五无妄	歲之時需屯
土土音三三坎	月日聲七八夬	月之歲節需	土土音三三坎	月月聲七七兑	月之月節節	土土音三三坎	月星聲七六革	月之日節既濟	土土音三三坎	月辰聲七五隨	月之時節屯
土土音三三坎	星日聲六八大有	日之歲既濟需	土土音三三坎	星月聲六七睽	日之月既濟節	土土音三三坎	星星聲六六離	日之日既濟既濟	土土音三三坎	星辰聲六五噬嗑	日之明既濟屯
土土音三三坎	辰日聲五八大壯	時之歲屯需	土土音三三坎	辰月聲五七歸妹	時之月屯節	土土音三三坎	辰星聲五六豐	時之日屯既濟	土土音三三坎	辰辰聲五五震	時之時屯屯

日之時

土石音三四井	土石音三四井	土石音三四井	土石音三四井
日日聲八八乾	月日聲七八夬	星日聲六八大有	辰日聲五八大壯
歲之歲需小畜	月之歲節小畜	日之歲既濟小畜	時之歲屯小畜
土石音三四井	土石音三四井	土石音三四井	土石音三四井
日月聲八七履	月月聲七七兑	星月聲六七睽	辰月聲五七歸妹
歲之月需中孚	月之月節中孚	日之月既濟中孚	時之月屯中孚
土石音三四井	土石音三四井	土石音三四井	土石音三四井
日星聲八六同人	月星聲七六革	星星聲六六離	辰星聲五六豐
歲之日需家人	月之日節家人	日之日既濟家人	時之日屯家人
土石音三四井	土石音三四井	土石音三四井	土石音三四井
日辰聲八五无妄	月辰聲七五隨	星辰聲六五噬嗑	辰辰聲五五震
歲之時需益	月之時節益	日之時既濟益	時之時屯益

歲之時

石水音四一觀	石水音四一觀	石水音四一觀	石水音四一觀
日日聲八八乾	月日聲八七夬	星日聲六八大有	辰日聲五八大壯
歲之歲小畜泰	月之歲中孚泰	日之歲家人泰	時之歲益泰
石水音四一觀	石水音四一觀	石水音四一觀	石水音四一觀
日月聲八七履	月月聲七七兌	星月聲六七睽	辰月聲五七歸妹
歲之月小畜臨	月之月中孚臨	日之月家人臨	時之月益臨
石水音四一觀	石水音四一觀	石水音四一觀	石水音四一觀
日星聲八六同人	月星聲七六革	星星聲六六離	辰星聲五六豐
歲之日小畜明夷	月之日中孚明夷	日之日家人明夷	時之日益明夷
石水音四一觀	石水音四一觀	石水音四一觀	石水音四一觀
日辰聲八五无妄	月辰聲七五隨	星辰聲六五噬嗑	辰辰聲五五震
歲之時小畜復	月之時中孚復	日之時家人復	時之時益復

月之時			
石火音四二漸	石火音四二漸	石火音四二漸	石火音四二漸
日日聲八八乾	月日聲七八夬	星日聲六八大有	辰日聲五八大壯
歲之歲小畜大畜	月之歲中孚大畜	日之歲家人大畜	時之歲益大畜
石火音四二漸	石火音四二漸	石火音四二漸	石火音四二漸
日月聲八七履	月月聲七七兌	星月聲六七睽	辰月聲五七歸妹
歲之月小畜損	月之月中孚損	日之月家人損	時之月益損
石火音四二漸	石火音四二漸	石火音四二漸	石火音四二漸
日星聲八六同人	月星聲七六革	星星聲六六離	辰星聲五六豐
歲之日小畜賁	月之日中孚賁	日之日家人賁	時之日益賁
石火音四二漸	石火音四二漸	石火音四二漸	石火音四二漸
日辰聲八五无妄	月辰聲七五隨	星辰聲六五噬嗑	辰辰聲五五震
歲之時小畜頤	月之時中孚頤	日之時家人頤	時之時益頤

日之時			
石土音四三渙	石土音四三渙	石土音四三渙	石土音四三渙
日日聲八八乾	月日聲七八夬	星日聲六八大有	辰日聲五八大壯
歲之歲小畜需	月之歲中孚需	日之歲家人需	時之歲益需
石土音四三渙	石土音四三渙	石土音四三渙	石土音四三渙
日月聲八七履	月月聲七七兌	星月聲六七睽	辰月聲五七歸妹
歲之月小畜節	月之月中孚節	日之月家人節	時之月益節
石土音四三渙	石土音四三渙	石土音四三渙	石土音四三渙
日星聲八六同人	月星聲七六革	星星聲六六離	辰星聲五六豐
歲之日小畜既濟	月之日中孚既濟	日之日家人既濟	時之日益既濟
石土音四三渙	石土音四三渙	石土音四三渙	石土音四三渙
日辰聲八五无妄	月辰聲七五隨	星辰聲六五噬嗑	辰辰聲五五震
歲之時小畜屯	月之時中孚屯	日之時家人屯	時之時益屯

時之時			
石石音四四巽	石石音四四巽	石石音四四巽	石石音四四巽
日日聲八八乾	月日聲七八夬	星日聲六八大有	辰日聲五八大壯
歲之歲小畜小畜	月之歲中孚小畜	日之歲家人小畜	時之歲益小畜
石石音四四巽	石石音四四巽	石石音四四巽	石石音四四巽
日月聲八七履	月月聲七七兌	星月聲六七睽	辰月聲五七歸妹
歲之月小畜中孚	月之月中孚中孚	日之月家人中孚	時之月益中孚
石石音四四巽	石石音四四巽	石石音四四巽	石石音四四巽
日星聲八六同人	月星聲七六革	星星聲六六離	辰星聲五六豐
歲之日小畜家人	月之日中孚家人	日之日家人家人	時之日益家人
石石音四四巽	石石音四四巽	石石音四四巽	石石音四四巽
日辰聲八五无妄	月辰聲七五隨	星辰聲六五噬嗑	辰辰聲五五震
歲之時小畜益	月之時中孚益	日之時家人益	時之時益益

以方圖裂爲四片，每片十六卦。西北十六卦爲天門，乾主之。東南十六卦爲地户，坤

主之。東北十六卦爲鬼方，泰主之。西南十六卦爲人路，否主之。陽圖以天門十六卦爲律，每一位各唱地户吕卦十六位，謂之動數。律左吕右。從右横觀，上體與上體互，下體與下體互，又成兩卦。每一位變西南之卦三十二，共成一千二十四卦。

陰圖以地户十六卦爲吕，每一位各唱天門律卦十六位，謂之植數。吕右律左。從左横觀，又成兩卦。每一位變東北之卦三十二，共成一千二十四卦。

易學象數論卷六

六壬一

沈存中云：「六壬十二辰，亥登明爲正月將，戌天魁爲二月將。古人謂之合神，又謂之太陽過宫。」「今日度隨黄道歲差，太陽至雨水方纏諏訾，亥宫。春分後纏降婁。戌宫。若用合神，則須自立春便用亥將，驚蟄便用戌將。若用太陽，則須照過宫時分。」不知所謂合神者，歷元冬至之時，天與日會於子中，爲十一月；自後天順日逆，左右分行：天行丑，日纏子，爲十二月；天行寅，日纏亥，爲正月。天與日各歷十二辰，辰異而月同，謂之合神。則合神者，亥與戌也。登明，天魁是解正月二月之義，於合神無與也。唐虞之時，冬至天與日會於丑；宋、元以來，天與日會於寅。古之所謂合神者，已不相合矣。今之六合，非古之六合。使立春而用亥，驚蟄而用戌，亦非合神也。然惟天與日會於子中，適在十一月，故能建與纏合。其後冬至自丑而寅而卯，則天行亦不與次舍相應。其所謂合神者，日纏與天行乎？天行與次舍乎？是則兩者分爲三矣。周雲淵遂欲盡更諸將，謂：「子月一陽生，是謂大吉。午月一陰生，是謂小吉。然不名其子午而名其丑未者，以子月冬至，太陽在丑，故以丑爲大吉；午月夏至，太陽在未，故以未爲小吉。今太陽冬至在寅，夏至在申，當更以寅爲大吉，申爲小吉。」此亦誤以大吉、小吉爲合神也。大吉以十一月爲義，不因於丑；小吉以五月爲義，不因於未。是故以黄道歲差，當更合神，不當更月將。蓋十一月子，十二月丑，正月寅，萬古不易之次舍也。太陽纏子、纏丑、纏寅者，歲差之次舍也。兩者不相蒙，雲淵渾而一之，故有此失。存中又欲釐正歷法，「如東方蒼龍七宿當起於亢〔二〕，終於斗；南方朱鳥七宿起於牛〔三〕，終於角；西方白虎七宿起於婁，終於輿鬼；北方真武七宿起於東井，終於奎。」經星改動亦是出於此舍，以入彼舍，非東之寅、卯、辰移而至南，南之巳、午、未移而至西，西之申、酉、戌移而至北，北之亥、子、丑移而至東。次舍不局於經星，猶月將不局於合神也。

〔二〕「亢」，原作「元」，今據四庫本夢溪筆談改。

〔三〕「牛」，原作「井」，今據四庫本夢溪筆談改。

六壬二

方伎家多託於上古，無所徵信。唯六壬見之吴越春秋，子胥、少伯皆精其術。然與今世所傳亦復不同。泠州鳩之對七律也，即六壬之術。其曰：「王以二月癸亥，夜陳未畢而雨，以夷則之上宫畢之，當辰辰，在戌上。故長夷則之上宫，名之曰羽，所以藩屏民則也。」周二月丑爲月建，以其爲日月所合之辰，故名丑曰「辰辰」。「在戌上」者，以天盤之丑加於地盤之戌，蓋武王畢陳之時，在戌也。丑既加戌，則癸亥日辰乃在申上。申爲夷則，亥以變宫加於其上，故爲夷則之上宫。戌爲無射，羽也，故「名之曰羽」。又曰：「王以黄鍾之下宫，布戎於牧之野，故謂之厲。所以厲六師也。」按，牧誓「時甲子昧爽，王朝至於商郊牧野」，是時在寅也。以天盤之丑加於地盤之寅，則甲子日辰乃在丑上。子爲黄鍾，而丑以宫處其下，故爲黄鍾之下宫。丑爲大吕，子以宫加其上，不曰大吕之上宫者，以陰吕不可爲唱也。又曰：「以太簇之下宫布令於商，昭顯文德，底紂之多罪，故謂之宣。所以宣三王之德也。」日爲丙寅，時爲子，以天盤之丑加地盤之子，則丙寅日辰上臨於丑。寅爲太簇，而丑以宫處其下，故爲太簇之下宫。又曰：「反及嬴内，以無射之上宫布憲施舍於百姓，故謂之嬴亂。所以優柔容民也。」案，汲冢周書：「時四月，既旁生魄，越六日庚戌，武王朝至燎於周。」則王之反及嬴内，在四月也。周四月建卯，以天盤之卯加地盤之丑，則子以宫臨日辰之戌上。戌爲無射，故曰無射之上宫。其可考見者如此，則並無四課三傳之説也。而今之六壬亦絶不及五音十二律也。豈久而失其傳與？抑州鳩舉其大而不及其細與？

就以今術論之，卜筮諸術皆以生爲主，以生爲用。壬則於十二時獨取夫辰，以斗柄罡星歲常指辰，故謂辰爲天罡。辰建於三月，而爲八月之將，金旺殺物之候，以天地之殺爲用故也。其四課，上克下曰元首，下克上曰重審，上下交相克曰知一、涉害，日辰遥相克曰蒿矢、彈射、伏吟、反吟，皆因衝克以爲之名目。此明與諸術相反，故不取夫生，而取夫殺；不取夫德與合，而取夫克與衝；不取夫禄與旺，而取夫刑與害。則凡一書之中，所以論吉凶者，皆當取此，而何所論非所主，所主非所論？所主者，刑殺衝克。所論者，生旺德合。所主者與諸術相出，所論者與諸術相入。豈失傳之中又失傳與？宋咸言京郎、關朗輩假易以行壬、遁之學，其時當不如是也。

六壬起例

地　盤

布十二支爲地盤。以十干寄之，甲寄於寅，乙寄於辰，丙戊寄於巳，丁己寄於未，庚寄於申，辛寄於戌，壬寄於亥，癸寄於丑。

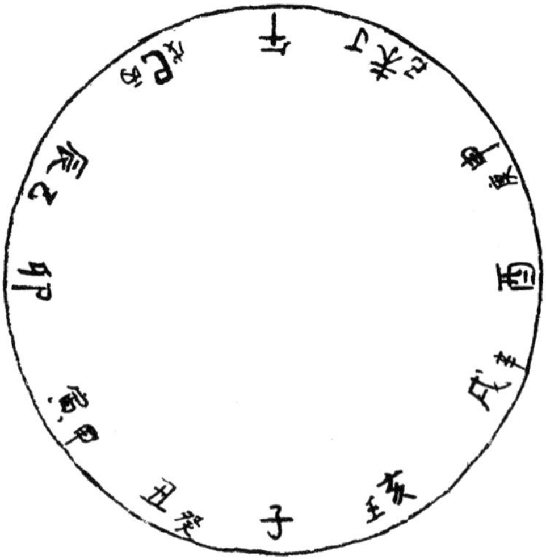

五行家干之寄支，各以類從。戊己爲中央之土，故隨丙丁而寄己午。其辰戌丑未則空無所寄。六壬避四正之位，故不得不移乙於辰，移丁己於未，移辛於戌，移癸於丑。

天盤

布十二辰於天盤：正月亥，登明；二月戌，天魁；三月酉，從魁；四月申，傳送；五月未，小吉；六月午，勝光；七月巳，太乙；八月辰，天罡；九月卯，太衝；十月寅，功曹；十一月丑，大吉；十二月子，神后〔一〕。

〔一〕廣雅本天盤圖又配入十二月，登明配一，天魁配二，從魁配三。以下依次相配。

沈存中以登明至神后爲十二辰之名，術家以爲月將，非也。登明者，正月三陽始兆，天下文明。天魁者，斗魁第一星也，其星抵戌。從魁者，斗魁第二星也，其星抵酉。傳送者，四月陽極陰生，傳陰而送陽也。小吉者，小爲陰，陰長爲小者吉也。勝光者，王者向明而治，光被四表也。太乙者，紫微垣所在。天罡者，斗剛所建。太衝者，日月五星之門户，天之衝也。功曹者，十月歲功成而會計也。大吉者，大爲陽，陽長故大者吉也。神后者，其位居未，在諸神之后也。

貴人

視占時日干於天盤上求之。

卯、辰、巳、午、未、申六時用陽貴。

甲在未　乙在申　丙在酉　丁在亥　戊在丑　己在子　庚在丑　辛在寅　壬在卯　癸在巳

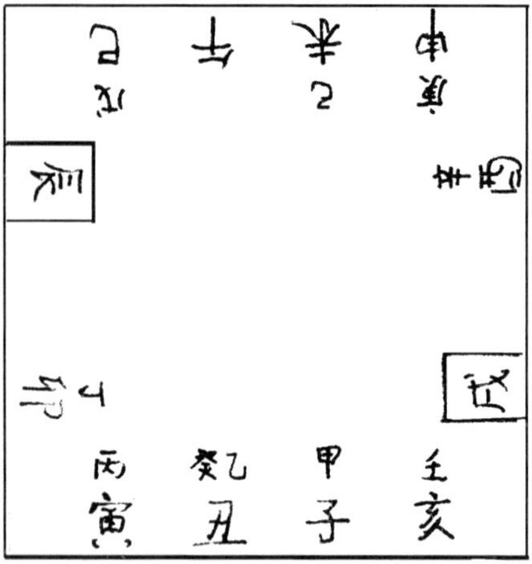

子、丑、寅、戌、亥六時用陰貴。甲在丑　乙在子　丙在亥　丁在酉　戊在未　己在申　庚在未　辛在午　壬在巳　癸在卯

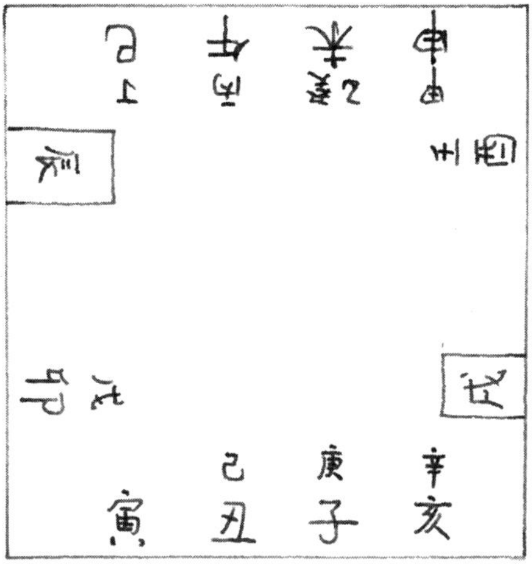

貴人者，十干之合氣也。其法以十干布十二支，而不居辰、戌，虛其對衝，以辰戌爲貴人之獄，對衝爲天空也。陽貴順布，甲與己合，甲加子，己加未，故甲用未爲貴人，己用子爲貴人。乙與庚合，乙加丑，庚加申，故乙用申爲貴人，庚用丑爲貴人。丙與辛合，丙加寅，辛加酉，故丙用酉爲貴人，辛用寅爲貴人。丁與壬合，丁加卯，壬加亥，故丁用亥爲

貴人,壬用卯爲貴人。戊與癸合,戊加巳,癸加丑,故戊用丑爲貴人,癸用巳爲貴人。陰貴逆布,甲加申,己加丑,故甲用丑、己用申爲貴人。乙加未,庚加子,故乙用子、庚用未爲貴人。丙加午,辛加亥,故丙用亥、辛用午爲貴人。丁加巳,壬加酉,故丁用酉、壬用巳爲貴人。戊加卯,癸加未,故戊用未、癸用卯爲貴人。甲之起於子申者,貴人屬土,正位丑未,乃坤二五,黄中之合氣。先天卦之坤在正北,子位。河圖之坤在西南,申方。故晝夜分之以起甲也。

十二神將

以天盤月辰加地盤時辰,視貴人之在天盤者,臨地盤何位。地盤以巳亥爲界,貴人臨辰亥一邊,則順行天乙、即貴人。騰蛇、朱雀、六合、勾陳、青龍、天空、白虎、太常、真武、太陰、天后;臨巳戌一邊,則逆行天乙、天后、太陰、真武、太常、白虎、天空、青龍、勾陳、六合、朱雀、騰蛇,皆加於天盤之上。

沈存中曰:「六壬十二神將以義求之,止合十一,貴人爲之主。其前有五將,謂騰蛇、朱雀、六合、勾陳、青龍也。此木火之神在方左者。方左謂寅卯辰巳午。其後有五將,謂天后、太陰、真武、太常、白虎也。此金水之神在方右者。方右謂未申酉亥子。唯貴人相對謂之天空。如日之在天,月對則虧,五星對則逆行避之。空無所有,非神將也。」又曰:

「十一將：前二火二木，一土間之；後當二金二水，一土間之；真武合在後二，太陰合在後三。」

四課

以天盤月辰加地盤時辰，視地盤日干，連上爲第一課，即以干上所得之支，移入地盤名干陰。又連上爲第二課。又視地盤日支，連上爲第三課，即以支上所得之支，後入地盤名支陰。又連上爲第四課。

一剋賊

四課之中，察其五行，取相克爲用。先以下賊上地盤剋天盤。爲用。若無下賊上，即以上克下爲用。

假如丙寅日功曹辰時，四課卯丙　丑卯　子寅　戌子，地盤卯木剋天盤丑土，即以之爲用。初傳丑卯，再傳亥丑，三傳酉亥，謂之三傳。

二　比用

四課中或有二、三、四課，上下相克，陽日用陽比，去陰不用；陰日用陰比，去陽不用。

假如丙寅日功曹加酉，四課戌丙　卯戌　未寅　子未，内卯戌爲上克下，因有下克上，故不用。而未寅、子未皆下克上。未寅爲陰比，陰陽以天盤爲主。子未爲陽比，丙陽日，故用子未爲初傳，巳子爲再傳，戍〔二〕巳爲三傳。

三　涉害

四課中有二、三、四課爲上克下克，而與日或俱比，或俱不比，則看涉害。視地盤孟仲季，寅申巳亥爲孟，深；　子午卯酉爲仲，淺；　辰戌丑未爲季，尤淺。取深者爲用。若俱深，則剛日用日干上辰，柔日用日支上辰。

〔二〕「戍」，原作「戊」，今據廣雅本改。

假如己巳日功曹加未，四課寅己　酉寅　子巳　未子皆上克下。寅己、子巳爲陽比，酉寅、未子爲陰比。巳陰日不用陽比，而兩陰比則視下之寅爲孟，子爲仲。故取酉寅爲初傳，辰酉爲再傳，亥辰爲三傳。

假如戊辰日功曹加未時，四課子戊　未子　亥辰　午亥，三下克上。戊陽日，除亥辰陰比不用，子戊、午亥俱陽比，而地盤又俱孟，深，子戊乃日干上辰，剛日，故用爲初傳。

四遥克

四課中無上下克，則取上神之克日者爲用，名蒿矢。神不克日，則取日之克上神者爲用，名彈射。若日克兩神，或兩神克日，亦以比日者爲用。

假如己巳日大吉加辰時，四課　辰巳〔一〕　丑辰　寅巳　亥寅，上下皆不相克，而寅

〔一〕「巳」，疑當作「己」。

巳是天盤，寅木克日干己土也，用爲初傳。此蒿矢式。

又如辛未日大吉加亥，四課　子辛　寅子　酉未　亥酉無克，而日干辛金克天盤寅木，用爲初傳。此彈射式。

五　昴星

四課中無克，又與日干無相克，陽日則從地盤酉仰視，所得之神爲用；陰日則從天盤酉俯視，所得之神移入天盤，連下爲用。陽日以地盤日支連上爲中傳，日干用地盤日干所寄之支。連上爲末傳； 陰日以地盤日干連上爲中傳，日支連上爲末傳。與上四條自初即傳至末者異。

假如庚午日騰光加巳，四課酉庚　戌酉　未午　申未無克，又無遥克，以剛日從地盤酉仰視，得戌爲初傳； 日支午從地盤午得未爲中傳； 日干庚從庚所寄之申，連上酉爲末傳。

又如丁丑日小吉加戌，四課 辰丁 丑辰 戌丑 未戌無克，又無遥克，以柔日從天盤酉俯視，得子便移子入天盤，連下卯爲初傳； 日干丁從丁所寄之未，連上辰爲中傳； 日支丑從地盤丑，連上戌爲末傳。

六伏吟

伏吟者，子加子是也。無克者，剛以日干上神，甲丙〔一〕戊庚壬。柔以日支上神丁己辛。爲傳首，皆以所刑爲中傳，以中傳所刑爲末傳。若傳者遇自刑者，剛日初傳日，日干所寄之支。次傳支，支所刑爲末傳；柔日初傳支，次傳日，日所刑爲末傳。次傳若更遇自刑者，以次傳所衝爲末傳。

六癸有克，以克處爲傳首，首所刑爲中傳，中所刑爲終傳。癸柔日，當用支上神，有克，故與剛同。

六乙亦有克，而傳首自刑，故初傳日，次傳支，末傳支所刑。乙柔日，傳首自刑，當用支爲初傳，克在日，故與剛日同例。

三刑：子刑卯　卯刑子謂之互刑。
　　寅刑巳　巳刑申　申刑寅
　　未刑丑　丑刑戌　戌刑未謂之遞刑
　　辰刑辰　午刑午　酉刑酉　亥刑亥謂之自刑

〔一〕「丙」，原作「戊」，今據廣雅本改。

儲華谷曰:「子卯一刑也,寅巳申二刑也,丑戌未三刑也。自卯順至子,自子逆至卯,極十數而爲無禮之刑。寅逆至巳,巳逆至申,極十數而爲無恩之刑。丑順至戌,戌順至未,極十數而爲恃勢之刑。皇極中以十爲殺數故也。」

七　反吟

反吟者,子加午是也。反吟多相克,以比用、涉害爲例。其不同者,取初傳之衝爲次,取次傳之衝爲末而已。唯六日無克,丁丑、己丑、辛丑則以登明爲初傳,丁未、己未、辛未則以太乙爲初傳,支未丑、丑未。爲中傳,干爲末傳。丑未、辰戌。

八　別責

四課不全,謂相重。又無克無遥,則用別責例。剛日以干合之神視地盤。爲傳首,柔日以日支三合之神視天盤日支,順行隔三位者是也。爲傳首,中、末皆以日寄之支爲傳。別責有九課,剛日三課戊辰、戊午、丙辰,柔日六課辛未、辛丑各二,丁酉、辛酉。

干合:　甲己　乙庚　丙辛　丁壬　戊癸

三合:　寅午戌合火局　申子辰合水局　亥卯未合木局　巳〔一〕酉丑合金局

〔一〕「巳」,原作「己」,今據廣雅本改。

九八專

四課中干支共位者別責三課，八專兩課。名八專。惟兩課有克，亦以比用、涉害爲例。若無克，剛日從日之陽神順數三神爲用，中、末俱重在日上。

假如甲寅日功曹加巳，四課　亥甲　申亥　亥寅　申亥，此干支皆同位也。剛日從亥甲順數三神，得丑辰爲課首，次、末皆亥寅。

又如己未日太衝加辰，四課午己　巳午　午未　巳午，亦干支同位也。柔日從巳午逆數三神，得卯辰爲課首，次、末皆午未。又有一課名獨脚者，亦柔日八專也。己未日登明加酉，四課酉己　亥酉　酉未　亥酉，從亥酉逆數三神，得酉未，而酉未乃日上也，三傳同在一課。

起年

陽年以大吉加歲支，陰年以小吉加歲支，以四課三傳占十二邦國，各得神將吉凶所主之事。如戊戌陽年，用大吉加戊，四課爲申戊〔二〕　亥申　丑戌　辰丑，三傳。

起月

以歲合神加月建，以占十二國神將吉凶成敗。

六壬透易

置年月日時，先以月將加時，得四課三傳。其三傳之在天盤者爲一類，在地盤者爲一類。以年干起五虎遁，數天盤三傳得其所屬甲子，視八卦納甲相同，合之爲上卦；以日干起五鼠遁，數地盤三傳得其所屬甲子，視納甲相同，合之爲下卦。上下相重爲六畫之卦，以大象爲基，世爻爲命，應爻爲身。大限陽年從世爻而上，陰年從世爻而降，十年一爻；小限陽年從應爻而降，陰年從應爻而升，一年一爻，周而復始。陽年用陽貴，陰年用陰貴。

五虎遁：　甲己起丙寅　乙庚起戊寅　丙辛起庚寅　丁壬起壬寅　戊癸起甲寅

五鼠遁：　甲己起甲子　乙庚起丙子　丙辛起

〔二〕「戊」，原作「戌」，今據廣雅本改。

戊子　丁壬起庚子　戊癸起壬子

假如辛酉年辛丑月丁亥日丙午時，大吉加午，四課寅丁　酉寅　午亥　丑午，三傳午亥　丑午　申丑。年干辛，丙辛遁起庚寅，自下至辛丑，其甲子皆爲庚寅所屬。午得甲午，乾四納甲；　丑得辛丑，巽初納甲；　申得丙申，艮三納甲，合之得離爲上卦。日干丁，丁壬遁起庚子，自下至辛亥，其甲子皆爲庚子所屬。亥得辛亥，巽二納甲；　午得丙午，艮二納甲；　丑得辛丑，巽初納甲，合〔一〕之得震爲下卦。離、震相重爲噬嗑，世在五爻爲命，應在二爻爲身。以陰年，大限自五而四；　小限自二而三。

答王仲撝問泠州鳩七律對

辛丑秋八月，王仲撝過龍虎山相訪。山空夜靜，閒談律歷，仲撝因舉泠州鳩所言爲問。余謂：　此須以三統歷推之，其言乃合。而邢雲路强按以授時，遂盡改其冬至朔日，至於歲月日星辰之所在，亦未嘗推步，徒以意相牽合耳。豈足信哉！　然三統之術亦不傳。其載在漢書者，字數漏奪，依之不能盡通。余嘗欲著三統推法，將使漢律歷志爲有

〔一〕「合」，原作「今」，今據廣雅本改。

用之書。今便推所問，不特泠州鳩之言不誣，而三統亦可因之發凡矣。

昔武王伐殷，

上元至伐紂之歲己卯，十四萬二千一百九歲。

入人統五百二十一歲。凡推本年皆減一筭，獨三統所積，是已減者不可更減。

積月六千四百四十三。

閏餘一十八。

積日十九萬二百六十七。

小餘二十九。

大餘七。

天正辛卯朔。即周之正月也。從統首甲申數之，歷七位而後辛卯。

冬至大餘一百一十五。

小餘六十三。

案，律歷志云：「以筭餘乘入統歲數，盈統法得一，名曰大餘，不盈者名曰小餘。」今若依之，必不能通。蓋統法乃統母之誤耳。大餘除六十爲五十五，從甲子起筭得己未冬至。

冬至己未。

歲在鶉火,

積次四百一十五。

次餘八十。

定次七。

從星紀起筭,至鶉火第八,此正伐紂己卯歲也。邢雲路謂:「時殷之十一月戊子,於夏爲十月。」非是。此時歲猶在鶉首。

月在天駟。

前一年戊寅,歲周十二月。

積日十九萬二百三十七。

小餘六十七。

辛酉朔。

合晨三百七度,在心三度。

月夜半在氐十二度。

二十八日戊子。

月在房五度。

天駟，房宿也。月行二十七日有奇，仍還原宿。今朔日在氐十二，則二十八日過氐歷房。案，三統不立日月每日所在之術，可謂疏矣。武王於是日發師，故言其日月之所在。

日在析木之津，

箕七度。

辰在斗柄，

合晨三百三十九度，在斗一度。

此己卯，周正月辛卯朔也。

星在天黿。

定見復數四十四萬七千八百六。

見復餘七千三百七十三。

積中法一百七十萬五千三百四。

中餘二萬七千六百八十八。

中元餘四萬三千一百八十四。

入章中數一百八十九。

見中次一。

次於玄枵。

星,辰星也。玄〔二〕枵即天黿。案,律歷志云:「以元中除積中,餘則中元餘也。以章中除之,餘則入章中數也。以十二除之,餘則星見中次也。」此三箇除字,其法似乎一例,而不知元中之除與十二之除,皆爲除去而言,乃章中之除,則除一章中當一數也。元中與十二所除之餘,所用在是,章中之餘直棄之而已,其「餘」字當衍。

積月一百七十萬五千三百一十九。

月中餘四萬一十五。

月元餘四萬九千二百七十四。

入章月數二百九。

見於天正。

用十二十三除入章月數恰盡,故星見天正。漢書:「以章月除月元,餘則入章月數

〔二〕「玄」,四庫本作「柄」,廣雅本作「玄」,依上下文義及律曆志,以「玄」爲是,今改。

也。」此除字與上「以章中除之」之除同例。

積日六百八。

小餘一千三百八十七萬九千七百七十四。

辛卯朔，

案，律歷志云：「以月法乘月元餘，盈日法得一，名曰積日，餘名曰小餘。小餘三十八以上，月大。數除積日如法，筭外則星見月朔日也。」此條差誤尤甚。所謂「月法」者，乃見月法；所謂「日法」者，乃見月日法，小餘亦三千八十萬。以上乃月大耳。

入中次日度數二十九。

從斗十二度至女七度爲二十九度，方盡星紀，歷玄枵。

星與日辰之位皆在北維，顓頊之所建也，帝嚳受之。我姬氏出自天黿及析木者，有建星及牽牛焉，則我皇妣大姜之姪，伯陵之後，逢公之所馮神也。歲之所在，則我有周之分野也。月之所在，辰馬農祥也，我太祖后稷之所經緯也。王欲合是五位三所而用之。自鶉及駟，七列也，南北之揆，七同也。凡神人以數合之，以聲昭之，數合聲龢，然後可同也。故以七同其數，以律龢其聲，於是乎有七律。

王以二月癸亥夜，陳未畢而雨，以夷則之上宮畢之，當辰辰在戌上。故長夷則之上宮名之曰羽，所以藩屏民則也。

周二月庚申朔。

積日十九萬。　二九六。

小餘七十二。

四日癸亥。

此即六壬月將加時之術也。周二月丑爲月建，以其爲日月所合之辰，故名丑曰辰。以天盤之丑加於地盤之戌，蓋武王畢陳之時在戌也。丑既加戌，則癸亥日辰乃在申上。申爲夷則，亥以變宮加於其上，故爲夷則之上宮。戌爲無射，羽也，故名之曰羽。

王以黃鐘之下宮，布戎於牧之野，故謂之厲，所以厲六師也。

五日甲子。

案，牧誓「時甲子昧爽，王朝至於商郊牧野」，是時在寅也。以天盤之丑加於地盤之寅，則甲子日辰乃在丑上。子爲黃鐘，而丑以宮處其下，故爲黃鐘之下宮。然丑爲大呂，子以宮加其上，不曰大呂之上宮者，以陰呂不可爲唱也。

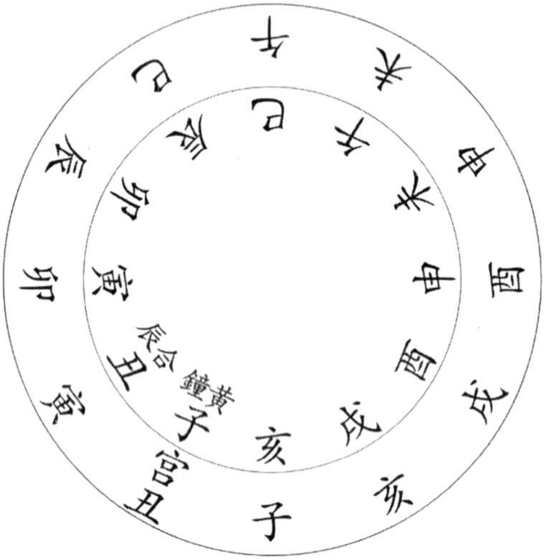

以太蔟之下宮，布令於商，昭顯文德，底紂之多辠，故謂之宣，所以宣三王之德也。

七日丙寅。

以天盤之丑加地盤之子，則丙寅日辰上臨於丑。寅爲太蔟，而丑以宮處其下，故爲太蔟之下宮。

反及羸内，以無射之上宫，布憲施舍於百姓，故謂之羸亂，所以優柔容民也。

周四月己丑朔。

積日十九萬〇三八五。

小餘三十九。

案，汲冢周書：「時四月，既旁生魄，越六日庚戌，武王朝至燎于周。」則王之反及嬴内，在四月也。四月建巳，以天盤之巳加地盤寅，則己丑日辰以宮臨於戌上。戌爲無射，故曰無射之上宮。

太一

太一，緯書也。蓋倣易歷而作。其以一爲太極，因之生二目，二目生四輔，猶易之太極生兩儀，兩儀生四象也。又有計神與太乙合之爲八將，猶易之八卦也。其以歲月日時爲綱，而以八將爲緯，三基、五福、十精之類爲經，亦猶之乎歷也。法以八將推其掩、迫、囚、擊、關、格之類，占人君將相，内外災福；又推四神所臨分野，占水、旱、兵、喪、飢饉、疾疫；又推三基、五福、大小遊二限，易卦大運，占古今治亂，天下離合。如遇凶神、陽九百六交限之際，卦運災變之限，大數凶者，其凶發於八將掩、迫、囚、擊、關、格之年。如遇吉星所會之分，卦象和平之運，非陽九百六交限之際，大數吉者，八將雖有掩迫之類，其災不發。故占家以爲聖書，私相傳習。然其間經緯渾淆，行度無稽，或分一爲二，或并二爲一，茫然何所適從也。

太一者，天帝之神。王希明曰：「太一在璿、璣、玉衡，以齊七政。隨天經行，以斗抑揚，故能馭四方。」此以中宫天極繫於經星者爲太一也。又曰：「太一者，木神也。東方木之監將，歲星之精，受木德之正，旺在春三月。」此以五緯木星爲太一也。斗魁戴匡六星曰文昌宫，經星也。填則土星也。以「主目文昌」爲「填星土德之精」，是兼經緯而一之矣。其所謂「四神太一」者，欲擬太微宫之五帝而首天一，不知天一乃紫微宫之星也。「十精」「天皇太一」，謂是「紫微垣勾陳中星，即天帝也」。既有小遊太一當之矣，此之「天皇」無乃重出乎？「帝符」爲「天節之吏」，「天時」爲「昴星之使」，「飛鳥」爲「朱雀之體」，「八風」爲「畢星之神」，「三風、五風」爲「箕、心之精」，二十八宿有所去取其間，何也？歲星一歲行一宫，十二年一周天。太一既爲木精，而一年理天，一年理地，一年理人，每宫乃至三年。所行宫次一爲十二辰，一爲八卦位，亦不相當也。填星二十八歲一周天。天目既爲土德，而每宫一年，乾、坤二年，十八年而一周。所行宫次一爲十二辰，一爲十六辰，亦不相當也。「地目」爲火星「熒惑之精」，火星二年一周，二月而行一宫；此則二宫一年，或三年一宫。主大將屬金，客大將屬水，水金俱一年一周天；此則一年行三宫，或一年行五宫。經星之在天者，皆一年一周天者也。今姑置三基、五福、大遊其所指之恍惚者，如四神之三十六，天皇、帝符之二十，昴星之十二年一周，朱雀箕、畢之九年一周，皆的然違天者也。此皆以歲計言之。降而爲日月時，其不相應，更不必論。或曰：「假星名以寓術，不必核其果否也。」若是則某不知之矣。

太一二

太一九宫之數，始於乾鑿度，其時不名爲洛書也。而九前一後，三左七右，四前左，二前右，八後左，六後右，以離南坎北之方位配之，其下行九宫，與今所傳頗異。鄭康成云：「太一下行八卦之宫，每四乃還於中央。中央者，北神之所居。故因謂之九宫。陽起於子，陰起於午。是以太一下行九宫從坎始，自此而從於坤宫，又自此而從震宫，又自此而從巽宫，所行半矣。遠息於中央之宫。既又自此而從乾宫，又自此而從兑宫，又自此而從艮宫，又自此而從離宫，行則周矣。上遊息於天一之宫，而反於紫宫。」據此，則太一一周兩入中宫；今乃避五而不入，則是八宫，非九宫也。紫宫者，午位之離也。反於紫宫，所謂陰起於午，則由此逆行，自離而艮、而兑、而乾，而中央，而巽，而震，而坤、而坎；今並無逆行之法，則是有陽生而無陰生也。坎一坤二震三巽四乾六兑七艮八離九，此九宫之序；今宫法一乾二離三艮四震六兑七坤八坎九巽，則是擾紀離次也。靈樞曰：「太一常以冬至居叶蟄宫坎。四十六日，明日居天留。艮。」如是而倉門，震。陰洛，巽。上天，離。玄委，坤。倉果，兑。新洛，乾。周而復始。康成之子午，亦謂十一月、五月也。太一皆一年一周，今三年一宫，二十四而一周，又析之爲月日時，豈其有四氣並行耶？太一從五行之氣無所偏倚，故爲獨貴；今以木行當之，豈能首出庶物耶？其法有九宫貴神者，坎太一，坤攝提，震軒轅，巽招摇，中天符，乾青龍，兑咸池，艮太陰，離天一。蓋在坎則爲太一，在坤則爲攝提，九宫莫不皆然。以坎起太一，故以太一爲總名。每宫各有所屬，是無偏於木行之失。遇某宫直事，則鈎入中宫，八者分爲鈎位，是無五作空宫之失。歷書三白圖法尚遵行之。此於康成所云，庶幾相近。今别出之以爲九宫太一，不知其所謂太一者，復何名耶？

太一推法

歲計

周紀三百六十　元法七十二　第一甲子元　第二丙子元　第三戊子元　第四庚子元　第五壬子元　置積年以周紀去之，餘以元法而一爲一元，不滿元法者，爲入元以來年數。

月計

置不滿周紀筭減一，以十二乘之，加入所求之月，是爲積月。太一行月，以節氣爲斷。故不積閏。

日計

歲實三百六十五萬二千四百二十五分　朔實二十九萬五千三百五分九十三秒　閏限

一十八萬六千五百五十二分九秒　月閏九千六十二分八十二秒　置積年減一，以歲實乘之，得數滿朔實去之，其不滿朔實者，則是減一内之日，謂之閏餘。仍置歲實所乘之數，減閏餘，此本年天正朔前之積日也。以紀法約之，知其末日甲子，加入本年所求之日，是爲積日。在正以後之月，每月加一朔實、一月閏於閏餘之内。

時計

冬夏二至但逢甲子，便爲上元。置二至以來積日減一，以十二乘之，加本日所求之時，是爲積時。冬至後用陽局，起一宫，順行；夏至後用陰局，起九宫，逆行。推入紀元之法，歲月日時皆同。

第一求太一宫次

宫法三　宫周二十四　置不滿元法之筭，以宫周去之，餘以宫法而一，起一宫，順行，唯不入中五。

第二求計神

置不滿元法之筭，以計周十二去之，餘起寅，逆行十二辰。陰局起申。

第三求合神

子丑合　寅亥合　卯戌合　辰酉合　巳申合　午未合　視歲所在，如歲在子，合神在丑；歲在丑，合神在子。

第四求天目文昌

周法十八　置不滿元法之筭，以周法去之，餘起武德，順行十六辰，次遇陰德、大武，重留一筭。陰局起呂申，順行，遇太昊、和德，重留一筭。

十六宮圖

第五求始擊

置十六宮爲天地二盤，以天盤計神所臨之宮，加地盤和德，上視天盤文昌臨地盤何宮，其宮便爲始擊。

第六求主算

視文昌所在宮，在正宮以宮數起算，一宮爲一算，九宮爲九算。在閒神不當八卦者。只起一算，順行至太一前一宮而止。所在閒神爲算一，其經行閒神不列算數。

第七求客算

視始擊所在宮，其法同文昌。

第八求主大將客大將

視算多少，取其奇齡〔一〕以爲宮數，滿十去之。若其數遇十，則去九存一；遇五者名曰無將。五爲虛宮。主視主算，客視客算。

第九求主參將客參將

以大將所臨之宮，三因之，仍去十用零，以爲參將之宮。

第十求定計目大小將

以歲月日時所用之計，合神爲天盤，加地盤歲月日時之辰，視天盤文昌臨地盤何宮，其下即爲定計目也。又視定計目所在，依二目法起宮，間止太一前以取算。又依主客算法，

〔一〕「齡」，廣雅本作「零」。

去十用零，以爲定計大將。又三因大將宫數，以爲定計參將。

三基太一

君基　邦周三百六十　邦率三十　邦盈差二百五十　置積年加邦盈差，以邦周去之，餘以邦率而一，起午邦，順行十二辰，不滿爲入邦以來年數。

臣基　邦周三十六　邦率三　邦盈差二百五十　置積年加邦盈差，以邦周去之，餘以邦率而一，起午邦，順行十二辰，不滿爲入邦以來年數。

民基　周法十二　邦率一　邦盈差二百五十　置積年加邦盈差，以周法去之，餘起戌邦，順行十二辰。

五福太一

一宫曰黄秘，在西河之乾地。

二宫曰黄始，在遼東之艮地。

三宫曰黄室，在□東〔二〕之巽地。

四宫曰黄庭，在蜀川之坤地。

〔二〕「□東」，據太乙金鏡式經當作「東吴」。

五宮曰玄室，在洛邑之北宮。
宮周二百二十五　宮率四十五　宮盈差一百一十五　置積年加宮盈差，以宮周去之，餘以宮率而一，起一宮乾，行至五宮，不滿宮率者，爲入宮以來年數。

四神太一

一宮　二宮　三宮　四宮　五宮　六宮　七宮　八宮　九宮　絳宮　明堂　玉當已上十二宮，天一、地一、直符、四神皆順行。

天一　宮周三十六　宮率三　置積年以宮周去之，餘以宮率而一，起六宮，不滿宮率，爲入宮之年。

地一起九宮。

直符起五宮。

四神起一宮。宮周、宮率皆同天一。

太遊太一

宮周二百八十八　宮率三十六　宮盈差三十四　置積年加宮盈差，以宮周去之，餘以宮率而一，起七宮，順行，不入中五。

大遊天目

神周一十八　神盈差二百一十四　置積年加神盈差，以神周去之，餘起天道，順行十六神，遇大武、陰德，重留一算。

直事太一

周紀三百六十　紀法六十　宮周九　宮盈差三　置積年以周紀去之，餘以紀法而一，所得爲一紀，不滿紀法者，爲入紀年數。置不滿紀法者加盈差，以宮周去之，餘起一宮，逆行，即爲直事。以直事鈞入中宮，其相次之神順排，六、七、八、九，一、二、三、四之宮爲鈞位。

一太一坎　九天一離　八太陰艮
七咸池兑　六青龍乾　五天符中
四招摇巽　三軒轅震　二攝提坤

十精太一

天皇　周法二十　置積年以周法去之，餘起武德，順行十六神，遇乾、坤、兑、巽四維，重留一算。陰局取對衝。十精皆倣此。

帝符　周法二十　置積年以周法去之，餘起陰主，順行十六神，遇坎、離、震、兑四正，重留一算。

天時　周法十二　置積年以周法去之，餘起吕申，順行十二辰。

天尊〔二〕　周法四　置積年以周法去之，餘起地主，逆行四正。
飛鳥　周法九　置積年以周法去之，餘起陰德，順行九宫。
五行　周法五　置積年以周法去之，餘起陰德，行地主、和德、大昊、大武五宫。
八風　周法九　置積年以周法去之，餘起大威，順行九宫。
五風　周法九　置積年以周法去之，餘先陽後陰，以一三五七九二四六八爲次。
三風　周法九　置積年以周法去之，餘以三七二六一五九四八爲次。
太一數　置積年以大周法三百六十去之，不足以元法七十二去之，餘順行，每宫一數。

太一命法卦限

陽九限

取日干化氣之五行，從所生之方而起，男順女逆，初限依化氣之生數交宫，其次皆十年一交。

甲己化土。火生土，故起於午。土數五，五年而後交宫。

〔二〕　四庫本、廣雅本原避諱，無「尊」字。四庫本太乙金鏡式經卷七作「太尊」。

乙庚化金。土生金，故起於巳。金數四，四年而後交宮。

丙辛化水。金生水，故起於申。水數一，一年而即交宮。

丁壬化木。水生木，故起於亥。木數三，三年而後交宮。

戊癸化火。木生火，故起於寅。火數二，二年而後交宮。

百六限

取生日生時干支及納音六者生成之數積之，加〔二〕天地之數五十有五，以六十除之，餘爲限數。以限數從生日之辰，逆數至於數盡，謂之受氣。其受氣之干，依陽九限化氣起所生之方。大限十年一易，男順女逆；小限一年一易，男逆女順。

入卦

以年月日時干支及納音十二者生成之數積之，加入天地之數，以六十四除之，餘爲入卦之次。卦次依周易。視受氣之辰屬陽屬陰，陽用陽爻，初、三、五。自下而升，陰用陰爻，二、四、上。自上而降，皆起於子，數至受氣之支，即爲動爻。其行限陽爻九年，陰爻六年，爻之陰陽與上異。皆自動爻順行。本卦既畢，動爻變爲之卦，從變爻起限，一如本卦。本卦爲出身

〔二〕「加」，原作「如」，今據廣雅本改。

之卦限〔二〕，之卦爲立業之卦限。

流年計

就出身卦次加入行年幾歲，滿六十四除之，餘便爲流年卦。視百六限所到宮辰，陽用陽爻，自下升，陰用陰爻，自上降，起子數至宮辰爲動爻。

月卦

就流年卦次從天正起，加入所求之月，滿六十四除之，便爲月卦。陽月用陽爻，下升，陰月用陰爻，上降，起子數至月建之辰爲動爻。

日卦

就月卦次從甲子起，加入所求之日，滿六十四去之，便爲日卦。陽日用陽爻，下升，陰日用陰爻，上降，起子數至日辰爲動爻。

時卦

就日卦次加所直之時，爲時卦。陽辰用陽爻，下升，陰辰用陰爻，上降，起子數至當時爲動爻。年月日時皆只取動爻，餘爻不用。

〔二〕「卦限」，原作「限卦」，今據廣雅本改。

大遊卦法

內　卦

一宮乾，二宮離，三宮艮，四宮震，六宮兑，七宮坤，八宮坎，九宮巽。中五不入。

宮周二百八十八。

宮率三十六。

宮盈差三十四。

置積年加宮盈差，滿宮周去之，餘以宮率而一，起七宮坤，順行八宮，即爲内卦。其不滿宮率者，是入卦年數。

外　卦

六十四卦周六百四十。

八卦周八十。

卦率一十。

置積年加宮盈差，滿六十四卦周去之，不盡，滿八卦周去之，餘以卦率而一，起七宮坤，順行八卦。不滿卦率者，是入卦年數，即爲外卦。以内外相重，得值運之卦。

動爻

大遊入内卦三十六年，均分於重爻之六爻，則六年行一爻。視當下入内卦以來年數，自一至六，初爲動爻；自七至十二，二爲動爻；十三至十八，三爲動爻；十九至二十四，四爲動爻；二十五至三十，五爲動爻；三〔二〕十一至三十六，上爲動爻。

小遊卦法

內卦

卦周一百九十二。

卦率二十四。

置積年滿卦周去之，餘以卦率而一，起一宫乾，順行。不滿卦率者，爲入卦以來年數。

外卦

卦周紀元一百六十。

卦周二十四。

〔二〕「三」，原作「二」，今據廣雅本改。

卦率三。

置積年滿紀元去之,不盡,以卦周去之,餘以卦率而一,起一宫乾,順行,爲外卦。以内外相重,得值運之卦。

直爻

以内卦之率分於重卦之六爻,每爻四年,視入内卦以來年數,即知所入之爻。

遁甲

遁甲、太一、六壬三書,世謂之三式,皆主九宫以參詳人事,而甲尤注意於兵。其術之自以爲精者,在超神、接氣、置閏之間。超神者,節氣未到而甲子、己卯之符頭先到,則借用未到節氣之上局,故謂之超。接氣者,甲子、己卯之符頭未至,而節氣先至,則仍用已過節氣之下局,故謂之接。蓋緣一月節氣必三十日零五時二刻,積之而符頭、節氣遂相參差,至於順將變逆,逆將變順。在芒種大雪之後,有超至九日十日者,則爲之置閏。芒種後則疊芒種上中下三局,大雪後則疊大雪上中下三局,以歸每節氣所餘五時二刻,而後二至之順逆始分,於是節先局後不得不以接氣繼之矣。是欲與歷法相符,某則以爲自亂其術者此也。節氣三十日所零者，五時二刻耳。積之一百八十日之久，則爲時三十爲刻十二〔二〕，蓋不及三日也。符頭五日一換，所差不過半局，略爲消息便可符合。今以超神而太過者，九日十日以置閏，而不及者五日六日，氣序不清，局法重出。甲之所重者，在二至置閏。歸餘於其前半年之中必有超神，超神之後必且置閏，閏閏之局必侵二至，是二至必不能正其始也。順者反逆，逆者反順。使其吉凶星煞無驗則可，不然則避其所當趨，趨其所當避矣。某故以爲自亂其術也。

遁甲發凡

先觀二至，以分順逆。

冬至後爲陽遁，順布六儀，逆布三奇；夏至後爲陰遁，逆布六儀，順布三奇。

六儀：戊甲子　己甲戌　庚甲申　辛甲午　壬甲辰　癸甲寅

三奇：乙　丙　丁

順布者，自一宮而至九宮；逆布者，自九宮而至一宮。三奇順逆，即布於六甲之

〔二〕「十二」，四庫本、廣雅本原作「二十」，依推算似當作「十二」，今改。

後。

次觀節氣，以定三元。

三元者，上中下三局也。以甲、己二將爲符頭。此日也。符頭所臨之支直子、午、卯、酉爲上元，直寅、申、巳、亥爲中元，直辰戌丑未爲下元。五日六十時。一換，符頭半月一氣，而三局周。如冬至一七四甲子爲符頭，至戊辰五日，皆從坎一宮起，爲上元；己巳爲符頭，至癸酉五日，皆從兑七宮起，爲中元；甲戌爲符頭，至戊寅五日，皆從巽四起，爲下元。餘倣此。

陽遁順局

冬至驚蟄一七四	小寒二八五	大寒春分三九六
立春八五二	雨水九六三	清明立夏四一七
穀雨小滿五二八	芒種六三九	

陰遁逆局

夏至白露九三六	小暑八二五	大暑秋分七一四

立秋二五八　處暑一七四　寒露立冬六九三

霜降小雪五八二　大雪四七一

次觀旬首，以取符使。

旬首者，用事時辰其首之六甲也。旬首所泊之宫，星即爲直符，門即爲直使。如在坎宫，則天蓬爲直符，休門爲直使。

直符隨時干。

視所用時干泊在地盤何宫，即以天盤直符移在此宫。

直使隨時宫。

視所用時辰泊在地盤何宫，即以天盤直使移在此宫。

小直符加大直符。

以八詐門之直符，加於九星直符所臨之宫，陽順陰逆。

地盤

天盤九星

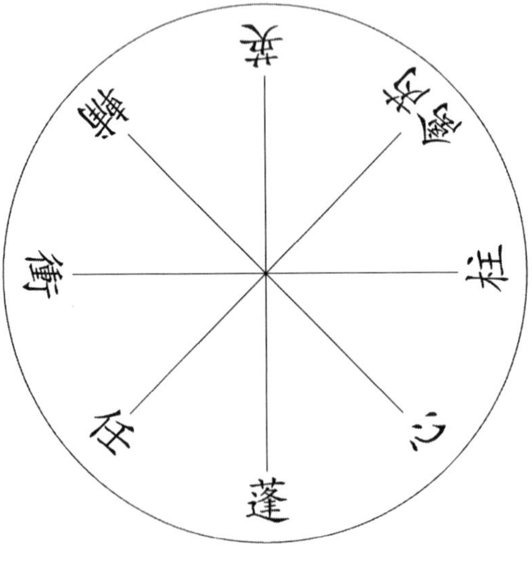

天盤八門

八詐門陽

八詐門陰

超神接氣直指。

奇門之法，有正授，有超神，有閏奇，有接氣。正授之後，超神繼之；超神之後，閏奇繼之；閏奇之後，接氣繼之；接氣之後，復爲正授。符頭甲己正對節氣，謂之正授。此後則符漸漸過節，而爲超神矣。超至九日及十餘日，則當置閏。以其離後節氣太遠，故必有閏，然後可配氣候，與歷家閏法同。然置閏必在芒種、大雪之後，二至之前。其餘節氣雖遇超至九日之外，不可置閏也。

假如萬歷己丑年正月初二庚戌日，辛巳用事，係冬至後，陽遁順局，符頭係己酉管事，本月初六日交雨水節上局，乃超神也。從九宫起，順布六儀，戊在離，己在坎，庚在坤，辛在震，壬在巽，癸在中宫；逆布三奇，乙在艮，是爲任乙；丙在兑，是爲柱丙；丁在乾，是爲心丁。地盤艮、兑、乾三宫有奇，辛巳時旬首係甲戌，泊在坎宫，以天蓬爲直符，加在地盤震宫，順數，任在巽，是天任星帶艮之乙奇到巽；衝在離，輔在坤，英在兑，芮在乾，柱在坎，是天柱星帶兑之丙奇到坎；心在艮，是天心星帶乾之丁奇到艮。三奇在地盤者，今隨天盤旋轉，而在巽、坎、艮三方矣。辛巳時宫泊在艮，以直使休門加地盤之艮，順數，生在震，傷在巽，杜在離，景在坤，死在兑，驚在乾，開在坎。艮得丁奇而逢休門，謂之休與星合；坎得丙奇而逢開門，謂之開與月合，俱吉。獨巽得乙奇而逢傷門，未爲全吉。再以八詐門直符隨九星，直符在震宫，順數則騰蛇在巽，太陰在離，六合在坤，勾陳在兑，朱雀在乾，九地在坎，九天在艮。坎、艮二宫既合奇門，而又逢九地、九天，爲全吉也。又天盤丙加地盤甲戌，直符爲鳥，跌穴尤爲合格。

假如萬曆己丑年十一月初六庚戌日戊〔一〕寅時用事，本日符頭是己酉，當用上局。查十月二十九癸卯日已交大雪節氣，從十月二十日甲午，爲大雪超神上局，二十五日己亥大雪中局，三十日甲辰大雪下局，三局已完。今十一月初五己酉以後，似當作冬至上局。不知符已超節九日，正當置閏，故自初五日己酉至初九日癸丑，不作冬至上局，而爲大雪閏奇。上局初十日甲寅至十四日戊午，爲大雪閏奇；中局十五日己未至十九日癸亥，爲大雪閏奇；下局直到二十日甲子，方作冬至上局。然十四日戊午已交冬至節，則符在節後五日矣。此所謂接氣也。今以初六日庚戌戊寅時爲例演之，係夏至後未交冬至，尚用陰遁逆局，從四宮巽起六儀，戊在巽，己在震，庚在坤，辛在坎，壬在離，癸在艮；乙奇在中宮寄坤，丙奇在乾，丁奇在兑。本時戊寅，其旬首係甲戌，泊在震宫，天衝爲直符，傷門爲直使。時干戊，泊在巽，以天衝直符加巽，輔在離，英在坤，芮在兑，是爲天芮星帶中宫之乙奇到兑；柱在乾，是爲天柱星帶兑之丁奇到乾；心在坎，是爲天心星帶乾之丙奇到坎。蓬在艮，任在震，時宫戊寅，泊在艮宫，以直使傷門加艮，杜在震，景在巽，死在離，驚在坤，開在兑，休在乾，生在坎。乙奇到兑逢開門，是謂開與日合；丁奇

〔一〕「戊」，原作「戌」，今據廣雅本改。

到乾逢休門，是謂休與星合；丙奇到坎逢生門，是謂生與月合，俱吉。然生門屬土，臨坎宮，乃門制其宫，謂之迫。此未盡善也。又以八詐門之直符隨九星，直符在巽，逆行，螣蛇在震，太陰在艮，六合在坎，勾陳在乾，朱雀在兑，九地在坤，九天在離，則坎宫有奇門，又逢六合，正北方，大吉。餘倣此。

衡運

胡仲子列十二運，推明皇帝王霸之升降，其法在太一書，較之揚子雲之卦序，差爲整齊，非唐、宋以後人所能作也。以初爻爲建功立德之限，三爻爲内極災變之限，四爻爲亂後待治之限，上爻爲外極災變之限，二五爻爲中道安平之限。陰陽當位則治，失位則亂；得應則得臣，失應則失臣。太一理二爻之時，陽雖失位，猶可無事；惟臨出運之際，國有災殃；行至五爻，陰居失位，君弱臣强，妃戚專政，衰亡將至，以其近於外極也。初爻之建立功德，若當太一所理，苟非其人，則有革命者起而應之。行内極之限，災變尚輕；行外極之限，災變始重。月卦者，小運也。以太一之掩迫察其虚實，以小運定其期。故舉其大概，三代亡而秦始立也,入萃上,漢之亡入復上,唐之亡入謙上,宋之亡入姤〔一〕上,皆爲外極之限。其有然不然者,將以不然者廢其然與?則曰:「何可廢也!留其不然以觀人事,留其然以觀天運。此天人之際也。」前四運皇帝王霸當之,仲子言「猶春之有夏,秋之有冬」。康節亦以春夏秋冬配皇帝王霸。春夏既爲秋冬,秋冬必復春夏,天運自然,則前四運之爲皇帝王霸,後運繼之,亦復當然。今四運之後,兩運過中,非惟不能復皇帝,即所謂霸者,亦不可得。將秋冬之後,更有别運,天人之際一往不返者,何耶?仲子曰:「時未臻乎革,仲尼不能有爲。仲尼没今二千年,猶未臻乎革也。」革在十二運之終,十二運告終,始復其常。前爲四運,後爲八運,參差多寡,無廼懸絶。以仲子之言爲是耶?孟子所謂一治一亂者正相反。以仲子之言爲非耶?前之二千餘年者既如斯,後之四千八百年寧可必乎?倘若以漢、唐、宋之小治,衡之三代而上,是謂褻天。又某之所不敢也。

胡仲子翰衡運論

皇降而帝,帝降而王,王降而霸,猶春之有夏,秋之有冬也。由皇等而上,始乎有物之

〔一〕「姤」,原作「垢」,今據廣雅本改。

始；由霸等而下，終乎閉物之終。消長得失，治亂存亡，生乎天下之動，極乎天下之變，紀之以十二運，統之以六十四卦。乾，天道也，健而運乎上；坤，地道也，順而承乎下。天地既判，其氣未交爲否，既交爲泰。始乎乾，訖乎泰，四卦統七百二十年，陽爻三十六，陰爻二十四，每卦所積之數。餘倣此。是爲天地否泰之運。乾一索得男而爲震，坤一索得女而爲巽。震長男也，巽長女也，夫婦之道也。始成爲恒，既交爲益。乾再索得男而爲坎，坎中男也。坤再索得女而爲離，離中女也。中男中女，夫婦之道。成爲既濟，既交爲未濟。乾三索得男而爲艮，艮少男也。坤三索得女而爲兑，兑少女也。少男少女，夫婦之道。成爲損，既交爲咸。十二卦統二千一百六十年，是爲男女交親之運。男治政於先，女理事以承其後。男之治也，從父之道。大壯也，无妄也，長男從父者也；需也，訟也，中男從父者也；大畜也，遯也，少男從父者也。六卦統一千一百五十有二年，是爲陽晶守政之運。女之治也，從母之道。觀也，升也，長女從母者也；晋也，明夷也，中女從母者也；萃也，臨也，少女從母者也。六卦統一千有八年，是爲陰毳權衡之運。坤，陰也，得陽育而生男。乾，陽也，得陰化而生女。男歸於母，女應於父。豫也，復也，長男歸母者也；比也，師也，中男歸母者也；剥也，謙也，少男歸母者也。六卦統九百三十有六年，是爲資育還本之運。小畜也，姤〔一〕也，長女應父者也；同人也，大有也，中女應父者也；夬也，履也，少女應父者也。六卦統一千二百二十有四年，是爲造化〔二〕符天之運。乾、坤，父母之道也。必有代者焉。代父者，長男也。從長男者，中男少男也。解也，屯也，中男從長者也；小過也，頤也，少男從長者也。四卦統六百七十有二年，内外以剛陽治政，是爲剛中健至之運。陽剛之極，陰必行之。代母者，長女也。從長女者，中女少女也。家人也，鼎也，中女從長者也；中孚也，大過也，少女從長者也。四卦統七百六十有八年，内外以陰柔爲治，是爲群愚位賢之運。陰隨於陽爲順。豐也，噬嗑也，中女從長男者也；歸妹也，隨也，少女從長男者也；節也，困也，少女從中男者也。六卦統一千八十年，是爲德義順命之運。陽隨於陰爲不順。渙也，井也，中男從長女者也；漸也，蠱也，少男從長女者也；旅也，賁也，少男從中女者也。六卦統一千八十年，是爲惑妬留天之運。長男既息，爲男之窮也；長女既息，爲女之窮也。於是中男與少男相搏焉。蹇也，蒙也，二卦統三百三十有六年，是爲寡陽相搏之運。陽之搏也，陰必隨之。於是中女與少女會焉。睽也，革也，二卦統三百八十有四年，是爲物

〔一〕「姤」，原作「垢」，今據廣雅本改。
〔二〕「化」，原無，今據廣雅本補。

極元終之運。十二運上下萬有一千五百二十載，陽來陰往，太乙臨之。不浸則不極，不極則不復。復而與天下更始，非聖人不能也。聖人，非天不生也。天生仲尼，當五伯之衰，而不能爲太和之春者，何也？時未臻乎革也。仲尼没，繼周者爲秦，爲漢，爲晉，爲隋，爲唐，爲宋，垂二千年，猶未臻乎革也。泯泯棼棼，天下之生，欲望其爲王、爲帝、爲皇之世，固君子之所深患也。余聞之廣陵秦曉山，迺推明天人之際，皇帝王霸之别，定次於篇。

卦運表

一天地否泰之運七百二十年

乾	⚊子甲	⚊子戊	⚊子壬	⚊子丙	⚊子庚	⚊子甲	二百一十六
坤	⚋子庚	⚋子丙	⚋子壬	⚋子戊	⚋子甲	⚋子庚	一百四十四
否	⚊子戊	⚊子壬	⚊子丙	⚋子壬	⚋子戊	⚋子甲	一百八十
泰	⚋子庚	⚋子丙	⚋子壬	⚊子丙	⚊子庚	⚊子甲	一百八十

二男女交親之運二千一百六十年

六造化符天之運一千二百二十四年

小畜	⚊子戊	⚊子壬	⚋子戊	⚊子壬	⚊子丙	⚊子庚	二百四
姤	⚊子壬	⚊子丙	⚊子庚	⚊子甲	⚊子戊	⚋子甲	二百四
同人	⚊子丙	⚊子庚	⚊子甲	⚊子戊	⚋子甲	⚊子戊	二百四
大有	⚊子庚	⚋子丙	⚊子庚	⚊子甲	⚊子戊	⚊子壬	二百四
夬	⚋子丙	⚊子庚	⚊子甲	⚊子戊	⚊子壬	⚊子丙	二百四

震	⚋子戊	⚋子甲	⚊子戊	⚋子甲	⚋子庚	⚊子甲	一百六十八
巽	⚊子戊	⚊子壬	⚋子戊	⚊子壬	⚊子丙	⚋子壬	一百九十二
恒	⚋子庚	⚋子丙	⚊子庚	⚊子甲	⚊子戊	⚋子甲	一百八十
益	⚊子戊	⚊子壬	⚋子戊	⚋子甲	⚋子庚	⚊子甲	一百八十
坎	⚋子戊	⚊子壬	⚋子戊	⚋子甲	⚊子戊	⚋子甲	一百六十八
離	⚊子戊	⚋子甲	⚊子戊	⚊子壬	⚋子戊	⚊子壬	一百九十二
既濟	⚋子庚	⚊子甲	⚋子庚	⚊子甲	⚋子庚	⚊子甲	一百八十
未濟	⚊子戊	⚋子甲	⚊子戊	⚋子甲	⚊子戊	⚋子甲	一百八十
艮	⚊子丙	⚋子壬	⚋子戊	⚊子壬	⚋子戊	⚋子甲	一百六十八
兌	⚋子庚	⚊子甲	⚊子戊	⚋子甲	⚊子戊	⚊子壬	一百九十二
損	⚊子戊	⚋子甲	⚋子庚	⚋子丙	⚊子庚	⚊子甲	一百八十
履	⚊子戊	⚊子壬	⚊子丙	⚋子壬	⚊子丙	⚊子庚	二百四

七剛中健至之運 六百七十二年

解	⚋子戊	⚋子甲	⚊子戊	⚋子甲	⚊子戊	⚋子甲	一百六十八
屯	⚋子丙	⚊子庚	⚋子丙	⚋子壬	⚋子戊	⚊子壬	一百六十八
小過	⚋子甲	⚋子庚	⚊子甲	⚊子戊	⚋子甲	⚋子庚	一百六十八
頤	⚊子庚	⚋子丙	⚋子壬	⚋子戊	⚋子甲	⚊子戊	一百六十八

八羣愚位賢之運 七百六十八年

家人	⚊子壬	⚊子丙	⚋子壬	⚊子丙	⚋子壬	⚊子丙	一百九十二
鼎	⚊子甲	⚋子庚	⚊子甲	⚊子戊	⚊子壬	⚋子戊	一百九十二
中孚	⚊子丙	⚊子庚	⚋子丙	⚋子壬	⚊子丙	⚊子庚	一百九十二
大過	⚋子庚	⚊子甲	⚊子戊	⚊子壬	⚊子丙	⚋子壬	一百九十二

咸 ⚋子庚 ⚊子甲 ⚊子戊 ⚊子壬 ⚋子戊 ⚋子甲 一百八十

三陽晶守政之運一千一百五十二年

大壯 ⚋子壬 ⚋子戊 ⚊子壬 ⚊子丙 ⚊子庚 ⚊子甲 一百九十二

无妄 ⚊子壬 ⚊子丙 ⚊子庚 ⚋子丙 ⚋子壬 ⚊子丙 一百九十二

需 ⚋子丙 ⚊子庚 ⚋子丙 ⚊子庚 ⚊子甲 ⚊子戊 一百九十二

訟 ⚊子丙 ⚊子庚 ⚊子甲 ⚋子庚 ⚊子甲 ⚋子庚 一百九十二

大畜 ⚊子丙 ⚋子甲 ⚋子庚 ⚊子甲 ⚊子戊 ⚊子壬 一百九十二

遯 ⚊子庚 ⚊子甲 ⚊子戊 ⚊子壬 ⚋子戊 ⚋子甲 一百九十二

四陰毳權衡之運一千八年

觀 ⚊子戊 ⚊子壬 ⚋子戊 ⚋子甲 ⚋子庚 ⚋子丙 一百六十八

升 ⚋子戊 ⚋子甲 ⚋子庚 ⚊子甲 ⚊子戊 ⚋子甲 一百六十八

九德義順命之運一千八十年

豐 ⚋子庚 ⚋子丙 ⚊子庚 ⚋子甲 ⚊子庚 ⚊子甲 一百八十

噬嗑 ⚊子戊 ⚋子甲 ⚋子戊 ⚋子甲 ⚊子庚 ⚊子甲 一百八十

歸妹 ⚋子庚 ⚋子丙 ⚊子庚 ⚋子丙 ⚊子庚 ⚊子甲 一百八十

隨 ⚋子庚 ⚊子甲 ⚊子戊 ⚋子甲 ⚋子庚 ⚊子甲 一百八十

節 ⚋子庚 ⚊子甲 ⚋子庚 ⚋子丙 ⚊子庚 ⚊子甲 一百八十

困 ⚋子庚 ⚊子甲 ⚊子戊 ⚋子甲 ⚊子戊 ⚋子甲 一百八十

十惑姤留天之運一千八十年

渙 ⚊子戊 ⚊子壬 ⚋子戊 ⚋子甲 ⚊子戊 ⚋子甲 一百八十

井 ⚋子庚 ⚊子甲 ⚋子庚 ⚊子甲 ⚊子戊 ⚋子甲 一百八十

漸 ⚊子戊 ⚊子壬 ⚋子戊 ⚊子壬 ⚋子戊 ⚋子甲 一百八十

晉 ⚊子甲 ⚋子丙 ⚊子甲 ⚋子庚 ⚋子丙 ⚋子壬 一百六十八

明夷 ⚋子甲 ⚋子庚 ⚋子丙 ⚊子庚 ⚋子丙 ⚊子庚 一百六十八

萃 ⚋子壬 ⚊子丙 ⚊子庚 ⚋子丙 ⚋子壬 ⚋子戊 一百六十八

臨 ⚋子庚 ⚋子丙 ⚋子壬 ⚋子戊 ⚊子壬 ⚊子丙 一百六十八

五資育還本之運九百三十六年

豫 ⚋子丙 ⚋子壬 ⚊子丙 ⚋子壬 ⚋子戊 ⚋子甲 一百六十五

復 ⚋子壬 ⚋子戊 ⚋子甲 ⚋子庚 ⚋子丙 ⚊子庚 一百六十五

比 ⚋子戊 ⚊子壬 ⚋子戊 ⚋子甲 ⚋子庚 ⚋子丙 一百六十五

師 ⚋子甲 ⚋子庚 ⚋子丙 ⚋子壬 ⚊子丙 ⚋子壬 一百六十五

剝 ⚊子戊 ⚋子甲 ⚋子庚 ⚋子丙 ⚋子壬 ⚋子戊 一百六十五

謙 ⚋子丙 ⚋子壬 ⚋子戊 ⚊子壬 ⚋子戊 ⚋子甲 一百六十五

蠱 ⚊子戊 ⚋子甲 ⚋子庚 ⚊子甲 ⚊子戊 ⚋子甲 一百八十

旅 ⚊子戊 ⚋子甲 ⚊子戊 ⚊子壬 ⚋子戊 ⚋子甲 一百八十

賁 ⚊子戊 ⚋子甲 ⚋子庚 ⚊子甲 ⚋子庚 ⚊子甲 一百八十

十一寡陽相搏之運三百三十六年

蹇 ⚋子戊 ⚊子壬 ⚋子戊 ⚊子壬 ⚋子戊 ⚋子甲 一百六十八

蒙 ⚊子甲 ⚋子庚 ⚋子丙 ⚋子壬 ⚊子丙 ⚋子壬 一百六十八

十二物極元終之運三百八十四年

睽 ⚊子丙 ⚋子壬 ⚊子丙 ⚋子壬 ⚊子丙 ⚊子庚 一百九十二

革 ⚋子庚 ⚊子甲 ⚊子戊 ⚊子壬 ⚋子戊 ⚊子壬 一百九十二

推　法

周策一萬一千五百二十。

卦盈差三百。

置積年加卦盈差，滿周策去之，餘起乾坤否泰之運，累之即得所入之卦。以入卦年數陽爻三十六，陰爻二十四，即得所入之爻。

積年上元甲子至今壬子作象數論之年。一千一十五萬五千五百八十九年。

流年直卦法

置積年滿卦周六十四去之，餘依周易次序，即得所直之卦。視所求之年，陽辰不取陰爻，以卦内陽爻起子，自下而上，循環數至歲支，以爲動爻；陰辰不取陽爻，以卦内陰爻起子，自下而上，循環數至歲支，以爲動爻。起動爻爲正月，依次布於六爻。以動爻爲變卦起變爻，爲七月，亦依次布於六爻。

附録

黄宗羲傳

江藩

黄宗羲字太沖，餘姚人，忠端公尊素之長子也。生而岐嶷，垂髻讀書，不事舉業。年十四，補博士弟子員。時魏忠賢弄國柄，戕害清流，忠端遭羅織，死詔獄，有覆巢毁卵之虞。宗羲奉養王父及母，以孝聞。讀書畢，夜分伏枕嗚嗚哭，不敢令堂上知也。思宗即位，攜鐵錐，草疏入京訟冤。至則逆奄已死，有詔卹死奄難者，贈官三品，予祭葬，蔭一子。乃詣闕謝恩，疏請誅曹欽程、李實。蓋忠端削籍，乃欽程奉奄旨論劾，而李實則成丙寅黨禍之首者也。得旨，刑部作速究問。崇禎元年五月，會訊許顯純、崔應元。對簿時，出所袖錐錐顯純，流血滿體。顯純自訴爲孝定皇后外甥，律有議親之條，請從末減。宗羲謂：「顯純與逆奄搆難，忠良盡死其手，幾覆宗社，當與謀逆同科。以謀逆論，雖如親王高煦，尚不免誅，況后之外親乎？」卒論二人斬。時欽程已入逆案，而李實辨原疏非實所作，乃逆奄取其印信空本填寫，故墨在硃上；又陰致宗羲三千金，求勿質。宗羲即奏稱：「李實今日猶能公行賄賂，其辨詞豈足信哉？」於對簿時，亦以錐錐之。然丙寅之禍，實由空本填寫，得減死。獄成，偕同難子弟設祭於詔獄中門，哭聲如雷，聞於禁中。思宗歎曰：「忠臣孤子，朕心爲之惻然。」宗羲與吳江周延祚、光山夏承，錐牢子葉咨、顔文仲，應時而斃。二人乃斃諸君子於獄中者。思宗憫其忠孝，不之罪也。宗羲在京師，毆應元胸，拔其鬚歸，焚而祭之忠端木主前，乃治葬事。父冤既白之後，日夕讀書，十三經、二十一史及百家九流，天文歷算，道藏佛藏，靡不究心焉。忠端遺命以蕺山劉忠正公宗周爲師，乃從之游。又約吳、越中嚮學者六十餘人，共侍講席，力排陶奭齡援儒入釋之邪説。弟宗炎字晦木，宗會字澤望，並負異才，宗羲親教之，皆成儒者。

崇禎中，復用涓人，逆黨咸冀録用，而在廷諸臣，或薦霍維華、吕純如，或請復涿州冠帶。至陽羨出山，特起馬士英爲鳳督，士英以阮大鋮爲援，奄黨又熾，即東林中如錢謙益以退閒日久，亦相附和矣。獨南都太學諸生，仍持清議，乃以大鋮觀望南中，必生他變，作南都防亂揭文。宜興陳貞慧、甯國沈壽民、貴池吳應箕、蕪湖沈士桂共議署名，東林子弟，首推無錫顧文端公之孫杲，被難諸家推宗羲，縉紳則推周儀部鑣。大鋮銜之。壬午入京，陽羨欲薦宗羲爲中書舍人，力辭不就，遂南歸。甲申之難，赧王立國，大鋮驟起，遂按揭一百四十人，欲盡殺之。時宗羲憂國勢難支，之南都上書而禍作。同邑有奄黨者，糾劉忠正公及三弟子。三弟子者,都御史祁彪佳、給事中章正宸與宗羲也。遂與杲並逮。駕帖未出而清大兵至,得免。

南都歸命,踉蹌回浙東。時忠正已死節,魯王監國,孫嘉績、熊汝霖以一旅之師,畫江而守。宗羲糾黄竹浦子弟數百人,隨諸軍,江上人呼之曰世忠營。黄竹浦者,宗羲所居之鄉也。宗羲請如唐李泌故事,以布衣參軍,不許。授職方司員外,尋以柯夏卿、孫嘉績等交章論薦,改監察御史,仍兼職方司事。總兵陳梧自嘉興之乍浦,浮海至餘杭,縱兵大掠。王職方正中行縣事,集兵民擊敗之。梧兵大噪,有欲罷正中官以安諸營者。宗羲曰:「乘亂以濟私,致干衆怒,是賊也。正中守土,爲國保民,何罪之有?」監國從之。是年作監國魯元年大統歷,頒之浙東。馬士英南中脱走,在方國安營欲入朝。朝臣皆言宜誅之,熊汝霖恐其挾國安爲患,曰非殺士英時也,使其立功自贖。宗羲曰:「公力不能殺耳!春秋之孔子,豈能加兵於陳恒,但不得謂其不當殺也。」汝霖大慚,謝過焉。遺書總兵王之仁曰:「諸公何不沉舟決戰,由赭山直趨浙西,而日於江中放船伐鼓,意在自守也。蕞爾三府,以供十萬之衆,豈能久守乎?」總兵張國柱之浮海至也,諸軍大驚。廷議欲封以伯,宗羲言於嘉績曰:「若封以伯,則國柱益横,且何以待後來有功者,請署爲將軍。」從其請。又力請西進之策。孫嘉績以所部卒盡付之,與王正中合軍得三千人。正中,之仁從子也，以忠義自奮。宗羲深結之，使之仁不以私意撓軍事。故諸軍與之仁有隙，皆不能支餉，而宗羲獨不乏食。查職方繼佐軍亂，披髮夜走，投宗羲拜於牀下。宗羲出撫其衆，遂同繼佐西行，渡海駐潭山，烽火遍浙西。太僕寺卿陳潛夫以軍同行，尚寶司卿朱大定、兵部主事吴乃武皆來會師，議由海寧以取海鹽。因入太湖，招吴中豪傑，百里之内，牛酒日至，直抵乍浦，約崇德孫奭爲内應。會清大兵已戒嚴，不得前。復議再舉，而王正中軍潰於江上。宗羲走入四明，結山寨自固，殘兵從之者五百餘人，駐軍杖錫寺。微服潛出，欲訪監國消息，爲扈從計，戒部下無妄動。部下不遵節制，擾山中民，民潛焚其寨，部將茅翰、汪涵死之。己丑，聞監國在海上，乃與都御史方端士赴之，晉左僉都御史，再晉左副都御史。時方發使拜山寨諸營官，宗羲言：「諸營之强，莫如王翊。乃心王室者，亦莫如翊。宜優其爵，使之總諸營以捍海上。」朝臣皆以爲然。俄而清大兵圍健跳，城中危甚，會蕩湖救至，得免。時熊汝霖、劉中藻、錢肅樂皆死，宗羲失兵無援，與尚書吴鍾巒，坐船中講學，推算歐羅巴歷法而已。

宗羲之從亡也，母氏尚居故里。清章皇帝下詔，凡前明遺孽不順命者，録其家口以聞。宗羲聞之，恐母氏罹罪，陳情監國，得請變姓名歸。鍾巒棹三板船，送三十里外，哭別於波濤中。是年監國由健跳至翁州，復召宗羲副馮京第，乞師日本之長崎島，不得請，宗羲賦式徵之章，以感將士，乃回甬上。是時大帥治浙東，凡得名籍與海上有涉者，即行翦除。宗羲雖杜門息景，然位在列卿，而江湖俠士，多來投止。馮侍郎京第結寨杜嶴，即宗羲舊部。大帥習聞其事，宗羲名與馮侍郎並懸通衢。有上變於大帥者，首列宗羲名，捕者益急。宗羲竄匿草莽，東徙西遷，屢瀕於危。然猶挾帛書，招婺中鎮將，遣使入海告警，令爲之備而不克。弟宗炎與京第交通有狀，被獲，刑有日矣，宗羲潛至鄞，以計脱之。慈水寨主沈爾緒難作，牽連宗羲。大帥遣人四出搜捕，乃挈眷屬伏處海隅草間苟活。迨海氛靖後，清聖祖仁皇帝如天之仁，不復根追勝國從亡諸人，宗羲始奉母返里門，復舉蕺山證人書院之會，從之請學者數百人。嘗謂明人講學，語録之糟粕，不以六經爲根柢，束書不讀，但從事於游談。學者必先窮經，經術所以經世，乃不爲迂儒。又謂讀書不多，無以證斯理之變，讀書多而不求於心，則又爲僞儒矣。故受其教者，不墮講學之弊，不爲障霧之言。其學盛行於東南，當時有南姚江西二曲之稱。二曲者，李中孚也。

康熙戊午，詔徵博學鴻儒。掌院學士葉方藹，先以詩寄宗羲，慫恿之。宗羲次韵，答以不出之意。方藹商於宗羲門人陳庶常錫嘏，對曰：「是將迫先生爲謝疊山矣。」其事遂寢。未幾，有詔命葉方藹與同院學士徐元文監修明史。宗羲爲世家子弟，家有十三朝實録，復嫻於掌故。方藹與元文又薦宗羲，乃與前大理寺評事興化李清同徵。詔督撫以禮敦遺，宗羲以母老及老病辭。方藹知不可致，乃請詔下巡撫，就家鈔所著書有關史事者，付史館。元文又延宗羲子百家及鄞處士萬斯同，參訂史事。斯同，宗羲之弟子。宗羲戲答元文書曰：「昔聞首陽山二老，託孤於尚父，遂得三年食薇，顏色不壞。今吾遣子從公，可以置我矣。」

宗羲之學，出於蕺山，雖姚江之派，然以愼獨爲宗，實踐爲主，不恣言心性，墮入禪門，乃姚江之諍子也。又以南宋以後，講學家空談性命，不論訓詁，教學者説經則宗漢儒，立身則宗宋學。又謂：「昔賢挌佛，不檢佛書，但肆謾駡，譬如用兵，不深入其險，不能勦絶鯨鯤也。」乃閲佛藏，深明其説，所以力排佛氏，皆能中其窾要。國難時，遺老以衣鉢晦迹者，久之或嗣法上堂，宗羲曰：「是不甘爲異姓之臣，反爲異氏之子。」弟宗會晚年好佛，爲之反覆辨論，極言其不可。蓋於異端之説，雖有託而逃者，亦不容少寬假焉。

宗羲性耿直，於友朋中多不少可，周囊雲一人之外，皆有微辭。在南都時，見歸德侯朝宗，每宴以妓侑酒，宗羲曰：「朝宗之尊人尚在獄中，而放誕如此乎？吾輩不言，是損友也。」或曰：「侯生性不耐寂寞。」「夫人而不耐寂寞，則亦何所不至耶！」時人皆歎爲至論。及選明文，或謂當黜方域文，宗羲曰：「姚孝錫嘗仕金，元遺山終置之南冠之列，不以爲金人者，原其心也。夫朝宗亦若是矣。」乃知其論人嚴，亦未嘗不恕也。

平生勤於著述，年逾八十，尚矻矻不休。所著有明儒學案六十二卷，宋儒學案，元儒學案；易學象數論六卷，辨河洛方位圖説之非；授書隨筆一卷，則閻若璩問尚書而答之者；春秋日食歷一卷，律吕新義二卷。少時取餘姚竹管肉孔勻者，截爲管而吹之，知十二律之四清聲，乃著是書。孟子師説四卷，因蕺山有論語、大學、中庸諸解，獨無孟子，以舊聞於蕺山之説，集爲一書，故名師説；明史案二百四十四卷，宏光紀年一卷，隆武紀年一卷，永歷紀年一卷，魯紀年一卷，贛州失事紀一卷，紹武事紀一卷，四明山寨紀一卷，海外痛哭記一卷，日本乞師記一卷，舟山興廢一卷，沙定洲記亂一卷，賜姓本末一卷。汰存録一卷，糾夏考功幸存録也；授時歷故一卷，大統歷推一卷，授時歷假如一卷，西歷假如一卷，回歷假如一卷，氣運算法、勾股圖説、開方命算、測圓要諸書。又有今水經，四明山志，台巖紀游，匡廬游録，病榻隨筆；明文海四百八十二卷，與十五朝國史可互相參正，續宋文鑑、元文抄，以補吕、蘇二家之缺；思舊録，姚江瑣事，姚江文畧，姚江逸詩，自著年譜，明夷待訪録二卷；南雷文案十卷，外集一卷，吾悔集四卷，撰杖集四卷，蜀山集四卷，詩歷四卷。又分爲南雷文定、南雷文約，合之得四十卷。明夷畱書一卷，言王佐之畧。崑山顧絳見而歎曰：「三代之治可復也！」又欲修宋史而未成，僅存叢目補遺三卷。宗羲以古文自命，有志於明史，雖未豫修史，而史局遇有大事疑事，必咨之。其論古文曰：「唐以前句短，唐以後句長；唐以前字華，唐以後字質；唐以前如高山深谷，唐以後如平原曠野。自唐以後，爲文之一大變，然而文章之美惡不與焉。其所變者，詞而已，所不可變者，雖千古如一日也。」此論足以掃近世規橅字句之陋習矣。晚年愛謝皋羽晞髮集，注冬青樹引、西臺慟哭記，蓋悲皋羽之身世蒼涼，亦以自傷歟。

康熙戊辰冬，營生壙於忠端墓側，中置石牀，不用棺槨。子弟疑之，作葬制或問一篇，援趙邠卿之例，毋得違命。自以身遭國難，期於速朽，不欲顯言也。卒之日，遺命一被一褥，即以所服角巾深衣斂，遂不棺而葬。卒年八十有六。門生私謚曰文孝，學者稱爲南雷先生云。

（録自梨洲遺著彙刊卷首）

黄宗羲傳

趙爾巽

黄宗羲，字太沖，餘姚人，明御史黄尊素長子。尊素爲楊、左同志，以劾魏閹死詔獄，事具明史。思宗即位，宗羲入都訟寃。至則逆閹已磔，即具疏請誅曹欽程、李實。會廷鞫許顯純、崔應元，宗羲對簿，出所袖錐錐顯純，流血被體；又毆應元，拔其鬚歸祭尊素神主前；又追殺牢卒葉咨、顔文仲，蓋尊素絶命於二卒手也。時欽程已入逆案，實疏辨原疏非己出，陰致金三千求宗羲弗質，宗羲立奏之，謂：「實今日猶能賄賂公行，其所辨豈足信？」於對簿時復以錐錐之。獄竟，偕諸家子弟設祭獄門，哭聲達禁中。思宗聞之，歎曰：「忠臣孤子，甚惻朕懷。」歸，益肆力於學。憤科舉之學錮人，思所以變之。既，盡發家藏書讀之，不足，則鈔之同里世學樓鈕氏、澹生堂祁氏，南中則千頃堂黄氏、絳雲樓錢氏，且建續鈔堂於南雷，以承東發之緒。山陰劉宗周倡道蕺山，以忠端遺命從之游。而越中承海門周氏之緒，援儒入釋，姚江之緒幾壞。宗羲獨約同學六十餘人力排其説。故蕺山弟子如祁、章諸子皆以名德重，而禦侮之功莫如宗羲。弟宗炎、宗會，並負異才，自教之，有「東浙三黄」之目。

戊寅，南都作防亂揭攻阮大鋮。東林子弟推無錫顧杲居首，天啓被難諸家推宗羲居首。大鋮恨之刺骨，驟起，遂按揭中一百四十人姓氏，欲盡殺之。時宗羲方上書闕下而禍作，遂與杲並逮。母氏姚歎曰：「章妻、滂母乃萃吾一身耶？」駕帖未行，南都已破，宗羲踉蹌歸。會孫嘉績、熊汝霖奉魯王監國，畫江而守。宗羲糾里中子弟數百人從之，號世忠營。授職方郎，尋改御史，作監國魯元年大統曆頒之浙東。馬士英奔方國安營，衆言其當誅，熊汝霖恐其挾國安爲患也，好言慰之。宗羲曰：「諸臣力不能殺耳！春秋之孔子，豈能加於陳恆，但不謂其不當誅也。」汝霖謝焉。又遺書王之仁曰：「諸公不沉舟決戰，蓋意在自守也。蕞爾三府，以供十萬之衆，必不久支，何守之能爲？」聞者皆韙其言而不能用。

至是孫嘉績以營卒付宗羲，與王正中合軍得三千人。正中者，之仁從子也，以忠義自奮。宗羲深結之，使之仁不得撓軍事。遂渡海屯潭山，由海道入太湖，招吴中豪傑，直抵乍浦，約崇德義士孫奭等内應。會清師纂嚴不得前，而江上已潰。宗羲入四明山結寨自固，餘兵尚五百人，駐兵杖錫寺。微服出訪監國，戒部下善與山民結。部下不盡遵節制，山民畏禍，潛爇其寨，部將茅翰、汪涵死之。宗羲無所歸，捕檄累下，攜子弟入剡中。聞魯王在海上，仍赴之，授左副都御史。日與吴鍾巒坐舟中，正襟講學，暇則注授時、泰西、回回三曆而已。

宗羲之從亡也，母氏尚居故里。清廷以勝國遺臣不順命者，録其家口以聞。宗羲聞之，亟陳情監國，得請，遂變姓名間行歸家。是年監國由健跳至滃洲，復召之，副馮京第乞師日本。抵長崎，不得請，爲賦式微之章以感將士。自是東西遷徙無寧居。弟宗炎坐與馮京第交通，刑有日矣，宗羲以計脱之。甲午，張名振間使至，被執，又名捕宗羲。丙申，慈水寨主沈爾緒禍作，亦以宗羲爲首。其得不死，皆有天幸，而宗羲不慴也。其後海上傾覆，宗羲無復望，乃奉母返里門，畢力著述，而四方請業之士漸至矣。

戊午，詔徵博學鴻儒。掌院學士葉方藹寓以詩，敦促就道，再辭以免。未幾，方藹奉詔同掌院學士徐元文監修明史，將徵之備顧問，督撫以禮來聘，又辭之。朝論必不可致，請敕下浙撫鈔其所著書關史事者送入京，其子百家得預參史局事。徐乾學侍直，上訪及遺獻，復以宗羲對，且言：「曾經臣弟元文疏薦，惜老不能來。」上曰：「可召至京，朕不授以事。即欲歸，當遣官送之。」乾學對以篤老無來意，上歎息不置，以爲人材之難。宗羲雖不赴徵車，而史局大議必咨之。曆志出吴任臣之手，總裁千里遺書，乞審正而後定。嘗論宋史別立道學傳，爲元儒之陋，明史不當仍其例。朱彝尊適有此議，得宗羲書示衆，遂去之。卒，年八十六。

宗羲之學，出於蕺山，聞誠意慎獨之説，縝密平實。嘗謂明人講學，襲語録之糟粕，不以六經爲根柢，束書而從事於游談。故問學者必先窮經，經術所以經世。不爲迂儒，必兼讀史。讀史不多，無以證理之變化；多而不求於心，則爲俗學。故上下古今，穿穴羣言，自天官、地志、九流百家之教，無不精研。所著易學象數論六卷，授書隨筆一卷，律吕新義二卷，孟子師説二卷。文集則有南雷文案、詩案。今共存南雷文定十一卷，文約四卷。又著明儒學案六十二卷，敍述明代講學諸儒流派分合得失頗詳，明文海四百八十二卷，閲明人文集二千餘家，自言與十朝國史相首尾。又深衣考一卷，今水經一卷，四明山志九卷，歷代甲子考一卷，二程學案二卷，輯明史案二百四十四卷，又明夷待訪録一卷，皆經世大政。顧炎武見而歎曰：「三代之治可復也！」天文則有大統法辨四卷，時憲書法解新推交食法一卷，圜解一卷，割圜八線解一卷，授時法假如一卷，西洋法假如一卷，回回法假如一卷。其後梅文鼎本周髀言天文，世驚爲不傳之秘，而不知宗羲實開之。晚年又輯宋元學案，合之明儒學案，以志七百年儒苑門户。宣統元年，從祀文廟。

（録自清史稿卷四百八十）

汪瑞齡序

南山之岡有大松焉，羣蘿附之，蘿自以爲松也。有詑之者曰：是蘿也，豈松哉！於是遂謂天下無松，謂天下之松皆蘿，豈可乎？易之有象數，易之所以成易也。大傳曰：「易者，象也。」又曰：「聖人立象以盡意。」其所以包羅天地，揆叙萬類，廣大悉備者，舍象何由見易乎？本象以出數，亦因數以定象，故曰：「極其數，遂定天下之象。」象數於易所云，水之源，木之本也。然而漢儒以降，異説紛綸，焦、京之徒以世應、飛伏諸説附入之；

太玄、洞極、洪範之徒，則竊易而改頭换面；壬、遁之徒或用易卦，或不用易卦，要皆自謂有得於象數之精微，以附於彰往察來之列。究之於易，何與也？易本自有象數，而特非京、焦輩所云云，有如蘿固爲蘿，松自有松，不得混蘿於松，亦不得因蘿之故没松也。獨是不明辨其蘿則真松不出。然而説蔓延轇轕，莫測其根蔕，孰能拔其本而塞其源乎？姚江梨洲夫子，通天地人以爲學，理學文章之外，凡天官地理以及九流術數之學，無不精究。慨夫象數之正統，久爲閏位之所没也，作論辨之。論其倚附於易似是而非者，析其離合，爲内編三卷；論其顯背於易而自擬爲易者，决其底藴，爲外編三卷。傳鈔海内學者，私爲帳中祕本。瑞齡少而孤，括帖之餘，茫然不知有何學問，從游於鄭師禹梅，始識理學淵源在於舜水，又得交於嗣君主一，獲受是書而卒業焉。因請於夫子而刻之。

新安門人汪瑞齡百拜謹書。

（録自廣雅書局叢書象數論卷首）

提　要

易學象數論六卷　清黄宗羲撰。

宗羲字太沖，號梨洲，餘姚人。明御史尊素之子也。博學通經，多所著述。其南雷文案中，當日自序作是書之旨云〔二〕：「易廣大無所不備，自九流百家借之以行其説，而易之本意反晦。世儒過視象數，以爲絶學，故爲所欺。今一一疏通之，知其于易本了無干涉，而後反求程傳，亦廓清之一端。」又稱王輔嗣注簡當而無浮意，而病朱子添入康節先天之學爲添一障。蓋易至京房、焦延壽而流爲方術，至宋陳摶而岐入道家，學者失其初旨，彌推衍而轇轕彌增。宗羲病其末派之支離，先糾其本原之依託。前三卷論河圖、洛書、先天方位、納甲、納音、月建、卦氣、卦變、互卦、筮法、占法，而附以所著之原象爲内篇，皆象也。後三卷論太玄、乾鑿度、元苞、潛虚、洞極、洪範數、皇極數，以及六壬、太乙、遁甲，爲外篇，皆數也。大旨謂聖人以象示人，有八卦之象、六爻之象、象形之象、爻位之象、反對之象、方位之象、互體之象，七者備而象窮矣。後儒之爲僞象者，納甲也，動爻也，卦變也，先天也。四雜而七者晦矣。故是編崇七象而斥四象，而七者之中又必求其合于古，以辨象學之訛。又遁甲、太乙、六壬三書，世謂之三式，皆主九宮以參詳人事。是編以鄭康成之太乙行九宮法證太乙，以吴越春秋之占法、國語泠州鳩之對證六壬，而云後世皆失其傳，以訂數學之失。

〔二〕「博學通經」至「書之旨云」句，中華書局影印四庫總目無，而作「康熙初，薦修明史，以老疾未赴。是書宗羲自序云」。

其持論皆有依據。蓋宗羲究心象數，故一一洞曉其始末，而得其瑕疵〔一〕，非但據理空談，不能中其要害者比也〔二〕。惟本宋薛季宣之説，以河圖爲即後世圖經，洛書爲即後世地志，顧命之河圖即今之黄册，則未免主持太過，至矯枉過正〔三〕，轉使陳摶之學者得據經典而反脣，是其一失。然其宏綱巨目，辨論精詳，與胡渭圖書辨惑均可謂有功易道者矣〔四〕。

（録自文淵閣四庫全書）

〔一〕「而」字上，中華書局影印四庫總目有一「因」字。
〔二〕「不能中其要害」，中華書局影印四庫總目作「不中窾要」。
〔三〕「正」，中華書局影印四庫總目作「直」。
〔四〕「圖書辨惑」，中華書局影印四庫總目作「易圖明辨」，爲是。

周易尋門餘論

圖學辯惑

〔清〕黄宗炎 撰

點校説明

黄宗炎（一六一六——一六八六年）字晦木，浙江餘姚人。明、清之際著名思想家黄宗羲之弟。曾在其兄指導下研讀經典，並遵父遺命，與兄宗羲、弟宗會俱問學於劉宗周。著有周易象辭、周易尋門餘論，圖學辯惑等易學書籍，力闢陳摶之學。

周易尋門餘論二卷，是其研究周易的隨筆。對周易之取象立文、專用名詞術語及其易學傳承多所考辨，對陳摶、邵雍之學、卦變諸説以及分經合傳多所評論。以爲文、周、孔子之外不應别有伏羲之易爲不傳之秘；周易未經秦火，不應獨禁其圖，轉爲道家藏匿二千年，至陳摶而始出。圖學辯惑一卷，對河圖、洛書、先天諸圖、太極圖説作了詳備的考辨與精當的評説，謂陳摶之圖書乃道家養生之術，周子太極圖説雜以仙真，冒以易道，不可與周易同年而語。

此次點校周易尋門餘論與圖學辯惑，以文淵閣四庫全書本（簡稱四庫本）爲底本，用世楷堂昭代叢書本（簡稱世本）參校。校勘體例一同易學象數論。

鄭萬耕

一九八九年二月

目録

周易尋門餘論卷上……三三五
周易尋門餘論卷下……三八四
圖學辯惑自序……四二八
圖學辯惑
河圖洛書辯……四三〇
先天八卦方位六十四卦方圓横圖辯……四三五
太極圖説辯……四五四
附録
黄宗炎傳……四七四
提要……四七四
跋……四七六

周易尋門餘論卷上

予七八歲之時，隨侍〔一〕先忠端公於京邸，授周易本義句讀，踰年未能省大義。先忠端〔二〕蒙難，愚方童稺，凡我先忠端〔三〕理學之淵原，自得之精藴，實未嘗窺其毫末也。迨乎稍長，吾兄太沖先生命讀王注程傳，時隨行逐隊以圖進取，不過爲博士弟子之學，无所得于心也。間從蕺山夫子與聞緒論，予蒙蔽甚深，雖夫子諄諄訓誨，未能有所啓發。每與執友〔四〕陸文虎共閲郝仲輿先生九經解，其融會貫通，一洗前人訓詁之習，然而可指摘之處頗多，遂有白首窮經之約。文虎捐館，麗澤零落，而予更遭風波震盪，患難剝剥，始覺前日之非。夫立身與物，老而衡決，其「困而不學」之故乎？子曰「作易有憂患」，「不占」，「不可爲巫醫」，「學則可无大過」。擬以五十之年息絶世事，屏斥詩文，專功畢力，以補少壯之失。家貧苦饑，奔馳四方，以餬其口，枵腹殫思，往往頭眩僵仆，或有臆中胸

〔一〕「侍」，四庫本無，據世楷堂本（簡稱世本）補。
〔二〕〔三〕「忠端」，世本作「公」。
〔四〕「友」，原作「父」，據世本改。

懷，亦若天空海闊，頓忘其困苦。又復廢書長歎，恨不使文虎見之，一暢吾茹噎也。因其未能鱗次，姑隨筆雜述，以備散忘，命之曰尋門餘論，見予得門而入之難也。若夫全書成與不成，尚未可知，先附于兹，庶存其志焉。

管公明言：「易安可注？」陶隱居言：「注易誤，猶不殺人；注本草誤，則有不得其死者矣。」二者之言，似異而實同。管氏學易大略遠接焦、京，以災祥測驗行其術數，棄大道而不講。陶氏不知經術，惟事本草。睨而視之，不過爲養生家言爾，尤不足論也。夫君子之于易也，居則觀其象而玩其辭，動則觀其變而玩其占，豈區區以龜策爲動，吐納爲静哉！管氏徒以家雞野鶩之智，无根葩藻，未嘗稍涉心性藩籬國家治忽也；陶氏遯身世外，且因符瑞以勸進，遺譏于後世，與吾夫子「學易可无大過」，不亦背道而馳者乎？所以公明不能注易，隱居輕夫注易也〔二〕。唐子西駁正隱居以「六經辨道，物所以生；本草辨物，人資以爲生。一物之誤，不及其餘；道術之誤，其禍至于伏尸百萬，流血千里」。誠爲篤論。或問之曰：「子西之言亦據兩漢言之也，唐以後无是也。宋儒之注經，其誤不

〔二〕自「管氏徒」至「注易也」一段，世本無。

勝舉矣。不幸者蠹笥鼠篚，无所軒輊，幸者頒之學宫，習於博士弟子，父訓其子，師授其徒，家弦户誦，然其用也如俱頭，其棄也如敝帚，孰以此決疑獄定國論，而懼其遺禍也哉！誠不如樹藝醫卜，猶有師承。一物之誤，大于六經也」。予曰：惡是何言與？夫引經而誤，猶若子西之所云，矧棄經而不用邪！火于秦，黄、老于漢，佛于晉、宋、梁、陳，是棄經也。衺説誣民，繡錯佛老，而破碎周公、孔子，北宋、南宋尚可言乎否邪〔一〕？是亂經也。棄經不用，或可望于來兹；亂經莫辨，雖孟子復生，亦不能覺其數百年沈錮之俗習矣。其禍豈止伏尸百萬，流血千里邪！莊生云：禍莫大于心死，鏌鋣次之。伏尸流血，鏌鋣也。棄經，心死也。至于亂經，則舉天下後世之人相率而心死也。又何暇論其禍之輕重邪〔二〕？或又曰：「宋儒之注經，虚談性命，唯唯否否。苟欲引之以決疑獄定國論，則可東可西，可上可下，僉壬衺佞因緣爲奸，法家拂士无所依據。吾不知其可也。」予曰：惡是何言與？漢遭〔三〕秦火之後，武皇亦非斯文之主，學士崇經，豈能上追往哲。然而〔四〕去古未

〔一〕「否邪」二字，世本無。
〔二〕自「其禍豈」至「之輕重」，世本無。
〔三〕「遭」，世本作「承」。
〔四〕自「武皇」至「然而」，世本無。

遠，流風遺俗猶有存者。師弟子之授受，等于父子祖孫，莫敢紊越。故其一二字訓詁，確有從來，寧失之簡樸拙澀，闕疑以傳信，斷無有任其聰明意見，妄爲立説者。所循所守，隆重敬信，原如律法，故可以濟世安民而弗疑。迨乎宋世，師承久廢，所謂身心性命之理棄而不講者，已二千年。聽二氏之高座，縱横孤行，獨擅繩仍〔二〕，宇内學士大夫以及夏畦婦女，莫不沈酣于紫色鼃聲，移易其骨髓。有心世道之君子，欲以无師之智勇，一旦起而釐正之，爲力固難，況習染既深，凡我官骸亦皆浸淫于其中，未能脱十一于千百，而遽謂直接孔子，言人人殊，吾安適歸？今也朱易、朱詩、蔡書、胡春秋、陳禮及朱氏之論、孟、學、庸、二禮傳，直一家言爾。崇奉之三四百年，校若畫一，士人苟有出入，輒擯斥不録。羲皇、堯、舜、湯、文、周、孔聖人之經傳，杳不可尋，是鼓南、北宋之餘波作爲狂瀾而過之者也。故其爲禍大略相似而更甚焉。夫濟世安民者，經傳也，非一家言也。苟一家言，則本草等爾。吾固未敢以傲夫公明、隱居也。或曰：「然則如之何？」予曰：六經、論、孟具在，濟世安民无他術也。

〔二〕「繩仍」二字，世本無。

易始于伏聖，六十四卦畫皆具。唐、虞、夏、商皆世守之，似乎稍有潤色，然而不可考矣。其相傳〔一〕連山、歸藏之名，亦宜有所依據，確否〔二〕已難盡信。文王演爲彖辭，周公繫以爻辭，而易始大備，其道乃中天矣。故專屬之周，曰周易。

六經、諸子悉遭秦、項之〔三〕火，惟易爲全書，實學者之大幸。天之未喪斯文，故獨護茲碩果〔四〕。又不幸而爲稗緯所混淆，大道淪于草莽。王輔嗣以天姿高明，悠然得其輕清和淑之氣，惜其習染晉代風俗，借經以明所得，或以所得証諸經，非死心致力爲窮經之學者也。然而易之爲書，已自清天白日昭布于人世矣。程正叔接其正傳，加詳密而純粹，雖未必即爲入室，亦可稱登斯堂者。乃有邵堯夫者出，取黄冠之異説，以惑亂天下，朱元晦奉爲伏羲嫡嗣，推爲卜筮之用，是欲返爲稗緯而有弗及也。有明頒之學校，莫敢非議，使四聖重遭一戹，而易幾乎息矣。

〔一〕自「似乎」至「相傳」，世本無。
〔二〕自「亦宜」至「確否」，世本無。
〔三〕「項之」二字，世本無。
〔四〕自「實學」至「碩果」，世本無。

朱元晦曰：「傳所以解經，既通其經，則傳亦可无。經所以明理，若曉得理，則經雖无亦可。」此語與陸子静「六經爲我注脚」，其實相似；與莊周之「塵垢糠粃」，達摩之「不立語言文字」，同一義也。凡此之類，皆欲出人頭地，而助釋氏之鹵莽。夫子云：「十室必有忠信，不如吾之好學。」「不食不寢以思，而不如學。」正指自得者之妄也。二子之言，皆自背于聖人矣，于異同乎何有？

易但有陰陽，不及五行，説五行自箕子始，獨不思羲、文之作易，在洪範既錫之後乎〔一〕？在洪範未陳之前乎？況箕子之序五行，初未嘗言爲生化之本原。自周茂叔圖説一譌，百口繁興，莫能指正矣。周茂叔之太極圖，邵堯夫之先後天圖，同出于陳圖南，而二子各申明其一體，竟爲大易之祖宗。噫！其可不爲孔門之媿也邪。

一奇一偶數已成三，原爲三畫矣。安得有所謂二畫之體，漫稱之曰老陽、少陽、老陰、少陰哉？夫陰陽老少之説，未嘗見于十翼，不過後人以揲蓍求卦著于版上，以爲分别記數也。故其稱名，俗而不古，然猶可强解，曰：「畫卦自下而上，有一畫始有兩畫，以至三

〔一〕「在洪……後乎」句，世本無。

畫。」故作此景響之論。若夫六畫之卦，一乾爲主，爲下卦，是爲貞卦；而遞以八卦加之，爲上卦，是爲悔卦。其他七卦莫不皆然。安得于此時拆去其上二畫，而爲四畫，拆去其上一畫，而爲五畫也哉？如既已重之，則一卦各錯八卦，顯然成六十四卦，安得于此中有先後去取之殊，而爲十六、爲三十二也哉？吾恐不待其辭之畢而理詘矣。乃千古聽其迷惑，何哉〔一〕？

羲、文二易創于陳圖南，固黄冠師也〔二〕，不過以此圖爲仙家養生之所寓。故牽節候以配合，毫无義理，不足以當士君子之把翫。再三傳〔三〕而堯夫受之，指爲「性天窟宅，千古不發之精藴盡在此圖」。以愚觀之，實丹鼎借坎離，醫家指水火，皆援易以求信于人者，獨本義崇而奉焉，證〔四〕是義聖心傳，置諸卷〔五〕首，前非往哲，後壓注傳五百餘年矣。以言乎數則不逮京房、焦贛之可徵，以言乎理則遠遜輔嗣、正叔之可據，零星補湊，割裂經傳，以宗誠

〔一〕「吾恐」至「何哉」一段，世本無。

〔二〕「固黄冠師也」句，世本無。

〔三〕自「不足」至「三傳」，世本無。

〔四〕「崇而奉焉」，世本無，「證」作「謂」。

〔五〕「卷」，原作「大易之」，據世本改。

淫邪遯之詞，絶不關乎身心性命、家國天下之學。猶恐有識之士出而議所從來，乃曲爲之辭曰：「此圖失自秦火，流于方外，自相授受，不入人間。」夫易爲卜筮之書，不在禁例，宜併其圖而不禁。豈有止許民間藏卦爻，而獨不許藏圖之事？其流于方外也，不知當秦分易爲二時，有一黄冠者抱圖入深山大澤而得免；又不知當漢祖入咸陽時，有一黄冠者隨蕭何走秦府庫取圖而遯去乎〔一〕？況秦、項及乎邵氏，其間幾二千年，羽流而好文墨，讀周、孔者不知凡幾，儒者而好老氏，習吐納者不知凡幾，何竟无一人稍及乎此？乃孤行一脈，師承弗替，至七、八十傳而始出爲世用，有是事有是理乎？大易晚添祖父之喻，確然其不差矣。元晦與王子合書，有云：「邵氏言伏羲卦位，近于穿鑿附會，且當闕之。」何故既爲易學啓蒙，又于本義中如此？其敬信真不可解。抑斯文之不幸與？

分經合傳，亦不過便于誦習耳，其間非有大背于四聖之義理也。後世注經之儒，亦將一人之私言附諸經傳之下，未有非之者，而乃以移孔言附文、周爲非。況欲改從其舊，爲力莫易，何必紛紛以議變更得失乎？不知漢儒尚有師古之意寓乎其中，故于乾卦次第，特存

〔一〕「乎」上，原有「有是理」，據世本刪。

古本。至于宋儒，則割裂章句，若後世詩人集陶集杜矣，將何誅焉？今擅改文王、孔子而自命爲羲易，不彼之求而區區于此，竊鉤誅而竊國侯，信矣夫！

大傳曰：「一陰一陽之謂道。」宋儒則曰：「道非陰陽也，所以一陰一陽者，道也。」必欲加一轉語于聖人之上，乃是釋氏之習氣，即「鈴響風響」、「幡動風動」、「打牛打車」〔二〕之意，實「雞三足」、「堅白石」之賸論爾，豈足爲精微玄妙？聖人之所以異于二氏者，正在陰陽即道，惻隱、羞惡、辭讓、是非皆情善也，即性善也。「繼善成性」，從四端而窺見。苟曰情之非性，則釋氏之詆我偏見外道者，正在于此，何用襲彼爲哉？

邵堯夫曰：「先天之學，心也；後天之學，蹟也。先天之學乃是心法，非言可傳，當以心意領會之。後天之學乃是效法，故文字而有形蹟之可見。」信斯言也，是文、周、孔子俱僅窺心法，而終泥于蹟象；知心法者，惟羲皇；羲皇之圖又隱而不見，能表而出之者，惟邵氏。是堯夫者，不特度越千古傳經之儒，而且匡拂夫文、周、孔子者也。愚以爲，有形

〔二〕「打牛打車」，世本無。

則羲皇一畫已是形矣，豈至方、圓、橫圖之錯〔二〕雜堆積，而尚得言无形乎？天地雷風水火山澤，非文字之可見者，而何以謂无形？則象象六爻皆文、周不顯之至理，何得指「元亨利貞」，而遂云有形乎？「極深研幾」，「擬形容，象物宜」，恐非心意領會亦不可得。今邵氏之云：「先天者，似乎父母未生以前；後天者，似乎氣血既具以後。」此二語直爲杜撰臆說，秦、漢載籍中所絶無也。彼必曰：「本于文言。」文言之謂先天者，曰天時未至，大人有以開之，若先乎天矣，而與天所將來一无違逆，故云「先天而天弗違」。謂後天者，曰天既啓其端，大人繼述其所宜，後乎天矣，若奉天之命令而不失其時候，故云「後天而奉天時」。此「先後」二字，本屬虛語，如禮傳「先後從前」一例，非實有先天後天之可象可指也，況得而名易乎？夫自竺書之興，膠葛支離，千百言不能了一義；分析剖判，愈精愈晦，愈辨愈淆。因有達摩者出，興教外別傳之法，一切掃除，直指本體，斥語言文字爲麤蹟，其師心非古，大有叛于彼教。因恐其徒之或議之也，因大決其藩籬，有呵佛罵祖之說。其傳授浸淫中國，高明者樂夫放誕，愚魯〔三〕者喜夫不學，靡然從之，如水之赴海；聖道衰息，棄

〔二〕「錯」，原作「堆」，據世本改。
〔三〕「魯」，原無，據世本補。

而不講，老師宿儒、後生小子俱不能逃其範圍〔二〕矣。宋儒自謂上接孔子之傳，而實襲釋氏之故智。六經煌煌，明如日星，列如河岳，非膠葛支離之書也。名物象數，子臣弟友，漢儒雖失之固執，亦非千百言不能了一義者也。豈可效達摩之所爲，而以心學歸先天，崇羲皇，以語言文字歸後天？彼哉周文也，傳經諸儒一概抹煞。其爲呵佛駡祖也，不遠矣！

書契以來即曰「修辭」，曰「其辭文」，曰「言之不文，不能行遠」。自釋教之盛行，其所稱祖師，類皆不讀詩、書者，始有語録。語録布之竹帛，麤野俚俗，出辭氣而鄙悖隨之。今學者對其書，而不敢句讀，宜乎？吾儒痛革其非，以爲修辭行遠之學〔三〕。顧宋儒盡棄夫典、謨、雅、頌之文章，而效尤乎彼習，若〔三〕似講求義理者，非鄙悖之言不足以載道，語言麤蹟必欲蹈襲釋氏，不能改其規矩彀率〔四〕，他可知矣。

〔二〕自「聖道」至「範圍」，世本無。
〔三〕「以爲……之學」句，世本無。
〔三〕「若」，世本作「一」。
〔四〕「不能……彀率」句，世本無。

「言以明象，象以會意」；「得意忘象，得象忘言」。是所入漸深，已有「塵垢糠粃」之悟，實開單刀直入之門。雖從「書不盡言，言不盡意」脱胎飜身，而偏全遠矣。

羲、文之至理大道，惟夫子能知之，猶「韋編三絶」，曰「加我數年，五十學易」，蓋戛戛乎難矣。自夫子贊易後，三聖不顯之精微始昭然于旦晝，後之學者方得階十翼而窺卦象，求夫子即所以求三聖也。不知何故創爲淫哇之説，自塞其天衢，而扶服于荆棘，反狹小吾夫子，以爲非羲皇之易之本旨。又恐人之莫或信之也，而命之曰：此羲、文之象也，此羲、文之義也。使夫子之易而非羲、文之易，夫子之象之義而非羲、文之象之義，則夫子當年不知老至，所學何事？乃僅僅闡其一己之私見，不及三聖之心神？无是理也。欲舍十翼而求三聖，是猶舍測算而求日月星辰，舍布帛菽粟而求温飽，斯則必不得之數也。

夫子明言「易興于中古」，又曰「衰世」，又曰「殷之末世，周之盛德」，尚恐人有疑惑，又直曰「當文王與紂之事」，則學人亦可因此而信之矣〔二〕。无論所謂連山、歸藏者不可概

〔二〕「則學……之矣」句，世本無。

見，即可考矣，乃夫子所擯棄而不録，非不足徵，則不足觀〔一〕。何故偏舍殷、周之顯赫昭著者，而從事于不可知之途乎？况欲等而上之，以求羲易？夫羲皇之神妙盡發于文、周，讀文、周即窮羲皇；文、周之大道悉闡于夫子，信夫子即叩文、周也。士君子不能專心畢力乎此，而崇奉陳、穆之畸説，因朱而信邵，因邵而信陳、穆，因信陳、穆而反疑夫子，欲入而自閉之門。夫子十翼，天地、陰陽、鬼神、身心、家國、天下之大義；邵氏之誣羲皇，則搬演藏靨之戲術，有何至理，竟取而冠諸四聖之首！立言之家每有意偏頗，及辭句違戾之處，亦无害于學問；至于邵氏説易，乃原本之謞〔二〕，于易理實无定見，視麒麟爲怪獸，魚目爲隨珠也。總之，不立語言文字之教行，人人樂其放誕，不可把捉，説東即東，説西即西，可以爲遯詞而不窮，非若文、周、孔子之有物有恒，是非黑白判然于耳目之間者也。黠者倡之于前，愚者信之于後〔三〕，授受〔四〕衺説，以誣往聖，以欺後學〔五〕，禍甚于楊、墨矣。

〔一〕「非不……足觀」句，世本無。
〔二〕自「立言」至「之謞」，世本無，而有「不知邵氏」四字。
〔三〕自「黠者」至「于後」，世本無。
〔四〕「授受」，世本作「特倡」。
〔五〕「後學」，原作「學者」，據世本改。

卦變之説,不知所據何理,但曰:「一陰一陽自姤、復來,二陰二陽自臨、遯來,三陰三陽自泰、否來,四陰四陽自大壯、觀來,五陰五陽自夬、剥來。」一陰一陽之卦,即是五陰五陽之卦,二陰二陽之卦即是四陰四陽之卦,不知何所分别。若須搬演成圖,則宜每卦必用,何以六十四卦之所見,不及十之一二? 而且牽强支離,初無理義之可綰合。八卦相盪即有六十四卦,孰在先而孰在後? 烏得有此卦自彼卦來之事? 如曰「此來彼往」,則宜先有一主卦,而後可變爲他卦。繹夫次第,殊乖綱紀,觀夫立論,无關大道。原其繆誤之故,亦因揲蓍求卦有某卦之某卦,遂以謂義、文卦爻辭象如此造端也。又有取二卦之變以成一卦者,試舉隨而言,「自困二來居初」,隨何取乎困?「官有渝,出門交有功」,何近乎「困于酒食,朱紱方來,利用亨祀」? 又「噬嗑九來居五」,何似乎隨?「何校滅耳」,何合乎「孚于嘉」? 吾方病其困與噬嗑,呼之而不可擺脱,又生于未濟來者以混之。會通其論,隨、困、噬嗑、未濟四卦,有何血脈、有何名象可以連貫照應,而爲此説乎? 作者費精神于无用之地,學者淆視聽于昏迷之路,自爲自然,吾不知之矣,蹙融之喻誠確。

卦變之説,畧例、正義于理可通。蓋曰:「乾、坤其易之門邪。」門則出入之所由,六十四卦皆從此而變,若以爲從他卦往來,則斷斷必无者也。元晦曰:「有自然氣象。」又自覺先有彼卦，後有此卦之難通，遯而爲就卦成推説，更多此一轉。夫既畫卦无先後，豈卦已成之後别有所謂先後乎？則其義爲何義也？又云：「乾、坤亦无生諸卦之理。」无論天地生萬物，乾父坤母，索男索女。夫子欺我，抑且指古今人物皆出自空桑矣，亦求異以陵駕前賢之過乎？又云：「要在看得活潑，無所拘泥。」然必有理義，始能活潑。「庭前栢樹子」，「青州做布衫」，豈可闌入于卦畫之中哉！

竊謂六經一理，詩、書既得聖人删定，則詩三百篇，書百篇，乃是校勘精詳，无復可議之聖學。苟于此姑置而不講，别求逸詩，補其所不備，若韓退之歎石鼓之見遺，别〔一〕尋孔壁、汲塚之古文，以證伏生之缺失；又如讀春秋而搜七十二國之野史，以考會盟征伐之異同〔二〕，非愚則妄矣。易斷于周，亦猶是也。其大傳所不載者，即或古昔有之，與删去之詩、書，削去之春秋〔三〕何異？况其所必无者乎？今日而孜孜于連山、歸藏、太卜之書，是求

〔一〕「别」，世本作「搜」。
〔二〕自「又如」至「異同」，世本無。
〔三〕「削去之春秋」句，世本無。

逸詩于石鼓，逸書于塚壁，采野史于晉乘楚檮杌〔二〕，其不爲君子所笑乎？至于溯原羲易，則詩有混沌之謳吟，書有天地人皇之詔誥，春秋有黄帝、蚩尤之征伐〔三〕，不難補綴以加于毛詩、尚書、魯春秋之上，又誰見之，而誰證之也哉！學人何不崇夫子，而甘自陷于非僻乎？

「无悔」、「悔亡」，古字「无」、「亡」通用，然翫文，「无悔」者，其所本无，未有于前也；「悔亡」者，已有而亡去之于後也。

三四爻當人位，人能改過，故「无咎」多見于此。愒時玩日，過而不改，皆畏難苟安之意。震者，動心忍性也。動則變，變則无咎矣。故曰：「震，无咎。」吉凶悔吝相倚如循環，而其要在无咎。无咎則存乎悔，然恒人非震動不能悔。釋氏讖悔亦是此意。

〔二〕「采野……檮杌」句，世本無。
〔三〕自「春秋」至「征伐」，世本無。

漢張遐少而知易義，徐穉嘗稱之。陳蕃問遐曰：「易無定體，强名太極。太者，至大之謂；極者，至貴之謂。」謂：「甚淺近。」而以太極歸易，則不叛夫子立言本旨，自無荒繆之失。

「參天」者，一三五爲參，倚之而得九；「兩地」者，二四爲兩，倚之而得六。故「用九」「用六」。況以參益兩，其倚止五，原未及乎五之外。「參伍」者，三五也。三其五則爲十五，從而兩分之，一九、一六適合其數。所謂七八爲少者，誣也。老變少不變者，教人揲蓍以求卦，非古聖作易以畫卦也。二事截然不同，解者多混爲一事，不加分別，學人益瞢瞢矣。譬會計錢幣者，用算籌算子以求其數、攷其數，若夫生財聚貨，則別有道矣。堯夫有二畫、四畫、五畫之卦，是指用算籌算子時〔二〕爲生財聚貨之術也。

既有卦爻辭象，便有十翼以發明之。必欲舍是而求于不可知之僞圖，以爲高妙，實玄禪之禍，儒者反覆而輔相之者也。元晦云：「觀圖好看吉凶。」大是賢智欺人之語。堯夫

〔二〕「時」，世本作「特」。

鋪排卦畫,吉凶安在?不過曰:「中人以上不必象爻辭象,便能達聖人之堂奥。」以此示人。後之學者,孰肯自處中人以下,而敢謂圖不足以看吉凶乎?君子則惟道所在,與吾心所安爾。阿比雷同以徇賢智之名,未見其賢智也。夫子曰:智者「觀其彖辭,則思過半矣」。聖如夫子,猶必觀彖辭思過半,今將盡掩六十四象辭,一觀圖即知存亡吉凶,不亦高出夫子萬萬哉!吾恐上智之士并揲蓍求卦,悉當判爲塵蹟。聖人之精神原不在是,不然,吉凶悔吝何以但驗于左氏,不盡驗于後世也?就使一一皆驗方技之家,史傳林立,且不必觀圖而知吉凶,或更賢于羲皇矣〔二〕。

復之爲卦,陽氣初回,雷藏地下,有冬至之象。夫子曰「至日閉關」,可徵可信者也。若姤之「天下有風」,吾已不敢信其必爲夏至;至臨爲十二月,泰爲正月,大壯爲二月,夬爲三月,遯爲六月,否爲七月,觀爲八月,剥爲九月,已爲充類,致義之盡,卦爻辭象絶不相蒙。乾爲四月,坤爲十月,以乾、坤屬于一月,益紕繆矣。易惟變動不拘而始神,排方逐位,實鄰按圖索驥,非易也。

〔二〕　自「吾恐」至「羲皇矣」一段,世本無。

朱元晦曰：「每見前輩説易，止把一事説。某之説易，所以異于前輩者，正〔一〕謂其理人人皆可用之，不問君臣上下，大事小事，皆可用〔二〕。前輩止〔三〕緣不把做占説了，故此易竟无用處。」愚謂既以言象，就指一事言，亦是无害。「帝乙歸妹」，「箕子明夷」，「王用亨岐山」，「高宗伐鬼方」，原是説一事，何嘗有礙于君臣上下、大事小事？馬牛雞豕尚可立象，若礙于一事，則馬也不可守廬，牛出不可司晨，雞也不可逐兔，豕也不可服襄。即爲龍矣，亦不能衣裳禮樂。凡所謂象，俱屬一物，而无用處。

體用二字，不特不著于六經，并未嘗見於秦、漢，乃創于釋氏者也。蓋釋氏以心者无之名，无者心之體，内有萌動，即爲識神；又惟恐其落于空，故急綴以用，因立體用之名。謂「耳目口鼻，其體也；聽視食臭，其用也。運動悉還于官骸，无有得而主之者。」宋儒沿襲此語，凡言必及，自天地萬物以至仁義道德，亦俱云體用，以謂分析之精詳，不知實蹈釋氏之牙後也。夫子曰：「神无方而易无體。」反不可信乎？

〔一〕自「某之」至「者正」，世本脱。
〔二〕「皆可用」，世本脱。
〔三〕「止」，四庫本、世本原作「正」，據朱子語類卷六十七改。

乾之「乾道乃革」，需之「利用恒」，蒙之「困蒙」、「順以巽」，小畜之「復自道」、「牽復」，履之「夬履」，離之「履錯然」，歸妹之「跛能履」，臨之兩「咸臨」，咸之「執其隨」，艮之「不拯其隨」，噬嗑之「頤中有物」，睽之「厥宗噬膚」，損之「弗損益之」、「或益之」〔一〕，夬之「壯于前趾」、「壯于頄」，遯之「黄牛之革」，鼎之「鼎耳革」，兑之「孚于剥」，未濟之「震用伐鬼方」，亦有是字法相同者，未必盡指彼卦，苟欲强而合之，既多穿鑿，易道反隘矣〔二〕。

王安石之解「求王明」云：「井之道，无求也，以不求求之而已。孔子謂『異乎人之求之也』。君子之于君也，以不求求之，其于民也，以不取取之，其于天也，以不禱禱之，于命也，以不知知之。」此數語者，權謀機詐，欺君罔民之心露其過〔三〕半矣，于井之爻義何涉哉！

〔一〕「或益之」上，當有「益之」二字。
〔二〕「既」，世本作「反」，無「易道反隘」。
〔三〕「過」，世本作「大」。

河圖、洛書之説，其言怪妄，不足深信〔一〕。何所髣髴乎卦畫？鑿之而不得其故，則遯爲蓍策所由興，及附會割剥于蓍策，又无可契合。是圖、書也，直可有可無之餘事爾。豈足爲大易之根原乎？支離蔓衍，无當聖經〔二〕，惟歐陽永叔欲盡掃除，真開拓千古之心胸者也。有宋儒者无慮百數，俱不能有此獨闢之見，又不能從而和之，乃依回臬杌于其間，豈務民反經之正道哉〔三〕！夫子贊易，删定詩、書、禮、樂，筆削春秋，生民未有賢于堯、舜，何嘗賴此怪妄之事！凡善讀書之人，須求聖人于庸德庸行中，勿搜其隱怪，則庶幾无大背矣。

鄭康成于經文多所改竄，或是石本之譌原與古文不同，亦未可知。其注易「包蒙」之「包」，謂「當作彪。彪，文也」。「包荒」之「荒」，「讀若康。康，虚也」。「豶豕之牙」，讀牙爲互，与與互篆體相似，因而誤也。「枯楊生荑」，讀枯爲姑，山榆也。「錫馬蕃庶」爲藩遮，禽古庶字，本讀遮，借爲衆庶之庶，因借所奪，作遮字以别之。「解」，讀教蟹切，坼也，百果草本皆甲宅；漢賦皆然。皮曰甲，根曰宅。「劓刖」作「倪仇」，「一握爲笑」之「握」作

〔一〕此二句，世本作「怪妄不足信」。
〔二〕「支離……聖經」二句，世本無。
〔三〕自「有宋」至「正道哉」，世本無。

「屋」〔二〕，「夫三爲屋」之屋〔三〕。「道濟天下」之「道」作「導」，「天下之至賾」作「至動」，「爲乾卦」作「榦卦」。說多穿鑿，不可盡信。再以漢説文按之，「乘馬班如」作「驙如」，「邅」與「驙」俱遲回不進之意。「泣血漣如」作「㥨如」。「比」古文作㚘，兩人以正相親也。比比乃反从从，不正相昵也。「裒多益寡」作「捊多」，「祇既平」之「祇」作「禔」。「百穀草木麗乎土」，麗加草，俗書也。「有疾憊」作「疾㥍」，「用拯馬壯」作「撜馬」，明夷、渙同。「其牛掣」作「牛觢」，「允升」作「𡔰升」，「豐其屋」作「寷其屋」，「巽」作「顨」，「先庚後庚」作「先庚後庚」，「成天下之亹亹者」作「娓娓以成天下」，「確然示人」作「隺然」，「服牛乘馬」作「犕牛」，「日以暄之」作「烜之」。其字多俗，反有不若石本者。自文、周以來，古文變而篆籀，篆籀變而小篆，小篆變而隸書，隸書變而俗楷，其傳寫失真，原有不勝計校者。況其間遷改而從時俗者，十之九或不通其意，偶存一字之舊文；其間加偏旁者，十之九或不辨其聲，偶留一字之假借，學者益混淆而難測度矣。愚嘗謂：不精曉淹貫于六書者，難與論經學。

〔二〕「作屋」，原作「讀」，據世本改。

〔三〕「屋之」，世本無。

上古樸直，如人名官名俱取類于物象，與以鳥記官之意，及夔龍稷契朱虎熊羆之屬是也。易者，取象于蟲，其色一時一變，一日十二時改換十二色，即今之析易也，亦名十二時；因其倏忽變更，借爲移易、改易之用。易之爲文，象其一首四足之形。周易卦次，俱一反一正，兩兩相對，每卦六爻，兩卦十二爻，如析易之十二時，一爻象其一時；在本卦者，象日之六時，在往來之卦者，象夜之六時。取象之奇巧精確，不可擬議，无踰于此。俗儒反病其一物之微，不足以包含大道，妄解日月爲易，開端于虞仲翔，而聖人取義漸隱。夫日月合體，其字爲明，日升于東，月生于西。故者，不特指其晝夜之光華，而兼指其光華所生之位置，一在東一在西也。今以上日下月爲易，其舛繆有七：如以日爲天上之日，月爲地下之月，是于時爲望、爲晝，日麗中天，萬象具陳，而獨取九淵之藏魄以配太陽，不見其得宜何從而變化，舛繆一也。如以日往月來、月往日來相推代明，則亦當以左右爲出入，南北爲躔道，甚无關于上下，舛繆二也。如以日月同在天上，同經不同緯，則月爲暗魄，于義无補；同經同緯，則日有食之，乃〔二〕災變而非變化，舛繆三也。況其爲文，原從勿，但象四足之形，不成字，與遠甚，舛繆四也。揆厥所由，實因易字而譌。易從旦從勿；旦者，

〔二〕「乃」，原作「又」，據世本改。

日之始出，離于滄海，其光芒灼爍，爲五采而注射于八方； 勿者，指其象若旗斿也。易且不可爲月，豈可因易而轉及于易乎？ 舛繆五也。日將出謂之昧爽，史記作昒爽； 日入處謂之昧谷，古作昒谷，則是日將出將入，映于海水，俱有光芒四達也。豈可亦指爲月乎？ 舛繆六也。按，説文有暘字，聲同易，注云：「日覆雲，暫見也。」則原有日之易矣，易上之日自爲蟲首，非日无疑。舛繆七也。羅泌云：「日月爲易，而文正爲勿，勿者，月光之散者也。」是猶疑勿與月之不同，僅指爲月光也。其後戴侗、周伯琦輩襲夫新奇〔二〕，竟改作冐字矣。聖人至理悉去，其龥羊可不辨〔三〕哉！

易爲文字之祖，于六經之中尤宜先講六書。夫不知字義，而讀他經，所失猶有一二三，以之讀易，十不得其一二三矣。然泥于古篆，更多不可通曉之處，是又自增一重障蔽也。蟲書鳥蹟，翻改數十人，流傳數千年，其義多希微矣。使欲盡據金石而爲是正，寧保鍾鼎之无真贋，型範之无良枯，鐫鑄之无剥蝕乎？ 反不若就小篆之近古而義可通者，則取之，其繆誤

〔二〕「襲夫新奇」四字，世本無。
〔三〕「辨」，世本作「論」。

而俚俗者，則反古而辯證之，此中之因革損益，有百世可推者在也。羲皇六畫與文王卦名，確乎一體，或取形象，或取畫象，或取上下二體交錯之象，其文字與卦畫，儼然畫一，不容移易；學者于此得其會通，六爻无不迎刃矣。謂三畫卦爲獨體之文，六畫卦即合體之字。☳即雷雷，䷲即靁靁，鍾鼎雲雷之文象此。☵即水水，䷜即流流；☶即山山，䷳即屾屾；恤君切。☴即木木，䷸即林林；☲即火火，䷝即炎炎；䷄即是需需之類是也。然又有不可通者，䷅訟爲天水，實雨雨字，何以象義絶不及此？䷍火天大有，實昊昊字也；䷑蠱爲山風，實嵐嵐字也。何以象義亦不關切？日木乃爲䷱鼎，而不爲杲杲；木日乃爲䷤家人，而不爲杳杳；風水乃爲䷺渙，而不爲渢渢；水木乃爲䷯井，而不爲沐沐；䷊泰、䷩益、䷴漸俱卦名有水，而卦畫无坎、兑；䷮困有木，而无巽，説卦觀象，固不可以例求也。

王輔嗣曰：「義苟應健，何必乾乃爲馬？爻苟合順，何必坤乃爲牛？」程正叔曰：「理无形也，故假象以顯義。」此數語者，真足以解膠固執滯之束縛〔二〕，而漢儒之失亦可救矣。朱元晦曰：「乾之爲馬，坤之爲牛，説卦有明文矣。馬之爲健，牛之爲順，在物有常

〔二〕「束縛」，世本作「失矣」。

理矣。至于屯之有馬而无乾，離之有牛而非坤，乾之六龍疑于震，坤之牝馬交于乾，是皆不可曉者。漢儒求之説卦而不得，則遂相與創爲互體、變卦、五行、納甲、飛伏之法，參伍以求，而幸其偶合。其説雖詳，然不可通者，終不可通；其可通者，又皆傅會穿鑿，而非有自然之勢。雖其一二之適然而无待于巧説，爲若可信，然上无所關于義理之本然，下无所資于人事之訓誡，則又何必苦心極力以求于此，而必欲得之哉！」此發蒙振聵之論，泥象者可以出暗室就光天矣。又曰：「某嘗作易象説，大率以簡治繁，不以繁御簡。然易之取象，各有不同，却有難理會者，如乾爲馬，而乾之卦却專説龍之類是也。只是説得半截，不見上面來歷。」愚以謂乾爲馬，坤爲牛之屬，其意蓋云馬有可以象乾，牛有可以象坤，非拘乾于馬，拘坤于牛也。故舍馬牛而别取他象，亦是顯然明白之道，有何上面來歷之不見？

六十四卦之中，有卦美而彖未必美，或彖美而爻未必美者，或象辭美而未必吉者；有卦惡而彖未必惡，或彖惡而爻未必惡者，或象辭惡而未必凶者。先儒解之而不得其故，則曰：「不可拘泥而已矣。」不可拘泥者，乃讀書之法；而必求其可通者，則讀書之功。聖人于此，必有真知酌見不容出入者。此存亡得喪之大道，與乾龍坤馬不同。

兩卦上下相錯，天地自然之象，人世之風，會聖賢之至德盡聚于此，惟大象傳爲引其端，全卦之義各當于此一語中摸索尋之，既得則卦爻如指掌，是吾夫子學易精蘊也。舍此則卦爻微言奧義，望洋无舟楫。然自傳注以來，得其門者寡矣。

世儒每欲自高其門户，輒言闢佛，不知彼所謂經、律、論者，皆譯自吾土，聰明才辨之士盡取吾聖人之精義以奉之，彼意未始如是也。混之既久，涇渭莫分。闢佛者，闢聖人之至理；從聖人者，從佛氏之牙後。儒指佛爲佛，佛引儒爲佛，至佛不屑爲儒，猶其禍之小者也。及乎儒認老爲羲、文，竄佛爲孔、孟，且同是儒同非佛老，而聖道亡矣。其間一綫之絶續，在于六經，而取黄冠師之先天、无極以亂之，而六經亡矣。於戲！「易之爲書也，不可遠」。今大易尚存，稂莠桀裂，然而日星黑白究不能淆。千秋萬世聖人者出焉，經正民興，邪慝有時而息乎〔一〕？

乾坤、坎離，兩卦相對，有升降而无顛倒；震巽、艮兑，兩卦相對，有顛倒而无升降。

〔一〕 此章，世本無。

乾、坤爲六子之父母，坎、離得陰陽之中氣，雖縱橫變化，不能易其本體。震、艮長少二男，爲頤爲小過；巽、兑長少二女，爲中孚爲大過，其獨體有顛倒者，合體則與坎、離相似，不受顛倒矣。聖人以乾、坤、坎、離爲天地自然之功用，以成上經之終始；以咸、恒、既濟、未濟爲人事經常之大法，以成下經之終始。咸、恒者，艮、兑、震、巽之交錯也；二濟者，坎、離之交錯也。同爲六子，似坎、離之權重，而震、巽、艮、兑之用輕。故于上下經之將盡，皆取震、巽、艮、兑，迭更而爲頤、爲大過、爲中孚、爲小過，以四卦之雜，配四卦之純。其神化莫測若此，僞圖云乎哉？

聖人立象，俱是實有此事，非虚空説理者比也。如「需于血」，「用憑河」，「包有魚」，「包无魚」，「井谷射鮒」，「載鬼一車」，「天在山中」，「地中有山」，「澤中有火」之類，語極險怪，細繹其義，无不平易至當。後儒注解不切，視爲艱深，極其敷會猶不能得，則曰：「有其理而无其象。」夫有其理乃有其象，无其象斯无其理矣。天下豈有理外之象，象外之理哉！即有好言象者，類多求之牛馬手足，以强合乎乾、坤、震、巽，舍其大義之所在，而專務于細瑣，則將焉用此區區者爲哉！後儒之言象，與羲、文、周、孔不同者无他，羲、文、周、孔之理象无分，而後儒之理象有分也〔一〕。

程正叔云：「乾坤，古无此二字，特立此以明難明之義爾。」不知震坎艮巽離兑，古亦何〔二〕嘗有此字也。羲皇制爲文字，命爲音聲，即三畫六畫已開書契之事；文王因其法象，演其義理，而文字聲音以廣以備。其造端于易者甚多，至于卦名，尤其一一有定分，毫釐不可景響。豈得與詩、書通用文義者等乎？

陰陽二字不當加自古阜字。作偏旁。山之北、水之南爲陰，山之南、水之北爲陽，故加阜以指事〔三〕會意。如陽奇陰偶之字，止當作侌会，從今從云。云即云雲，雲掩日爲陰，今諧聲謂雲之掩日，前後俱不然，惟今暫若此之意。昜易從旦從勿。旦者，日之初升，一指其離乎地也。勿者，旂旗之屬，日升由于海水其光相激射，水日交爲暉映，散其彩色于下，如旂旗之斿垂而下注也。俗書混作陰陽，其義荒荒；而于雨暘之暘，不知去阜而反乎正，復

〔一〕自「後儒之言」至「有分也」，世本無。
〔二〕「何」，世本作「末」。
〔三〕「事」，四庫本無，據世本補。

加一日以別之，是天有二日矣。惡乎可〔一〕？

卦卦從圭從卜。孔穎達曰：「卦者，掛也，掛之于壁也。言縣物之杙也。」其義可謂粗疏矣。夫易卦豈指縣壁爲義？不過以縣掛之掛，有似乎卦爻之羅列，因聲而借其意，烏有易卦反從此出之事乎？應劭曰：「圭者，自然之形，陰陽之始。卦者，亦自然之形，陰陽之象，其爲字也從卜爲義，從圭爲聲。古者造歷制量，六十四黍爲一圭，以象六十四卦也。」其〔二〕辯則辯矣，柰謫圭讀若階。爲圭，讀若規。何若夫律度量衡與頒瑞羣后，俱唐、虞之事，在畫卦以後者，可姑置矣〔三〕。愚以謂，圭圭象階級層疊之形，中一丨指人由之路，言雖欲從此而行，吉凶悔吝杳不可見，必卜之而始得其端倪之所在也。圭之音義，大約與街同，其形事又與附不遠；與圭璧之圭，重土之圭，古封字。筆畫易混，音聲意理則大相縣絕矣。全圭從个從玉，玉指其質，个象其剡首之形，應似未能悉此。

〔一〕「惡乎可」，世本無。
〔二〕「其」，世本無。
〔三〕自「若夫」至「置矣」，世本無。

爻從二乂，古五字，與互字通用。以九陽六陰交互于初、二、三、四、五、上之位也。无有陰陽之時，其位謂之六虛；既有奇偶以後，其畫謂之六爻。上乂爲上卦，下乂爲下卦。天數五，地數五，兩五相合而成爻。經卦三畫，三畫之卦无爻，八古別字。卦始六畫，六畫而爻具。夫子曰：「因而重之，爻在其中矣。」或曰：「內外各三畫，何不重三而重五，豈无説與？」曰：重三則內外截然，上下否塞而不通，无相交之道。爻者，交也，言陰陽參伍也。蓋一奇一偶，兼而爲三。三者，陽也。偶不能兼奇，則依然二也。二者，陰也。偶得奇而參之，故曰「參天」。偶自相偶而不亂，故曰「兩地」。「參天兩地而倚數」，則爲五也。三以一奇兼一偶，至于五是一奇兼二偶也。二偶之中一有形一无形，以有形之偶配奇，還无形之偶歸太虛，則雖五而實三也。初上二爻不稱一六，具位而已，「兼三才而兩之」，地下之地，天上之天，俱存而不論。自初而上，至五而盛，再上則爲亢，爲戰，爲窮，爲災；自上而下，至二而微，復下則爲趾，爲尾，爲履，爲勿用。故「二四同功」、「三五同功」，而不及初上。初不及中，上過中，俱不可用五而用中，則又三也。五而相倚，則十有五矣。是天地人當各得一五也。十五而相判，九爲陽爻，六爲陰爻，是「用九」、「用六」已括于五也。是故謂之爻。明堂之窗，一窗六十四交疏，若爻字之狀，六窗凡三百八十四交疏，蓋取義于此。或以謂爻取象于窗，則顛倒不倫矣。

象即豕也，象其長喙奔走之形。野豕善斸地，遇有句萌蟄伏，能以喙啓土，尋而食之。俗儒因有象字，誤以爲南荒大獸，于是再繆以象爲象對，臆説爲即交、廣之茅犀，名爲豨神，開口而五藏盡露，善知吉凶，益鑿空不經矣。象但言像何物爾，假借其聲，意〔一〕非直指其獸名也。豈得復以象效其尤哉！夫虎豹犀象，乃周公毆而遠之者也。豈反于方册之上，日欲與其名字相狎邪？愚按，象即篆字。凡蟲之食物曰蠡，亦從象；刻竹曰篆，亦從象，皆以豕啄畫地成文。指意古字不備，多假借相通用。象之爲篆，假借而轉其聲者也。篆作象而不加竹爲偏旁，猶像作象而不加人爲偏旁同也。卦之奇偶，如☰☷☳☵☶☴☲☱之類爲畫；卦之名義，如乾、坤、震、坎、艮、巽、離、兑之類爲篆。畫與篆雖同爲文字，而畫指直行，其數甚簡，一片可盡；篆則有縱横曲折之變，其數稍繁，因效豕之著地，而刻諸竹編之上也。士不師古，一去偏旁，反迷本始，以是讀經，聖人之意幾何其不晦哉！

象〔二〕，像其長鼻頭足之形，古文作，不便結搆，小篆改從縱體。象之爲物最巨，其

〔一〕「意」，原作「音」，據世本改。

〔二〕篆字「」，四庫本無，據世本補。

性最狂，而甚易馴擾，善能想像人意，故諧其聲而爲像，假借其字則竟用象，猶言測度其形狀也。古字不加偏旁，故直作象，非指其獸而稱之也。

吉吉，舊云從士從口。士者，所建立卜筮人也；口者，龜從士從而有占辭也。愚以謂，史巫之口，烏足盡信而可定爲吉也？其所謂「乃心」、「卿士」、「庶民」，又安在也？魏子才亦嘗疑之，乃取哲之重文作嚞，從三士三口，謂三人占而三人之言皆然也。其疑士口之未必盡吉，則是矣；而竟改哲爲吉，則吾又未敢安也。愚謂，當屬三體會意，從十從一從口。蓋云乃心、龜、筮、卿、士、庶民皆從，十人一口，「是之爲大同」也。而其義正與凶對。

凶凶從乂古五字。從凵。象土陷形，未成字。五者，十之半也；凵者，陷土于土凷古磈字。之中，動有窒礙也。問：既以凶矣，何以尚存其半乎？曰：此聖人許人以遷善改過之門也。過以貳而成，惡必積而滅身。君子雖處困窮憂患，其半屬于天，其半屬于我；在天者不能違其數，在我者猶可救以理也。故吉則十口一辭而得其全，凶字亦陷五而失其半〔一〕，聖人不以事之艱難委於天命〔二〕，惟以反身克己爲進修无倦而已矣。洪範：「筮逆，卿士逆，庶民逆，作内吉，作外凶」。是内外各得其半也。及至于「龜筮共違于人」，猶曰「用靜吉，用作凶」。天道人事固〔三〕未嘗有全凶者，君子能察乎内外動靜，庶不罹于凶咎矣。

悔從心從每。每者，歷思其既往之非，每每而生于心，有不言而自訟之意。求于内者，必克己，故自凶而趨吉。吝從口從文。口飾非而文過，自爲甘言善語以欺外人，過則憚改矣。故自吉而向凶。君子小人之分，惟係于此。過而至于悔，亦是動心忍性，與「不遠復」者有間。吝有顧惜之意，凡惜土地財物，不忍與人者，必作好言以誑之，所以爲吝惜；又懼人之知其心也，所以爲羞吝。

咎從卜從各。人各一心，凡事推委，各欲卜其利害可否，而趨避之也。无有責任，專

〔一〕自「也故吉」至「其半」，世本無。
〔二〕「委於天命」，世本作「委天委命」。
〔三〕「固」字，世本無。

主之意，則禍患之乘亦非一端矣。誰執其咎，誰執正所以成其咎也。

丄上屬上而近吉，丅下屬下而鄰凶。卜卜者，上下未判而介于疑似之間，必卜以定其適從。故字用上下之轉體以指事，言其或上或下也。占占從卜從口。既卜之後，發諸口以爲吉凶之辭也。

筮筮從竹從巫從吅從収。四體會意，實嫌于煩，不若周禮借巫而轉其聲爲簡當。竹者，古以竹爲策，不純用蓍草也。巫者，通幽明之故，卜筮人也。吅者，既筮而有其辭，所謂二人之言也。収者，左右兩手持策者也。如此瑣碎，俱小篆徇俗之失；今楷書從巫，加竹爲偏旁，反有古字之遺。「禮失而求諸野」，信夫〔一〕？

易中「無」字俱作「无」，先儒謂其本于道書。蓋易爲玄門所竊，久稱爲「易老」，道藏中多有注釋之者，故傳寫多因其文，殊不知此言之繆。「无」字原本无，本文今通作「無」

〔一〕「禮失……信夫」句，世本無。

者，借荒無之無也； 古作亾者，借存亾之亾也。易之作「无」者，指天言也。〔一〕无即天字，而其所指之事有異。 下〔二〕者，人以上皆是也； 中者，日月星辰所繫者是也； 上一者，則寥廓而不可窮者是也，故變其變，不穹而挺之，若并不見其帡幪者然； 縱丨者，謂自下而視之，直達于寥廓之際，則无而已矣。莊生云：「天之蒼蒼，其正色耶？其遠而无所極邪？」得「无」字之妙解，神會不可言傳者矣〔三〕。

厲從厂古厈字。從萬。厂爲水陸之際； 萬爲蜂蠆之屬，其聚集最多，不可記數，故借爲十千之號。 夫人當水陸之際，已須戒謹，卒然而遇蜂蠆，宜思所以退避之法。 其爲患害，猛不若虎狼，毒不若蛇虺，未至于凶咎，而爲憂危之象。

雷之發聲必起于地，極其騰越之力，不過若高山而止。 故震之反體爲艮，是使潛伏之一陽浮露于上也。 山之爲物，布列地上，其興雲致雨，每爲静極之動。 故艮之反體爲震，是

〔一〕篆字「」，原作「」，據世本改。
〔二〕「」，原作「」，據世本改。
〔三〕「神會……者矣」句，世本無。

其横亘之一陽，直貫徹于下也。木之植根，下及九泉，得澤之滋潤；澤之灌輸，上達百尋之木，以爲發舒。故巽之反體爲兑，兑之反體爲巽，是一陰之入于下者，有時而見于上也，一陰之著于上者，有時而反于下也。坎離得乾坤之中氣，雖有遷徙，其體不變，在上則爲雨、爲日，在下則爲水、爲火，位異而氣同也。震上艮下，其卦爲小過，象重畫之坎，雷有天水藏于中，山有地包于内。巽上兑下，其卦爲中孚，象重畫之離，孕木者爲陽火，隱澤中者爲陰火，有形之二象相合，无形之象隨之而顯，此則順其序而生者。長男長女在上，少男少女在下，中男中女自居于中，逆其序而置之：艮上震下，其卦爲頤，不似坎而似離，其象散漫，如石火藏于高山，雷火匿于深淵，似是而非。兑上巽下，其卦爲大過，不肖離而肖坎，其象汎濫，如澤水盈溢而亂流，如木水浸漬而壞爛，似盛而實衰。所以少男長男之中類中女，少女長女之中類中男。純卦乾、坤、坎、離有反對，錯卦頤、大過、中孚、小過无反對，則皆震、巽、艮、兑也。蓋八卦之理，各有不可變易者存，或見于純，或見于雜，自然之法象，非羲皇不能重，非文王不能序。

☰乾之爲卦，其象爲天，古文即穹，其三畫无所增損，而重重覆幬之義自明矣。及〔一〕小篆漸棄象形指事，專主〔二〕會意，以代之，從一從大，而☰遂不可通于天矣。文王命之曰「乾」，則羲皇已重之卦也。乾從倝從乙。倝者，日始出其光倝倝也。乙者，上出也。物之達萬理，萬物无不本于天，无不聽于天。日光倝倝，言陽氣之升舉，五采齊發。乙之上達，言陽氣由下而上，物盡從之。乾之義髣髴與陽相近，而陽取下照，乾取上出。☷之象爲地，古文地字，即縱坤之三偶，而稍折之。及小篆改作地，從土從也，而☷又不可通于地矣。三畫之卦即地，重之爲〔三〕坤，從土從申。有形者莫非土，申則自土而著見也，象草出于地而將展舒之形。蓋乾坤二字，俱指流動生物而言，不獨謂高厚之質爾。☳震象雷。乾一索于坤，變坤之初畫，其中上二畫仍爲地，一陽伏于重土之下，非雷而何？☳者，重陰覆陽之象；古文雷者，重陰圍陽之意也。重之爲震震，從雨從辰。辰爲三月之辰，大角星十二辰之始。二十八宿順天左旋，七政逆天右旋，交加于十二次舍之上，以成

〔一〕「及」字，世本無。
〔二〕「主」，四庫本原脱，據世本補。
〔三〕篆字「」，原作「」，據世本改。

歲功，以兆吉凶。震爲長子，在八卦之先，猶大角也。辰有懷妊之義，婦人受胎爲壬辰，如一陽藏于二陰之下也。☵坎象水。乾再索于坤，變坤之中畫，其上下二畫仍爲地，一陽行于兩岸之間，其勢若内陷，非水而何？〓水即☵之縱體，非有異也。重之爲〓坎，從土從欠。土者，指上下二偶；欠者，氣也。水乃土中濕潤之氣，江河雨露俱從此而出。蓋江河雨露有所不至，而土氣之蒸濡无乎不通。然但以氣言之，猶未離乎土也，必從其土之欠缺處而觀之，則水見矣。故知土之克水者，以息壤陻洪水者也；知土之生水者，行其所无事者也。☶艮象山。乾三索于坤，變坤之終畫，其下中二畫仍爲地，一陽覆于重土之上，其高峻之勢極于此而止，非山而何？☶之體與義，宛然〓山也，皆以實加虛之象也。重之爲〓艮，乃反見字之體而立義。陽性上往，極于上則无可復往矣；无可往則勢不復不止。止而爲兩山之障，蔽目，前无所見，故反而向後，如人前不可進，則回顧其後也。☴巽象風。坤一索于乾，變乾之初畫，其中上二畫仍爲天，上畫指无窮之天，中畫指日月星辰所繫之天，一陰之氣行乎其下，而直徹乎地，无處不入，其爲風也无疑矣。是☴即〓〔二〕風也。〓者，指上奇；　云者，指中奇；　气者，指下偶也。風不可見，預見天之雲氣尒。重之爲〓

〔二〕篆字「〓」，四庫本作「〓」，據世本改。

巽，從弜古譔字，饌通用。從六。古牀字。王者之命令，如風之行地，緝之而成典謨訓誥，藏于史官，置諸牀上也。☲离象火。坤再索于乾，變乾之中畫，其上下二畫仍爲天，一偶麗乎其間，並行中道，其爲日月也无疑矣。夫子彖傳亦兼舉日月而言之。然月有時而不備，專之者惟日。日爲火之精，火火即轉☲之體而縱之者也。重之爲离离，象神獸之形，或即蛟虬之屬，假借爲分离、別离之用，言神人不相雜處之意。今作離，乃黃鳥也。黃鳥鳴，則民皆離其在邑之居，而〔一〕出舍于田廬矣，故離亦可借。夫太陽木石所出爲陽火，龍雷粦所出爲陰火。陰火不能離，故不可濟世；陽火必離其本，離本必麗乎薪而後爲人用。太陽木石不可云火，離太陽木石又不能自存，故曰：「離，麗也。」☱兑象澤。坤三索于乾，變乾之終畫，其下中二畫仍爲天，一陰見于天上，必將爲澤以及物。八卦〔二〕澤與水相似，若于象爲複見，然坎以本體言，故險，兑以及物言，故説。其取象，實與山相對，山爲地之隆起處，澤爲地之卑洼處，皆因地而得者也。乾坤一索之氣至〔三〕醇，爲雷爲風，皆屬乎天；再索則稍漓，爲水爲火，已有形質之可據，天地各分其半；三索則重濁矣，爲山爲澤，皆屬

〔一〕「其在邑之居而」，世本作「在邑者」。
〔二〕「八卦」，世本無。
〔三〕「至」，四庫本無，據世本補。

乎地，魄然而不靈。坎水行乎地中，以一陽貫二陰，兑澤指水之下又有水，爲匯爲瀦者是也。凡取象取義，俱至此而小變，亦易不可終窮之意。澤澤從水從睪，光潤也。水不動則有光，能涵畜則旁潤。重之爲兑兑，從八從口從人。八者，開也，指人開口而笑也，即説字，加言以別之。口有言語，亦開之意。兑爲喜説作悦，俗字。之本文，説爲喜説之假借。餘詳各卦畫及象辭下。

「太極生兩儀，兩儀生四象，四象生八卦」，言其次第如此，非如他經之有典，而後有謨，由家而達之國〔一〕也。譬諸八方，雖有出震成艮之位，而東南西北一時俱定。譬諸星宿，雖有旋轉之界限，而二十八經星全列在天〔二〕。譬諸四時，雖有往來之運行，而春夏秋冬一氣俱貫。譬諸人身，雖有君主臣官，而藏府經絡一脈所通〔三〕。故舉一卦，即將六十四卦包含偏覆〔四〕于其中；舉一爻，即將三百八十四爻分疏〔五〕貫穿于其内，然後讀无繆誤，

〔一〕「由家而達國」句，世本無。
〔二〕自「譬諸星」至「在天」，世本無。
〔三〕自「譬諸人」至「所通」，世本無。
〔四〕「偏覆」，世本無。
〔五〕「分疏」，世本無。

解无執滯。

大傳言四象即指八卦，言八卦即指六十四卦。三畫之八卦，四象也；六畫之六十四卦，八卦也。或曰：「三畫已有天地雷風水火山澤八象，何以云四？」曰：此非仰觀俯察之象，但就卦畫之形象而言尒，純陽、純陰、雜陽、雜陰分爲四也。天開地闢，玄黄既雜，或得陽之多，或得陰之多，混淪而視之，未判其爲雷、爲風、爲水、爲火、爲山、爲澤也。或曰：「因而重之，已成六十四卦矣，何以止稱八卦？」曰：八卦成列，重之非有他也，即此八卦也；每一統八即爲六十四矣。如云六十四卦之上可再錯六十四卦，以至无窮，成何法象，成何義理！乃好奇而不通之論。

聲音之道通于鬼神。庸夫鄙儒、婦人穉子而欲教以漆書古篆，感發其心志，雖窮年累月，終有難通者矣；惟以聲音動之，則或泣或歌，有不自知其所以然者。彼西竺之教謂梵唄之化導，其入人深于經、律、論，故其取聲之法勝于東土，漢、唐之士人不能及也。以愚觀之，亦是士人憚于實學，棄而不講尒。大易之聲音，天地之節奏也，可諷可詠，每與三百相似。後之讀易而及乎此者鮮矣。苟有欲從事于兹者，吾學即无師承，不得不叩專門。今日聲音之專門爲誰？伶人也，赴應僧也。伶人之四聲五音，俗調方言而已；赴應僧之聲音，華嚴字母而已。士人一得其傳，輒曰：聲音古不如今，華不如梵。又豈篤論？「鳳皇來儀，百獸率舞。」恐夔亦未知梵唄，今人亦未必能過之也〔一〕。

魯商瞿子木及事夫子而受易〔二〕，以授魯橋庇子庸，子庸授江東馯臂子弓，子弓授燕周醜子家，子家授東武孫虞子乘，子乘授齊田何子裝。當秦政焚書之時，重挾書之律，易以卜筮之書，獨得自相授受〔三〕。漢興，何授東武王同子中、雒陽周王孫、丁寬、齊服生共四人。四人者，俱著易傳數篇。王同授淄川楊何叔元、廣川孟但、魯周霸、莒衡胡、臨淄主父偃。故當時言易者，皆本之田何。丁寬復從周王孫受古義，寬授田王孫，王孫授施讐、一作酬。孟喜、梁丘賀，于是有施、孟、梁丘三家之易。然大畧同出一原，大義亦無所異，惟京房受于焦延壽。延壽謂獨得之隱士，託之孟氏，其學以災祥占驗爲本，與田何多異矣。後劉向以中古文校施、孟、梁丘，或脱去「无咎」「悔亾」，獨費直本與古文同。按，直以夫子彖、象傳、

〔一〕此章世本無。
〔二〕「及事夫子而受易」，世本作「受易于夫子」。
〔三〕自「當秦」至「授受」，世本無。

文言雜入各卦，東京馬、鄭諸儒悉祖之，而施、孟、梁丘、京氏之學盡絶。王氏章句，亦費學也。但費本俱如乾卦之次序，王則惟存乾卦，其他皆經傳相雜矣。漢儒學有顓門，傳經授受，如祖孫父子，釋氏之付原流實同此意〔一〕，非若後世儒者創爲臆説，即排先進而師弟子之倫滅。於戲！其可信也乎？費氏初傳民間，至東京始盛。魏王弼注上下經，晉韓康伯注繫辭、説卦、序卦，唐孔穎達爲正義，易始大備。至宋程頤正叔苗裔于輔嗣，而廣大之。又有華山羽流陳摶者，獨得異學，授之种放，放授穆修，修授李之才，之才授邵雍。雍之死，朱熹元晦私淑之，如釋氏所謂教外別傳者。迨至有〔二〕明，以元晦同國姓，崇奉特異，頒諸學宮，諸儒之易悉廢，獨陳摶之易盛行。於戲！四聖墜地，天喪斯文，可不惜哉！可不恥哉〔三〕！

邵堯夫譔皇極經世十二卷，以謂：「天地之氣化，陰陽之消息，皆可以數推之，其理其數咸本于易。」噫！此何説也？其所稱「元會運世」，實效揚雄之「方州部家」也；揚

〔一〕「釋氏……此意」句，世本無。
〔二〕自「如釋氏」至「至有」，世本無。
〔三〕自「於戲」至「恥哉」，世本無。

以地言，邵以時言也。其所稱「元數一，會數十二，運數三百六十，世數四千三百二十」，亦準太玄之「三方、九州、二十七部、八十一家」也。至于「一元十二會，三百六十運，四千三百二十世」，一世三十年，是爲一十二萬九千六百年，以至无窮无盡，則又近于釋氏之刧數。夫易之變化不可測者，以其「无方无體」也，隨在隨時隨象隨占。稗緯之值年值日已屬愚夫愚婦之見，而況〔一〕欲取一十二萬九千六百年之天下，排而按之，籌而計之，以爲定數，則天地陰陽真魄然蠢然，絶無靈異之物矣。其起帝堯甲辰，至後周顯德六年己未，編年以紀治亂興亡之事，以驗其説。无論其附會誣妄，即使若合符節，獨不思帝堯甲辰至顯德己未，僅僅四千年尒。視一元之數，不啻杯水之在江河，惡得以杯水之受鼎烹，而指江河之可吸盡也。此亦不攻而自破者矣。大傳曰：「其稱名也小，其取類也大。其言曲而中，其事肆而隱。」皇極經世則一一與之相反。蓋稱名也大，取類也小，言直而誕，事儉而顯，使潔淨精微之學化爲粗鄙狂妄之窟矣。學者其毋耳食焉。

〔一〕「況」下，四庫本衍「于」字，據世本删。

占不止于蓍龜。凡易之卦、爻、彖、象，聖人挈以示人，人〔二〕身之動静語默，當時時與之契合，无地非占，无事非占也。玩辭玩占，豈枯莖朽殼之謂？易自爲易，人自爲人，終相間隔，其占之之法，舍學无他途也。教人占者，教人學易也。不學易不可爲巫醫，猶不學詩无以言，不學禮无以立也。道待人而行，不行則茅塞非道；易待人而占，不占則簡册非易。

坎卦之四爻言酒，其他卦之言酒者，需五、困二、未濟上凡三見，而皆以坎取象。酒爲狂藥，陷人最險。爾雅：「小罍謂之坎。」豈亦此意歟〔三〕！

易中有五卦，于六爻内全然不著卦名，坤、大畜、小畜、泰、既濟是也。大有爻辭亦无卦名，而象傳于初、上兩言之，意若補其所畧。何獨于此五卦，并象傳亦不及也？坤初言「履」，履者爲地；二言「直方大」，地之形體；三、四言「含」「括」，地之功用；五言「黄」，地之色；上言「野」，地之大畧也。大、小畜取象于畜牧之畜。小畜言「牽」、言「復

〔二〕「人」，世本作「吾」。
〔三〕此句世本作「亦此意」。

道」、言「輿」、所以駕。言「洫」、所以耕。言「攣」、言「載婦」，皆畜之事也。大畜言「輿」、言「馬」、言「牛」、言「豕」、言「衢」，所以行。所畜者大，故備衆畜之名。小畜農家之具，大畜王公之物也。泰二爲致泰之臣，五爲任賢使能之主，此天下之所以泰也。然天必在上，地必在下，非可以名象求者，故不言泰。既濟水上火下，水火倒置，與泰之地天等，勢不得久，「思患豫防」，尚云「終亂」，何暇云既濟？坤位始之次，承乾而不言坤；既濟位終之次，即反水火之本性，而不言既濟。

八卦之象，巽有二焉，曰風、曰木；坎有四焉，曰水、曰雲、曰泉、曰雨；離有三焉，曰火、曰明、曰電；乾、坤、震、艮、兑，則惟曰天、地、雷、山、澤，不取他象。乾、坤爲易之門，易之藴，六子之父母。天地至大，豈容異名？震爲長子，繼天立極，不可移易；艮山兑澤得母氣居多，屬形質重濁之物，不能有所變化。

「一卦可加爲六十四卦，以次重之得四千九十六卦」。其意亦竊焦氏之易林，而以「變」爲「加」，又自謂「反三隅于八卦相錯」。聖人之道本易簡而自无窮，小慧之術愈繁難而偏有盡。六十四卦之精義，自秦、漢以來，何人能晰其一體，何人能入門而登堂？乃姑舍是而欲窮其所本无之四千九十六卦乎？甚哉！在邇求遠，在易求難之不可曉也〔一〕。

易學啓蒙一書，止可謂之學邵演義尒，如云學易〔二〕則困蒙也，加之桎梏而已，烏能啓乎？大凡先秦以前所留之書，俱不甚整齊排列者，或有或无，倏起倏止，如星宿經天，江河行地，乃往哲之至文。以俗目觀之，每病其偏枯。即周禮之僞託于周公，靈樞、素問之僞託于黄帝、岐伯，爲戰國、秦、漢時人之所作，猶然若斷若續〔三〕，缺文不可勝計，況于殷、周之際，況于唐、虞之上乎？試取詩、書之篇目，廢卷而命思，信筆而書吾所欲言，十百之中未必同其二三。蓋在吾以爲至要者，古人反畧而不舉；在古人長言之不足而流連感歎者，吾以爲不切當務之急。文章且然，況卦畫之始乎？反病其緣文生義，穿鑿破碎，不勝杜譔，則六朝文格過于典、謨，唐詩排律優于風、雅、頌矣。

歐陽永叔疑繫辭非夫子書，豈以崇信蓍龜太過，與夫子雅言有異，此蓋就易之「憂

〔一〕自「甚哉」至「可曉也」，世本無。
〔二〕「如云學易」，四庫本作「如學易云」，據世本乙。
〔三〕「若續」，四庫本作「續若」，據世本乙。

患」、「前民」而言也。三代以龜爲寶，如尚書所載〔二〕多聽命于神；至夫子立教，始盡洗往聖之習，孟子繼之，悉務民義而重經常，俱大中至正，絶无鬼神之事以惑斯民。然自爲開闢則可，以之贊易則乖往聖之旨矣。明乎此義，而後可讀繫辭，而後可讀易也。

堯夫之父名古，字天叟，曾于廬山邂逅胡文恭，從隱者老浮屠游，隱者曰：「胡子世福甚厚，當秉國政，邵子仕雖不耦，學業必傳。」因同授易書。不知即是圖南之學否？天叟傳之子，胡氏之授受竟无聞焉。程正叔與邵同時，居又相近，必當與聞其説，而程傳所述，光明正直，絶不及此。堯夫子伯温曰：「先天之學伊川非不問，但先君祕而不言。」是恥其見遺于程傳，而爲此説也。果爲羲、文、周、孔之道，則日星河岳，何祕之有？知出而示之，伊川未必信從，或爲所絀，恐其學有阻抑，姑爲「道不同，不相爲謀」之語尒〔三〕。

〔二〕「載」，原作「藏」，據世本改。
〔三〕此句，世本作「姑不相爲謀爾」。

周易尋門餘論卷下

桓譚新論謂：「連山八萬言，藏之蘭臺；歸藏四千三百言，藏之太卜。」是殷書與周易等，夏之文字所載幾二十倍于文王、周公之辭，豈古昔之方册乎？爲此説者，亦不明古今之通義矣。又不知吾夫子亦曾見之否，何平生竟无一言及此也？按，歸藏尚留六十四卦名，云〔二〕缺其四。其間不同于周易者：需爲溽；雲上于天而將雨，必有濕溽之氣先見乎下。如礎潤而知雨之類。大畜、小畜爲毒畜、毒畜；毒取亭毒之義。亭毒亦畜也。艮爲很；艮有反見之象，无言笑面目可徵，故取其剛很之義與。震爲釐；離當爲釐，于震則不近，豈以雷釐地而出以作聲與？升爲稱；地之生木，土厚者茂，土瘠者瘁，言木與土相稱也。剥爲僕。坎爲犖；坎爲勞卦，故從勞，諧聲而省，物莫勞乎牛，故從牛；但此乃夫子之説卦，豈殷人之所取義與？家人爲散家人，則義不可考。損爲員，咸爲諴，謙爲兼，涣爲奂，古字或加偏旁，或不加偏旁，因而互異也。遯爲逯，形意本通，无有異義。蠱爲蜀，蜀亦蟲

〔二〕「云」，世本作「而」。

也，但蠱之義深遠矣。解爲荔，荔亦有聚散之義。无妄爲毋亾，毋即无，亾即妄，非有他也。又有瞿、欽、規、夜、分五卦，岑霨、林禍、馬徒三複卦名，不知作周易何卦。再以愚測之，瞿當屬觀，欽當屬履，規當屬節，夜當屬明夷，分當屬睽，岑霨當屬賁，其他則不可詳也。此多緯書之傅會，不足深信。姑釋于此，以爲好事者之決疑。然其當否，亦未可知。

異學不能害正道，其所以害之之故，未有不緣于似是而非者。夫子云惡莠亂苗，惡鄭亂雅，惡鄉愿亂德，俱以似是而非也。今之與正道似是而非者，禍不在于釋、老，而實則釋、老爲之根柢也。老氏之混淆于大易，其詳具圖學辯惑；釋氏之惑溺生民，敢奪孔、孟之席者，其原本枝流，尤不可以不辯。佛法之入中國千有餘年，約而言之，凡三變，曰教、曰禪、曰今之禪。梵本西來，爲經爲律爲論，謂之三藏。其言詞秸鞠，其文法支離，在華人可數語而盡者，彼周而復始，始而復周，錯雜顛倒，至于三四更番，演成數百千言，尚不能自達其意，又復雜以天堂地獄，恍忽无稽之變幻，鬼神妖魔，珍寶花鳥。六合以外若四大部州之詳悉，大則覆載所不容，細極微塵，而剖破之理所必无。譸張鑿鑿，初无當于大道，及明其義，略其荒唐怪罔，提綱領而繹之，往往艱澀深奥之處，每多咀蠟而无味。在彼土學徒，法律最重，以佛所演説，不敢遺落噎字，必欲循其紆回支蔓，困天下之聰明才辯。然而爲教師者，終身學習于此，絲分縷析不以爲繁，詰屈聱牙不以爲厭，苟空疏不學，則不敢篡其位，雖其蔽也，愚而矻矻功勤，亦中人以下所難企逮乎？達磨東渡，而教外别傳興。竺書教典爲佛之手筆，本是明心見性之語，謂「无者，心之體；心者，无之名」，謂「无性之性，名爲法性」，又謂「真空不空，本无非无」。爲禪宗者，嫌其有一真空，有一本无，輕薄而鄙夷之，若似乎凡聖之隔，從兹迴判。吾不知禪宗之所學者，欲學爲佛乎？或别有所學乎？如其别有所學也，何以誦佛之言，行佛之行，而其悟者又佛之精微玄妙也？如其欲學爲佛也，則但當闡明教典，使緇流以所悟證所學，俾不滯于形影之爲得也。何以惟恐佛之語言既出爲累，文字已立爲障，隨在掃除？惟恐落于有，又惟恐墮于无？空實非空，乃云真空；有實非有，乃云妙有。究竟與教有何分别？彼之妄誕矜驕，在此一悟，自謂「一鼓禽王之功，勝于尺寸開疆者萬萬矣」。俗士喜其爲力甚易，不必加工學問，不必窮研義理，一朝知及，雖屠酤娼優，立躋聖境，故皆自畔。其法門空疏鄙悖，鹵莽而无忌憚，又懼聰明文學之士測其涯涘，故爲鐵門限以拒人，正所以文其固陋也。吾則曰：禪師者，佛氏之罪人也。今之爲禪者又不然，其流品質地大約居生人之下中，即欲操觚以隨博士弟子之後，未必能脱穎而出，蹈襲狂言，天上天下惟吾獨貴，不過用七日之死功，得此一悟，即謂直接達磨之真傳，巧受源流衣鉢。遂縱恣不道，无禮无義，不軌不物，自署法王，自居天人師表，極夫狐鼠之伎倆，以要結要津，蠱惑无知，于貴賤貧富之間，則秒忽而等第之。彼所謂「是法平等」者，果若是乎？營謀寺院，求擇名勝多金之地，選巨材運大石，盡丹堊之妍，糜金粉壁，而不顧日役百千人，使斷筋絶骨于窮嵓絶壑，獨逍遥乎殿堂，夏不知有暑，冬不知有寒，深居簡出，百步則駕人輦，十里則汎畫舸，稍有拂意，則棄之而造離宫别館。所謂「樹下不三宿」者，果若是乎？聚游惰之民，動輒數千計，日費米粟數十鍾，蔬果餅餌每歲可竭一山僻小縣之賦税，暑雨祁寒之農夫，簞豆莫錯，獨狂僧者狼藉享之。所謂「乞食而食」者，果若是乎？一衲百工，偏袒數萬錢，輕裘緩帶，與長安年少争適意，其他坐茵卧席，无不極華美集便安。所謂「破衲遮體，寒暑不易」者，果若是乎？目不識丁，腹无詩、書，自據師席，高座錦扆，士君子相過不知賓主之禮，概以參學視之，頑獷无謙讓。所謂「忍辱行持」者，果若是乎？出言則俚鄙背繆，下筆則譌亂舛錯。帳中祕書則有四書直解，得此足以晉接賢士大夫，侈談孔、孟；有字彙，得此足以稱呼難字，命爲博雅；有指月録，撮拾六祖五宗大指，盡歸掌握中，得此足以呵佛駡祖，羲、文皆外道，孔、孟皆凡夫矣。曾不知爾所布之竹帛，流傳方域之文，凡具目懷心者，視如噑囈詹狂。在學士君子未知禪理，疑彼教或當爾爾，一以蠢然鹿豕，忽弄詞章，先有恕看之意獎借，長同于闉秀青樓。倘以筆墨之蹊徑律之，尚須時加夏楚，恐未必成就者也。所謂「人天師表」者，果若是之愚且賤乎？分門别户，師弟自相攻擊，同學疾爲寇讐，或借勢于當路，或訐告其陰私，甚或設機穽以相排擠。所謂「冤親平等」，所謂「煩惱成菩提」者，果若是乎？一拂之下，倏傳數百，不必再三傳，已盈數萬人矣。萬人又踵斯轍，如蝗子即且，曷足爲重，何所底止？昔爲市井者，得法于狡獪；昔爲經注者，得法于筆墨；昔爲田舍翁者，樂其有錢幣；昔爲猾吏輿臺者，樂其可以作聲勢之奥援；至于比丘尼，則可以通王公大人之内室，稍能應對省人事，即愛之如拱璧。此又不必片語機鋒，而師先求弟。所謂「雪中斷臂」者，果若是乎？所謂「拈花微笑」者，果若是乎？蝗子即且，散布于天下，觀其智之深淺，才之大小，上者造成大奸巨惡，内結近侍，以干與朝政，操持有司之獄訟，爲逋逃淵藪，蠹國害民，莫敢誰何；下者作奸犯科，視戒律爲敝屣，四民所不敢爲者獨爲之，四民所不忍爲者獨爲之，騁其狂詐，以禍一方，安享世外之富貴，與郡縣分民而治，郡縣鄙夫自帖括二三百字以外兩目眊焉，莫敢問其得失，讓其惑亂是非。乃號于人曰：吾善知識也。爲衆生説法，普度羣迷，不知爲惡知識，不聽人法，迷而不可度者，更當何如也？蓋此羣不逞之輩，非罪惡不容于鄉里，則怠惰不勤其四體；非窮獨无以存活，則耑愚爲人所誑誘。其賦受即下常人數倍，且耳聞目見、往來行習者盡然，安得有出人之知慧？畧得醒發，曾未及老學，究之肩背，詫爲大道在兹，即同儕望之，已是生龍活虎，實臨深爲高使之然也。則今之爲禪者，吾將何所置喙而論其哀僻也哉！直是宇内之下流，衆惡咸歸者也。此皆就彼犯彼法而約舉之，其狂悖顛越已種種難述矣。至于大旨之所在，不過曰「了生死」，曰「性空」，曰「无心」。釋氏以人之生也必有死，當其託生父母，實爲大累；天倫之所屬悉是塵緣，迨情識稍開，即墮愛河欲海，事親敬長，信友慈幼，俱生死根。居常日用之際，識神爲主，牽纏而不能斬截，及乎縣崖撒手時，猶留連難斷；其既死之後，一一迷戀而不忘，隨夫惑溺之所近，入乎輪迴，受四生六道之苦。故當其未死，先割棄姻親，无有愛欲，雖生之日无異于死，山河大地安在？父母兄弟妻子朋友安在？知識心性安在？寂滅現前，時至而行，洒然獨往，澂澂徹徹，返于太虛，何有輪迴之痛乎？蓋以畏死之意重，忽略生人之事業，專料理一身後日之死地。吾聖人之道，經綸以濟屯，果育以正蒙，需以飲食之，訟以平争，師以定亂，比以作之君，畜以養其衆。衣食足而教之理義，則有履；禮讓爲國而天下治，始爲泰。盡己之性，以盡人性盡物性，參贊位育，財成輔相，分内所當爲者亦多矣。豈直一人之生死而能事畢邪？夫愛親敬長，信友慈幼，惟恐不得其宜爾。苟事事得宜，則生生死死人樂神安，奚懼其爲將終之累邪？生死猶晝夜也。知其所以生，則知其所以死。先棄夫愛親敬長，信友慈幼，而豫辨一死，是「未知生而焉知死」也。「原其始」而知生，「反其終」而知死，生死无二道也。魂不自變而必生于物，物不終物而必游于變，故「知鬼神之情狀」。豈若四生六道誕妄而難信者邪？釋氏以「性空」爲宗，凡諸所有俱屬緣生。「貪嗔癡本自无性，殺盜淫當處寂滅。煩腦原无是性，即煩腦全體性空。眼見色時假託衆緣，衆緣性空无有合散，是不悦意聲知聲性空。故嗔亦不復生，觀罪无生，破一切罪根，本性空常清淨」。故凡此種種妄念，當其起不得其起處，當其滅不得其滅處，寂然性空而已。若發而爲仁義禮智，乃是空之應用爾。吾聖人則曰：「繼之者善也，成之者性也。」天人相接之處爲繼，人所禀受之處爲成。人之繼天而成性，无有動静可求，无有色相可擬，但在天清明和淑之氣，已自禪于其中，故稱之爲善。此善非對惡而言也。彼誤視爲對惡之善，謂「其體本空，不特无惡，亦自无善，今曰性善，是爲外道」；謂「其用隨緣，則有善有惡，今曰性善，是謂偏見」。所以性宗八識規矩，都將善惡分疏校勘。孟子以性善，原難錯諸詞説，不得已而降落一層，但言情善。惻隱、羞惡、辭讓、是非，皆情善也。性雖非情，而情善實根性善，性无所依倚，其善何從而見？情則有所專屬，就其流而測其原，因其枝而尋其本，是不誣也。聖人教人于卒然流露處，指示其善，小之而爲赤子之良知、良能，大之而爲大人之修、齊、治、平，皆情善也，莫非性善也。烏得以其難于名狀，而遂鹵莽滅裂，証之爲空乎？釋氏以无心任運，聽六根交于六塵，而我无所主宰于其間，思慮一萌，即是識神。无心之眼不視而无不見，无心之耳不聽而无不聞，无心之鼻舌手足不臭味持行而无不臭味持行。苟動、視、聽、臭、味、持、行之念，則眼耳有視聽，即有不視聽；鼻舌手足有臭味持行，即有不臭味持行矣。六塵隨緣六根，應用身心一如，一體空慧光明，寂照徧河沙所。以七徵心而攝妄歸真，覓心于過去、現在、未來，三不可得。既无是心，豈有人我？豈有大地虚空？豈有世間一切法？食不知食，衣不知衣，言語不知言語，有感斯應，隨起隨滅，无或留滯。故問答之間，衝口速出，稍經思索者便落識神，雖直中肯綮而大旨已乖，无所用之。在教典之中重重翻剥，只明心本是无而已；在達磨之直指本體，但顯身外无餘而已。吾聖人之言行，「擬之而後言，議之而後動，擬議以成其變化」。「極深研幾」，「通天下之志」；「洗心」「退藏」，「知來」「藏往」。「心之官則思，不思則物交物」，而「求其放」；極乎「精義入神」，乃「從心所欲」。彼云「无心」，悉以其權委之六根，是國无君，家无主，政出多門，陪臣執命，雖欲不敗且亡，不可得矣。遇日用飲食則悠忽頽惰，與禽獸不遠，一旦臨盤根錯節之事，苟于此而茫无定識，不加詳審，有不決裂而敗壞者乎？苟于此而亦以悠忽頽惰御之，有不流而爲弑父與君者乎？我曰无心，人億萬心，其不爲俱頭也鮮矣。況于離親棄家，不耕不織，外既无所事事，内復无所思慮，冥頑不靈，莫此爲甚，而猶云：直是空心性，照世間如日。吾恐其欲无心而私意愈熾矣。何異夫憂棟折榱崩而先焚其廬舍，惡蚤蝨之嚙膚而自燒其衣被也。奚可哉！姑采其大端而折衷之，以易理見其背道而馳若此。士君子有志于心性之學者，但求諸大易，自不惑于異教，而亦不爲諸儒似是而非者所錮蔽矣〔一〕。

三代之文章艱深古奥，盤庚八誥尤其最者也，然其義理无弗通貫；文、周彖、象，其詰屈處不過如盤誥，而更加簡鍊。安有一句自爲一義，不與上下回環照應者乎？皆由先儒視易爲卜筮之書，竟與符讖等，聽其豆丁瑣碎，不能聯貫其文義，是誰之過與？以愚讀之，覺前後次序與詩、書无異，微獨一爻，即卦彖六象，亦皆一氣灌濡者也〔二〕。

剛從仁從〇。仁者，人心。〇者，天德。人无私欲，心與天通，周旋不息，渾然圓滿，无少虧損，无少屈撓，剛之至也。小篆借用剛，乃鐵之精，信字遂隱。柔從木從。木之生氣滋潤而可屈伸，木之死氣枯槁而日就堅强。故曰：「柔弱者生之徒，堅强者死之徒」。者，熟皮可以纏繞，即俗韋字也。賈生〔三〕云「如脂如韋」是矣。小篆誤從矛，諧聲而義不可尋。

〔一〕此章，世本删略。
〔二〕此章，世本無。
〔三〕「賈生」，世本作「屈子」。

六位合二體而始成，人立其中，分居二卦。天之高也，星辰之遠也，非人不能敬授民時；江河之險也，山岳之阻也，非人不能歸之職方；兩相靡盪，上下往來，非人不能錯之經綸，施諸事業。其吉凶悔吝，无不畢集。所以「三多凶」，而「四多懼」，明爲人者，天地所交責者也。天地不能爲治亂，爲治亂者必屬之人，存乎介者亦在于此。

先儒讀春秋以例，至于例不可通，則曰：「美惡不嫌同辭。」夫既以美惡同辭，何例之有？易之爲言，變易也，而亦欲以例拘之，如言「坤、遯、明夷、旅不可爲君位」，「帝乙、箕子、高宗嘗筮得此爻，因以爲象」。又如「扶陽抑陰」，「進君子退小人」，「易爲君子謀，不爲小人謀」之類，是讀易之例矣。豈其然乎？

五居上體之中，當天之下似乎天子，在人之上似乎王者，故象君位。一事一物之主宰，未嘗非君也。家人有父母，未嘗非君也。至于羽毛有鳳麟，介鱗有龜龍，俱得目之爲君。何乃于坤五，擬之爲女媧，指之爲伊尹？又復從五而推之，指四爲太子？此所謂充類之盡，近乎癡人説夢矣。夫子言坤爲「地道」、「臣道」、「妻道」。王者之發育萬物，致養人民，其厚積重載，何異于地之承天；王者之對越上帝，秉圭灌瓚，其誠敬小心，何異于臣之事君；王者之奉行天意，繼述祖宗，守典則而由舊章，其兢業恭敬，柔和委婉，何異于妻之順夫。如必曰「惟辟作威，惟辟作福」，剛猛强悍始可爲君，謙畢柔遜乃爲臣德，則君者惟言莫違，臣者奉命惟謹。此秦、漢之君臣爾，非唐、虞、夏、商之盛治也。曷不思天下地上則交而泰，地下天上則不交而否乎？士生後時不能曠觀千百世以上，而欲以衰季之流弊合古聖之禮法，因以談經，有不冰炭者哉！

古易文字之中，參用卦畫，如「乾、坤其易之門」，「乾、坤其易之藴」，「乾陽物，坤陰物」，「帝出乎震」及「乾索」「坤索」等章，細繹其義，俱是☰☷☳☴☵☲☶☱。後人轉展飜寫，日趨便易，悉代以今文，意雖可通，反費周折，終不若卦畫之簡當而明顯。愚按，先秦之書，凡引用易文，必連卦畫，尚存古易之遺意。今于易文反棄之，亦授受者之一失。

吾人自雞鳴而起，以至向晦晏息，其立心行己，居處執事，能一一合理，是之謂吉；多所拂戾，是之謂凶；其差繆旋即自覺，爲悔；其鄙猥可羞，文飾外觀，爲吝；其動静不安，前後顧慮，即爲厲；其萌于念有愆忒，應于物有過不及，失所宜然，俱謂之咎；亟能自改，不至章著，以遂其非，即謂之无咎。就日用飲食之常，无時无刻不般旋于此數者之内，聖人繫之以辭，使人隨地隨事檢束提醒，此即占也。如以端策拂龜爲占，則放佚之時多矣，非學易之旨。故知以易爲卜筮之書者，恐有未然。

凡民知有利害，而不知利害之所由生；莫不欲趨吉避凶，而不能擇吉凶之所感兆。利害生于時，得其時乘其勢則利，反是則害。吉凶兆于事，事當于理，不趨而吉，事悖于理，雖避亦凶。君子審其時，循其理，則吉凶利害如視諸掌。枯莖朽殼非君子之所尚。

客有業醫者問張仲景傷寒論：「其治病立方，多與今人不同，苟墨守之，未有不誤人者，其故何也？」予應之曰：古聖賢皆北産也。微獨聖賢，即一技一能之可傳于後世者，亦必北産爲多。北方之風氣不同於南方，其雨暘寒燠亦異，所以起居服食各隨其宜，而人之性情筋骨亦因以大背。故古人之治病立方，皆爲北人而設，未嘗盡律夫南人也。此其小者也。即經傳之文，其天時人事，規模制度，亦皆備陳西北之常，初未計及乎東南也。晦翁生當南北隔絶之時，足蹟不窺鄒、魯，抑且往來南北之人少，鮮能述其事者，其所注經傳往

往有此失。孟子曰：「誦詩讀書，當論其世。」〔二〕

客問陸子静悟奕：「爲河圖數卧觀棋局兩日，而奕无敵于天下，信有之乎？」曰：此必无之事也。河圖之數傳者如彼棋局之格，畫者如此前後左右上下中邊，毫无可通。子静雖賢，何能有此不情之智慧，非理之聰明？棋工滿天下，吾未見其稍習夫河圖。關子明、劉長民輩，吾未聞其以奕稱于當日。或者象山偶奕，聊以河圖之説示學者；或遂傳之而失其實與。吾所以惡夫圖數之不足憑，智者易爲衺説以欺人，愚者无可以指證，而甘受其誑也。孟子云：「奕小數，非專心致志則不得。」豈有无假學習，僅得兩日之空思，而遂高出于天下者哉？莊生云：「七日而蝨大如車輪。」但言其視蝨，非言其學射也。若夫射則彼習之有素矣。如果有是，吾又惜其不以河圖窮易理，而乃以奕竟河圖也〔三〕。

卦、爻、彖、象諸名，文、周所无，必立自夫子。觀大傳所稱，則似確有前人一定之則者

〔二〕　此章，世本無。
〔三〕　此章，世本無。

然，或太卜傳守原有大略，迨夫子取而闡發之，始詳盡而可徵信。然要之易行既久，各國俱有占辭，未必合一。如緯書所傳之類，雖屬漢儒附會，亦必一二稍有根本。惟在魯者，乃周公所作，盡善盡美，魯用之〔一〕，孔子從之。

上篇首乾、坤，閱屯、蒙二卦二陽四陰。爲需、訟。需、訟者，反覆天水而成者也。凡十卦而遇泰、否。泰、否者，合乾、坤而成者也。繼之同人、大有，則五陽一陰之卦也。終以坎、離，先之頤、大過。下篇首咸、恒，閱遯、大壯二卦四陽二陰。爲晉、明夷。晉、明夷者，反覆地火而成者也。凡十卦而遇損、益。損、益者，易咸、恒而成者也。繼之者夬、姤，亦五陽一陰之卦也。終以既濟、未濟，取水火而交之，先之中孚、小過，取頤、大過而易其位。變化之中又有極其整齊者存，讀者自不覺爾。

弟過于師方能傳受，此釋氏之弊，誤天下蒼生不小。夫所謂過于師者，聰明智識也，非至理大道也，非規矩準繩也。夫子曰「後生可畏」，「邑有忠信」，亦是此意。至于不以規矩

〔一〕「魯用之」句，世本無。

不能成方圓，不以六律不能正五音，不知彀率不能教人射，則聖者作之于前，明者述之于後，「先聖後聖，其揆一也〔一〕」。有宋諸儒无不欲智過于師，因各創一説，以冒乎聖人之上。如以无極加太極，編四書以壓六經；又變集大學之章句，以冠四書；削去毛公小序，而別爲三百篇之臆説。凡若此之類，皆破壞吾夫子之規矩準繩，而別尋至理大道者也。乃釋氏之「佛來也打，祖來也打」，避其名而行其意者也。千古之人善學孔子者，无如孟子。孟子曰：「予未得爲孔子徒而私淑諸人。」所願則學孔子，近聖居。去聖未遠，兢兢步趨，尚未敢自處見知聞知之列，何後世之學孔子者，不特輕忽孟子之私淑，而并欲補孔子之不逮，豈非受「過師」一語之誤乎？韓退之「世无孔子，不在弟子之列」，已是〔二〕驕矜傲慢，爲文人俗習〔三〕，非載道之語言，不可爲法。

陳圖南曰：羲皇始畫八卦，重爲六十四，不立文字。畫即文字也。以謂「不立文字」者，但知後世之俗書，不識文字之造端爾。使天下之人默觀其象而已。如其象則吉凶應，違其象則吉凶反。此羲皇不言

〔一〕自「夫所」至「一也」，世本無。
〔二〕「已是」，世本無。
〔三〕「爲文人俗習」句，世本無。

之教也。自有天地以〔二〕來，未有方册文字，而羲皇始爲之，正欲以言垂教天下，後世之法則也。乃云「不言之教」，蓋以今時視上古，失煩簡之義，其論顛倒矣。易道不行，乃有周、孔。三代有易，太卜掌之，凡有作事，必資卜筮，著在六經，惟覺其崇信太過，未嘗不行也。又何所據而云然？周、孔孤行，易道復晦。此二語者，以異學明攻聖人，不知周公爻辭僅藏在魯，不行于天下；孔子道不行，其十翼在，當時亦无能崇信之者，未始得孤行而晦易道也。蓋上古卦畫明，易道行。此「明」此「行」當是指五帝之世，其他不可考矣。唐、虞之典、謨具在，何曾有語及卦畫者，何以知其明且行也？後世卦畫不明，易道不行。此「不明」「不行」，又不知指何日，或是殷末與春秋之世。按，周禮：「太卜掌三易之法，一曰連山，二曰歸藏，三曰周易。」禮傳云：「得坤、乾則殷之明卦畫也。」似若可徵于唐、虞〔三〕。箕子，殷之貴臣。其陳洪範，在周公繫爻之前，不可言「不明不行」也。春秋二百四十餘年，左氏之言易及乎龜策，如響應聲，王侯卿大夫以龜爲重寶，吾正嫌其尚鬼信巫爾，尤不可云「不明不行」也。不知稽古論世，徒恣臆狂言，何與？聖人于是不得已而有辭。指周爻孔翼。學者一著其辭，便爲易止于是，

〔二〕「以」，四庫本原脱，據世本補。
〔三〕「于唐、虞」，世本無。

而周、孔遂自孤行。周末不知重爻辭、十翼，秦、漢僅以卜筮相授受，未有重辭者，故説卦篇章至于遺失，出自河内女子而始全。漢儒傳易，但言術數，鮮有知周爻孔翼之理義，「爲易止于辭」，將以誰咎？使學者而能奉行周、孔之易，則爲人君者御天而寧萬國，養民教民有泰无否，帝王不殺，百姓无憂患。原羲皇畫卦之初心，亦不過欲天下後世長如是爾。但文字始開，未能一一精詳也。以「周、孔孤行」爲恨，是懼孔子之道不息，楊、墨之道不著者矣。更不知有卦畫微旨。羲皇卦畫之旨，發端甚微，文王闡之而有未盡也，周公又闡之而有未明也，于是孔子大肆其宣暢，使微者悉著，无智愚賢不肖，皆可奉行此旨，錯諸事業。豈卦畫與象辭各有一道乎？乃别立畸説以欺耳食者，天下靡然從之，不特文、周、孔子之心廢，而并使羲皇仰觀俯察以教天下之至意，一皆入于清静无爲之域，豈不繆哉！此之謂買匵還珠。周公、孔子猶皆匵也，非珠也。噫！由漢以來皆然，易道胡爲而不晦也。愚按，陳氏立言如此，顯然攻周、孔而欲滅抹之。凡爲聖人之徒者，當如鷹鸇之逐鳥雀，邵氏、朱氏反因之而加彌縫補湊，掩護其已甚之處，而著其无稽之衺説，爲之調和酌劑，讓其居于文王、周公之上，且求泯然无蹟，又從而爲之譸張剔發，極其崇信，何異乎見人辱其君師父兄，不能奮臂往救，而反助之弓矢戈鋋者也。蓋老氏之學，萬有畢本于无，爻象之至賾至雜，皆混沌无形爲之主宰。陳氏欲從卦畫之幾微，而復歸于混沌，不過借卦畫抑辭象，以明其清静无爲之教。豈知羲皇正欲離混沌而就文明，江河發原始于濫觴，文、周爲之四瀆，孔子放乎四海也。本末之顛倒不同，堯夫固渾然自處于老氏，不足爲怪，元晦强而合之，益可嘆也。

唐司户參軍郭京作周易舉正三卷，云：「曾得王輔嗣、韓康伯手寫真本。」校今世流行及國學鄉貢舉人等本不同，並依王、韓舉正其訛，凡一百三節，數十處載于此。坤初象曰「履霜陰始凝也」，今本「霜」下誤增「堅冰」二字。屯三象曰「即鹿无虞，何以從禽也」，今本脱「何」字。師六五「田有禽，利執之」，「之」今誤作「言」。比象傳「比吉」，今本多一「也」字。五象曰「失前禽，舍逆取順也」，今誤倒其句。泰四象曰「皆反實也」，今「反」字誤作「失」。賁「亨，不利有攸往」，今「不」誤作「小」；象傳「剛柔交錯，天文也」，注云「剛柔交錯而文成焉，天之文也」，今脱「剛柔交錯」四字。剥象傳「剥，剥落也」，今脱去「落」字。大畜上九「何天之衢，亨」，今脱「亨」字。大過九五「士夫」本作「少夫」。「習坎」上有「坎」字，今誤脱之。晉象詞「晉亨」，今脱「亨」字。姤象詞作「勿用取」，今多「女」字；九四「包失魚」，注云「二有其魚，故失之也」，今「失」誤作「无」。萃象傳「利見大人，亨，利貞」，今脱「利貞」二字。蹇九三「往蹇來正」，今「正」誤「反」。困初象曰「入于幽谷，不明也」，今「谷」下多一「幽」字。井卦名下有一「亨」字，今脱之；象傳「養而不窮」上脱一「亨」字；「改邑不改井」下脱「无喪无得，往來井井」八字。鼎象傳「聖人亨，以亨上帝，以養聖賢」，今本多「而大亨」三字。震象傳「不喪匕鬯，出可以守宗廟社稷」，今脱「不喪匕鬯」四字。艮象首脱「艮亨」二字；象傳「其道光明」下脱「故亨」二字。漸大象傳「居賢德，善風俗」，今脱「風」字。歸妹初象「恒也」，今多一「以」字；五象「袂良」下无「也」字。豐四象「遇其夷主，吉，志行也」，今脱「志」字。巽象傳「重巽以申命，命乃行也」，今脱下句，王本誤入注内。渙象傳「利涉大川，利貞」，今脱「利貞」二字。中孚象傳「豚魚吉，信及也」，今「及」下多「豚魚」二字。小過象傳「柔得中，是以可小事也」，今脱「可」字，增「吉」字；五象「密雲不雨，已止也」，注「陽已止下故也」，今誤「止」爲「上」，注亦誤作「陽已上，故止也」。既濟象傳「亨小，小者亨也」，今脱一「小」字。繫辭「二多譽，四多懼」，注云「近也」，今誤爲正文，而注中脱「懼」字。雜卦「蒙稚而著」，今「稚」誤「雜」字。若此之類，其義校長于今本。宋晁公武所進易解，多引用之。有志經學者固不可不羣搜博討，以廣聞見，參定其得失也。

宋朱子發，名震，其經筵進表有云：「陳摶以先天圖傳种放，放傳穆修，修傳李之才，之才傳邵雍。放以河圖、洛書傳李溉，溉傳許堅，堅傳范諤昌，諤昌傳劉牧。穆修以太極圖傳周敦頤，敦頤傳程顥、程頤。是時張載講學于二程、邵雍之間。故雍著皇極經世書，牧陳天地五十有五之數，敦頤作通書，程頤著易傳，載著太和、參兩等篇。臣今以易傳宗，和會雍、載之論，上采漢、魏、吴、晉，下逮唐及今，包括異同，庶幾道離而復合」。由此觀之，宋之易學无不鼻祖于陳圖南，亦猶漢之易學无不鼻祖于田子裝也。子裝後分施、孟、梁丘三家，圖南亦分先天、太極、河洛三派；田出自聖門，陳出自老氏，其源流亦有間矣。愚依漢上所云，畫爲有宋傳易圖，恐見此者自能甄其苗莠也。

有宋傳易圖

陳摶—○种放—
- ○穆修—
  - ○李之才—○邵雍—○朱熹先天圖學
  - ○周敦頤—
    - ○程顥
    - ○程頤—○朱熹太極圖學
    - ○張載
- ○李溉—○許堅—○樊諤昌—劉牧河圖洛書

羲、文、周、孔以易學開萬世，傳之數千年，俱稱願學者。惟是先天、太極一出，遂亂羲、文、周、孔之道，每有駕乎其上之語，而其所以欲勝前聖後聖者，則稟之黄、老也。晦菴于從信

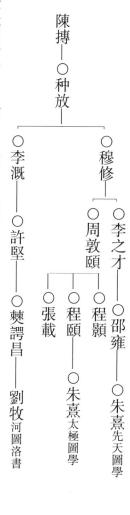

易傳之中，每多微辭，于邵、周二圖，則過于七十子之服孔子，此真不可解者。

田何易學傳自聖門，俱出口入耳，面授心領，雖未必皆微言奥旨，而規模彀率斷无愆忒者。故能守其師説至數十傳而不改，雖雜之以黄、老，混之以釋氏，而聖學仍在也。即釋、老咸曰孔子吾師之弟子，而孔子與釋、老尚不同途〔一〕。及理數二圖興起，儒者得之，同是堯、舜，同非桀、紂，同闢佛、老，云此是孔子之學，云此是孔子所不能發揮，有待其人而始顯者。竊佛老之郛廓爲聖人之精藴，棄聖人之大道爲佛老之邪説，認盗賊爲祖父，侈張欺誑，佛老聖人始不可問矣〔二〕。數人唱之，千人和之，「易不可見，而乾坤或幾乎息矣」。安得有秦火復燃而廓清其稂莠，得返斯世斯民于三代六經之治與？東海西海，心理攸同，應不以兹言爲激也〔三〕。

易以卜筮獨不罹秦火，其民間自相授受，亦止言卜筮而不敢及乎理義。故漢書易學大

〔一〕自「即釋」至「同途」，世本無。
〔二〕自「認盗」至「問矣」，世本無。
〔三〕自「安得」至「激也」，世本無。

抵多論災祥禍福，以象數爲重，蓋其由來使然也，然其章句之沿習，與訓詁之垂傳者，固未嘗廢也。乃宋人竟詆之謂：「秦人焚書而書存，漢儒窮經而經絶。」豈其然哉！輔嗣生當漢後，見象占之牽强拘泥，有乖于聖教，始一切掃除，暢以義理，天下之耳目焕然一新，聖道爲之復覩。唐太宗詔長孫无忌與諸儒刊定義疏十餘家，凡辭尚虚誕者皆所不取；惟王注獨冠古今，亦其學其辭有足以折服羣賢，豈徒以當時習尚而漫爲回護之者哉！乃宋儒竟詆之謂：「崇尚虚无，雜述異端曲説，晉、魏談玄，自王倡始，至神州陸沈，中原魚爛，皆輔嗣所肇。」甚或擬其罪浮桀、紂。噫！亦太過矣。夫談象數則斥之如彼，詮辭理則咎之如此，爲宋以前之儒者，不亦難乎？有宋去聖日遠，師承盡廢，拾黄冠之餘唾，分爲理數二家。襲太極者遂謂「文、周未嘗言太極，孔子言之；孔子未嘗言无極，周子言之」，稱爲「先聖後聖發千古不傳之祕」。實則以虚无闡老、莊之賸語，而功過與輔嗣霄壤。襲先天者譸張術數，煩瑣无稽，遂謂：「日月星辰，水火土石，盡天地之體用；寒暑晝夜，風雨露雷，盡天地之變化；性情形體，飛走草木，盡萬物之感應；元會運世，歲月日辰，盡天地之終始；皇帝王霸，易、書、詩、春秋，盡聖賢之事業，千古一人而已。」至云「文、周狹隘，孔子救時」。實則竊讖緯之末技，未能望見贛、房、輅、璞也。何漢儒之牽强拘泥，在此而頓神？究而論之，亦不過即此理數二途爾。其高下軒輊，顧不可同年而語邪。是爲後之儒者左之右之无不宜矣。使有復之者曰：「靖康之禍，兩派圖學之所感兆，德祐之禍，崇信奉行兩派圖學之所感兆，則將何説之辭乎？」伊川云：「學易當先看王注。」未嘗稍及先天、太極也。晦菴云：「秦、漢以來，攷〔二〕象辭者泥于數術，而不得其弘通簡易之法，談理義者淪于空寂，而不適乎仁義之歸。求其因時立教以承三聖，不同于法而同于道者，惟伊川之易傳而已。」即以伊川之不非輔嗣，晦菴之推服伊川而引申之，亦豈遽如向所云邪？於戲！宋不知有周，何況漢、魏〔三〕。

歐陽永叔從讀書爲文章入門，而有見于道者。既論「圖、書之怪妄爲不足信」，又曰：「孔子出于周末，懼文王之志不見于後世，而易專爲卜筮用也，乃作彖、象發明卦義，所以推原本意而矯世失，然後文王之志大明。易之淪于卜筮也，非止今世。微孔子，則文王之志没泯不見矣。學者專于卜筮，猶見非于孔子，況遺其辭而執其占法，欲以見文王作易之意，不亦遠乎？凡欲爲君子者學聖人之言，欲爲占者學大衍之數，惟在所擇之爾。」愚謂，

〔二〕「攷」，四庫本作「攻」，據朱文公文集卷八十一原文改。

〔三〕此章，世本無。

此數語者出于邵圖之先，已足以破千古之惑，真聖人之徒也。彼拘拘五行，屑屑蓍龜者，胸次廣隘，豈可校量乎〔一〕？

吴斗南名仁桀〔二〕，所得古易與費氏本不同，謂：「六十四卦每卦之首畫一全卦，繫以卦辭，其後分爲六畫，各繫以爻辭。乾、坤二用則覆畫純奇純耦六畫，而繫以『見羣龍』、『利永貞』等辭。卦首六畫之下无上下二體之注，并无經文卦名；爻上止有或奇或耦一畫，无初、二、三、四、五、上之名，并无二用爻名。費本某上某下四小字，亦注在各大象傳辭下，經文卦名、爻名原在各小象傳上，乃夫子之傳文也。」吴氏亦嘗以此就晦菴相証。愚意古易大概若此。釐正書寫，別爲一本，未嘗不可。但經文无卦名，則夫子何緣揣測知其爲何卦也？況若坤、若小畜、若泰、若大有、若大畜、若既濟等卦，并爻中亦全不及卦名，抑將何自傳及夫子乎？豈并此六十四卦名，亦爲夫子之所贊乎？茲又不可通〔三〕之論也。然此僅聖人之聲音笑貌，于神理无關切者。

〔一〕自「彼拘」至「量乎」，世本無。
〔二〕「名仁桀」，世本無。
〔三〕「通」下，四庫本有一「焉」字，據世本删。

有他書引用易語，今不可考者，未知是篇章偶逸，或緯書依託之文也。左傳疏：「伏羲作十言之教，曰：乾坤震巽坎離艮兑消息。」劉向傳：「誣神者殃及三世。」説苑：「建其本而萬物理。失之毫氂，差以千里。」又：「有一道大足以守天下，中足以守國家，小足以守其身，謙之謂也。夫天道毁滿而益謙。」「不損而益之，故損；自損而終，故益。」又：「天地動而萬物變化。」風俗通：「其亡，斯自取災。」説文：「地可觀者，莫可觀于木。」東方朔：「正其本，萬事理。失之毫氂，差以千里。」鹽鐵論：「小人處盛位，雖高必崩。不盈其道，不恒其德，而能以善終者，未之有也。是以初登于天，後入于地。」細繹諸所引之辭，不但不似彖、象，亦且不似大傳。大約爲後儒解經者所述，而引用之人遂渾呼之爲經爾。

三畫之卦，如☰☷僅可謂之天地，而不可謂之乾、坤；☳☴僅可謂之雷風，而不可謂之震、巽；☵☲僅可謂之水火，而不可謂之坎、離；☶☱僅可謂之山澤，而不可謂之艮、兑。必六畫俱備，六奇之卦乃爲乾，六偶之卦乃爲坤，重雷重風乃爲震爲巽，兩水兩火、復山復澤，而後爲坎、爲離、爲艮、爲兑也。故大象傳曰「天行健」，天指三畫而言，行始兼内外二象，則得乾之義矣。「地勢坤」，地指三畫而言，勢始合上下二象，則得坤之義矣。「洊雷」始得震之名義，「隨風」始得巽之名義；「水洊至」方成坎，「明兩作」方成離；「兼山」而艮之理著；「麗澤」而兑之情見。所以能健、能順、能動、能入、能險、能麗、能止、能説者，此也。推而及于他卦之相錯，莫不皆然。學人潛心于大象傳，則卦爻之關鍵俱在把握中矣。舍此而他求，俱暗中摸索，雖有微明亦爝火也〔二〕。

健，天行不息也，從聿。聿者，立表以測日影、定中星也。從廴。廴者，行之長也。天行疾速，日日一周，健之至也。小篆與聿立之「聿」相混，聿立從乚，古隱字。與廴相亂，茫然莫辯，因加人以別之。言制爲律曆以算驗之者，人也，故作健。似覺多一轉折。順，理也。從頁從川。人首向上，川流就下，各得其理也。地之所産，或親上如人首，或親下如川流，變化多端，咸遂其性，坤之德也。動，作也。從力從童。童子好動，終日不倦，蓋其筋骨方長，力之始生也。故振作興起，不能自持。☳以一陽初生于二陰之下，正如童穉之日，氣血日盛，動而奮迅之象也。説文從重作動，諧聲會意，俱不及秦碑之確也。入，内讀若

〔二〕自「學人」至「火也」，世本無。

納。也，指東西二道路會歸于一也。人之出外則有岐路之往〔二〕，其入内則必向一途矣。☴以一陰入二陽之下，陰體虛性柔，虛者无所阻礙，柔者无所牴牾，故有往而必入；又以虛柔善于容受，故亦爲物之所入。險，阻難也。從阜從僉。山阜會合之處，因爲關塞，以防守之地利與人事交得其勢，故從僉。子曰：「地險，山川丘陵。」又曰：「王公設險，以守其國。」僉之謂與。陷，高下也，象人從高而下，陷于汚途之形。☵以一陽陷于二陰之中，有阻塞險陷之象。然何以不言水，而偏言山也？蓋謂水者，⚊也，其險在水；今云陽陷陰中，是險在二⚋也，但指其險而未及乎水也。麗〔三〕，旅行也。從⚊從二人。兩人相偶而並行之意。☲以一偶行乎天中，有日月旅行之象。在人則相親相倚，爲附麗、爲伉儷；在物則惟鹿能友善，見食相呼，羣居防患，故小篆加鹿。鹿皮有文采，故爲艷麗；鹿牝從牡，故鹿皮納聘。止，足之所以履者，象形足止。動則行，不動則止，故行止之止借用之，俗書加足作趾，忘其所自來矣。小篆以謂象草木出，荒繆特甚。☶以一陽履乎二陰之上，如足履地而不進，陽性上往，至此而極，極則必止。兑，喜也，指人開口有喜樂之

〔二〕「之往」，世本無。
〔三〕「丽」，世本作「丽」。

義。☱以一陰出乎二陽之上，人身爲實，口爲虛，行事爲實，言語爲虛，言語逢迎，易于感説也。兑、説、悦。説、設。説、税。説脱。本一字轉借，後人妄加區别者也。

易結繩而作書契，故文字莫先于記數。記數多指事，故指事爲六書之首，非始于倉頡也，始于羲皇之畫卦也。倉頡觀其奇畫，述之而爲一；觀其偶畫，轉之而爲二；觀其奇偶之合，乘之而爲三，則猶然一卦也。過此以往，從横矯揉，牽鳌通變，目與心會，天地萬物无有遯情，悉可指掌而見矣。一一。爲記數之始，畫一以指其事，亦象一結一籌之形。于是，縱之而爲丨，讀若袞。袞之而爲／，讀若夷。轉／而爲＼，讀若曳。屈之而爲冖，明碧切。規之而爲○，月涓切。矩之而爲□，符房切。凝之而爲●，呼官切。引●下垂爲▼，即丁字。上出爲▲，即主字。刓方之四隅爲〇，即圍字。凡此皆一之本體所自具之文，无煩于外，是即奇之謂也。二二。即兩其一，稍有參差而爲二、上。爲二，下。是即偶之類也。合一與二則成三，三。大約一借而指天，二借而指天地，三借而指天地人；俱從變爲上下之後而來，專取其間之長畫以指事，不從一二之義也。亖四。合兩二爲亖，自三累一亦爲亖。凡書契疊加至三而極，其有四體者乃重其兩體，非重三體之外更可加也。小篆嫌亖之累加乎三也，乃取亖而析之作形，若定位東西南北者然，特嫌其混於□也，又加八以别之。八者，别也，有開之義；□有口之象。試開口出聲而引氣，則四之音義宛然。遂廢亖而專用四，以謂妙合自然，殊不知亖之聲意最切，事形確當也。況于數之次序，逐位相生，八安得越五六七而反生四乎？　㐅五爲二之變體，合丿乀而成者也。蓋數當二，與三交互，度四維而定中央之際。夫一奇一偶兼而爲三，三者，陽也，天也；　偶不能兼奇，則依然二也，二者，陰也，地也。奇得偶而參之，故曰「參天」；　偶自相偶而不亂，故曰「兩地」；參如後世參軍、參政之義；　兩如車兩、屨兩之類。「參天兩地而倚數」，則爲五也。三以一奇兼一偶，至于五是一奇兼二偶也，故曰「參伍以變，錯綜其數」。伍如行伍之伍，以一陽而統四陰之謂。數之三五，其錯綜變化之門乎？小篆加二作𠄡，以二指上下也；　五爲數之中，上下皆其所貫也。冗，六。數至于六，上下四方之位備，故從混淪之中而特引川以垂下；　四有東西南北而无上下，則混淪莫辨，高卑不分。垂下之川，即二之轉體，猶言四之外復加二也。或曰：「何不加一于五，而乃加二于四邪？」曰：　五爲完數，不可加；　爲陽數，六非其類也。曰：「然則，二何以加一，七與九何以加五乎？　十何以既從其非類，又復加完數乎？」曰：　二爲偶，自具其岐體，非有加于一也；　七與九皆引伸于五而朝宗之，非加于完數也；　十則兩其五，是同類相從，再爲完數也。　或問曰：「易之數陰變于六，正于八，何謂也？」曰：　凡卦皆三畫因而重之者也。　坤純陰，三畫皆偶，其數爲六，陰之變自此始矣。以其三偶交錯于三奇，而生六子，順承乎天而定八方，八方定，其位正矣。云「用六」者，用此三偶也；陰爻一百九十有二，皆用之也。曰：「八爲少陰，六爲老陰，老變少不變，信乎？」曰：此无稽之言也。二、四、八、十皆偶也，皆陰數也，惟六則得其三偶之正，所以用之當位故也，无所謂老陰少陰也。即老少論之，如以生化之本爲老，則陰莫老于二，不宜棄二不用，且越四而取六，其次序不倫；如以閱歷之多爲老，則陰又莫老于十，不宜舍十不用，且少八而老六，其進退无據。言說一无可憑，不足信也。七，七。七者，自五出而蔓延之也，亦二之轉體也。曰：「然則，何不蔓延于六乎？」六爲上下四旁均齊平正，无蔓延之理，而七爲奇數，有生生之義也。今之持籌者必以一五、一十記數，是七者于一五外，零其二也，故從五引申而成文也。或曰：「陰正于八，既聞命矣。敢問七爲陽之正，何與？」曰：陰質整齊，陽性孤特。自三偶爲六以來，僅存排列之文，无超越之氣，而資生之道微；七既正其陽之位，缺八方之一，俟八至而成列也。八，八。數至于八，四方既定，四偶復全，无所不辨別矣。八者，別也，分而不雜之謂也。九，九。七從五而申其一，九則奇數之極也，故從五而兩申之；五爲數之中，前有一二三四，後有六七八九，故兩申而成九也。夫自一以來，位置整齊，惟二二爲四、三三爲九兩處爾。四雖方正，嫌于无中，无中者〔二〕，以未有五也；惟九則既有八方之正位，而復得執中以用之，其原本于五也。顧不大哉！或曰：「六爲三偶，而坤用之，故六爲陰之變。敢問九爲陽之變，可得聞與？」曰：☰三奇，☷三偶，合之爲九。陽也者，非孤陽之謂也，必兼陰而後成其爲陽也。凡陽爻一百九十有二皆用之也。何以知其然也？夫子「天德不可爲首也」。使陽而用三，是奇之本數以天德爲首矣。奇爲陽，陽爲天德。三奇不可以獨行，三陽不可以自用，是以「見羣龍而无首」也。「立天之道曰陰與陽，立地之道曰柔與剛，立人之道曰仁與義」。一奇之中无不兼一偶之理，陽不用三而用九，故九爲陽之變也。十，十。二五爲十數之全也，數之備也。故正其✕五。之位，而上下四方、前後左右无不乂安矣。五始交互生，生而未定；十既成就，整肅而不變。𦣻，百。以十乘十而得百，數雖多，始于一也。故從一從自，自此而後，又自一始矣。千，千。以十乘百，是千始于十也。故從十屈首而指其事。百從一積，則千從十積，言十百之爲千，猶十一之爲十也。小篆從人建首作千，而義晦。卍，萬。十千曰萬。自十而往，各乘其十，凡四位，故從十而四屈以指其事，言數之貫串通達，各有條理以相聚也。小篆作萬者，蜂

〔二〕「无中者」，世本無。

也，象蟲形，蜂之屯聚不可測數。萬之爲數，亦堆積而難卒計，故假借用之，正文反隱。○以上雖記數文字之義，俱本于易理〔二〕，故詳釋于此，或可參考焉。

初，始也。從衣從刀，謂裁布帛而制衣之始也。終，畢也，象制衣已成，領褏襟裾已具，而加以束帶也。小篆加糸則贅，諧冬則孫反生祖矣。二字俱以衣裳起義，借爲凡事始作、完畢之用。

中，不偏不倚，无過无不及也。從○圓。從丨。天體周圜旋轉而不息，事理圜通變遷而不滯，從其倏忽无定之内，握其至當不易之道，所謂「執中」，所謂「用中」，所謂「時中」也。轉去聲，爲射矢當的之稱，的體圓，丨象矢也。正，畫一而止也。從一從止。可二可三則不正，止于一則正矣。説文從二上作□，謂身不知其正之法，當觀于上而定所止，斯正矣。其借爲射侯鳥名者，誤也。射侯所畫之鳥乃疋，即雅字，俗作鴉，有似乎正，傳寫一譌，遂莫知其義矣。疋之爲物，最知機而難射，故以之爲侯。鄭箋曰：「一題肩，鵠類

〔二〕「理」下，原有「者」，據世本删。

也」。射禮畫布曰疋，棲皮曰鵠。蓋于布上畫一圓規，内爲字作，于皮上畫一圓規，内書字作，總之皆鳥，取射飛禽之義，故以爲侯也。鄭氏謂之「鵠類」，其意甚明。古本大雅、小雅俱作大疋、小疋，爾雅俱作爾疋，則知禮傳失諸雅鵠。孟子：「力不能勝一雅鷚」，千古學究，誤讀誤解；即夏小疋亦是夏小雅〔二〕。小學可不講乎？卦之下體以二爲中，上體以五爲中，故「多譽」、「多功」。有得中而未必吉者，執中无權也。陽爻居陽位陰爻居陰位爲正，反是爲不正。有因之而見吉凶悔吝者，有吉凶悔吝絶不取于此者，則其所逢之時異也。大約中能兼正，正不能兼中，守正易，用中難也。

日，太陽之精，火之帝也。○以象其形，以指其光輝炫耀之事。日實也，蓋對月而言，太陽不虧；月有盈食，是體虛也。月，太陰之精，水之君也。外象半體，指其弦時之形，中指其光華。或云指其中有黑處，非也。月質有盈有缺，盈時少而缺時多，故以半體爲常。易中取象，以幾望爲極隆，一望即消，不可以爲福慶。許叔重曰：「象形者，畫成其物，隨體詰屈，日月是也。」夫欲象日月之形而畫之，隨日月之體而詰屈之，其不作日

〔二〕此句下原有「豈不可發知音一哂」句，據世本删。

可知矣。故知今日之傳寫，亦非許氏昔時之面目矣。舉一象形，他可類推。

大人，大之爲文，象南面而立，正位而居之形； 人之爲文，象拱手屈身東向之形。天下臣庶，貴者東向，賤者西向，雖居家无敢正位南面者； 惟人君則衣裳拱己，向明而治，至秦、漢尚然。項羽本紀：「項王、項伯東向坐，亞父南向坐。沛公北向坐。」是時項羽幾天子自居，以懷王尚在，猶不敢南面也。亞父、沛公乃侍坐爾，不嫌其僭也。又韓信得廣武君，坐之東向。是信欲執弟子禮，而求教于廣武，亦以東向爲極重也。周勃傳：「勃不好文學，每召〔一〕諸生説士〔二〕，東鄉坐責之：『趨爲我語。』」言其不以賓主待諸生，而自貴也。田蚡傳： 自坐東向而坐，其兄北向。是則驕蹇若蚡，使兄侍坐矣〔三〕，猶不敢南向也。夫子許仲弓南面，竟稱其可爲王者也。君子，君以左右兩手守◯，圍。指城郭人民社稷之謂也； 子象人在襁褓之中，上體著衣，首與兩手可辨，下體斂于一處，以便懷抱者也。稱爲君子者，君令人可敬畏，子令人可親愛也。 上古中古，士俱世族，王侯之子孫多賢才，

〔一〕「召」，四庫本脱，據史記原文補。
〔二〕「士」，原作「事」，據史記改。
〔三〕「若蚡使兄侍坐矣」句，世本無，似更佳。

王天下君邦國者皆世胄。故在上在下，或有位，或有德，俱得稱爲君子也。王，夫子曰：「一貫三爲王。」董仲舒曰：「古之造文者，三畫而連其中。三者，天地人也，而參通之者，王也。」則王原有莫大之稱號。暴秦殄滅典章，妄自誇大，以六國俱僭王矣，非更易其名位，不足以示得意而驚殊俗，遂創爲皇帝之説，以愚天下；因之而禮樂、儀文、宫室、服食各高出于僭王萬萬，使天子一位，疑鬼疑神，不可方物矣。繼之者，好酒及色之劉季〔一〕？目不知唐、虞、三代之詩、書，耳不聞禮樂刑政之教化，苟慕其富貴以騁其淫佚，豈識所謂天子一位者稍加于公之上，亦猶公之上于侯，侯之上于伯，伯之上于子男也。於戲〔二〕！顧名思義，王豈臣位也哉〔三〕！公，平分也。從八從厶。其德不止于爲己，其才兼足以濟人，能分别均平，使人人各得遂其私也。詳其義理，當是因井田經界而創斯名。井九百畝，中爲公田，八家爲私田，平分不頗，名義有屬，因爲人臣首爵，佐王者而治天下者也。聖，通也。從𦔻聽。從口。自用則愚，用人則聖。「舜好問好察」，「用中于民」，「取人爲善」，「禹拜昌言」，皆聽言納善，舍己從人者也。夫子「信而好古」，「必聞其政」，「三人有師」，以至

〔一〕「季」下，原有一「爾」字，據世本删。
〔二〕自「亦猶」至「於戲」，世本無。
〔三〕此下，原有「尚以其富貴淫佚爲未足，思无等級以獨樂邪」二句，據世本删。

于「耳順」，皆聽之德也。其口在人，其聽在我。目擊道存，智者之慧；聲入心通，聖人之神也。釋氏「聲聞圓覺」、「耳根圓通」，即是此意〔二〕。解者不得其故，誤爲三體會意，或誤爲從耳從呈，真昧昧也。賢，多才也。從臣從又。古者度德量才而授爵禄，賢者在位爲王臣，其手能作事，上以承君，下以恤民也。小篆加貝作賢，惟賢爲國家之寶，不寶金玉而寶善人之意。臣，服也，指反身屈己以事君之意。民，衆也，象俯首而執役之形；古文，象乂髻袒裼，樸野无體之形。父，家長率教者。從從又。一家之主以手指揮，卑幼悉聽命也。小篆以爲舉杖，非也。母，生育子者。從女，加體，指乳養之事。兄，同父母而先生者。從人從口。古者計口而授田，兄承父後，弟爲餘夫；爵禄之家，嗣位者禄食。故先以口登籍上聞之人爲兄也。弟，次序也，指芟伐之木外有纏縛之表。束薪之道，必使前後整齊，次序不亂，始可負持，稍有參差，則散漫而不就繩約。故以次弟之義屬之，借爲人兄弟次序之稱，爲借所事。今加竹作第，指以竹爲纏縛之物也。夫，成人而勝負荷之稱。從大從一。大對小而言，二十成丁，則異于童稚；一指其可任事，而備人數。借爲有室家之稱，言丁成而壯，則當有室矣。對婦而言，則又爲其倚任者。婦，子之妻

〔二〕「釋氏……此意」句，世本無。

也。從女從帚，言爲女子而有所歸，職任洒掃潔除者也。妻，配夫之稱。從女從齊，言與夫齊也。小篆從事，省文作，言操持内政者也。其義稍與婦相混。蓋對舅姑曰夫婦，對夫曰妻，義各有當，不若從齊爲得。朋，兩貝並行也。古以貝爲通行之物，財貨貴賤等字皆用之。行貝之法〔一〕，取其大小相當者爲一朋，其不及朋者爲幺貝，直甚微薄。借爲同道相與、同事相助之稱，言一人之心力不能獨任者，兩相輔益則道章而事成。小篆分貝之頭角，露其兩須，則朋當作，又類于纓。字，竟譌朋爲纓，而絲亡朋亂矣。乃借鳳鳥之象形古鳳字。字，而稍損之作，取衆鳥隨鳳之義，可謂轉展相失，迷其所自來矣。㕛，同志爲㕛。從二又。人之左手不能作事任勞，運用者惟右手。右手止一，或有所不辦，則同志者亦以右手相助，是一事得兩右手以爲用，寧患其弗舉邪？然必同志者而始能〔二〕好尚无差，趨向一致，雖爲異體，而无所間隔也。不然，一人一手，各懷一心，豈能强合哉？反覆朋友二字，知異體同心之義。聖人文字之理微矣〔三〕。

〔一〕自「財貨」至「之法」，世本無。
〔二〕「者」、「能」字，原脱，據世本補。
〔三〕自「反覆」至「微矣」，世本無。

衜道，人所行也。從人從行。夫不行則地而已，黄茅白葦而已；人行之則爲道。道不異于地而異其名者，行與不行爾。夫君臣也，父子也，兄弟也，夫婦也，朋友也，名位而已；君仁臣敬，父慈子孝，兄友弟悌，夫婦有别，朋友有信，則人之所行者，道也。禮傳曰：「大哉聖人之道，待其人而後行。」是必待人行，始可謂之道也。又：「至道不凝焉。凝者，由之熟，踐之久，其路平實堅固无偏頗畸陷也。」小篆作𨗨，從辵從首，言行路當知所向，始不妄蹈。于義雖可通，不若古文之精奥也。悳德，外得于人，内得于己也。從心從直。人之生也直，本无所回曲，此心即是天理，即是性善；或氣質習俗有偏，此心漸至放失，外籍師友，内加學問，方能復還其本心，此其所得依然爲吾故有之物，未嘗能增益也。直是此心而已矣。佛氏謂之「直不領悟」，而證之爲「无鹵莽」，甚矣。又加彳作德，謂行而有得于心，從閲歷中來，非即妄成真也。𦥯學，取法于既往而求其得也。從子，端蒙養也；從冂，有專居也；從臼，兩手攻治也；從爻，參互校〔一〕量也。四體會意，于義繁雜，不若古文斈，言小子有所倣效也。北音讀去聲，後人遂以爲效字，誤也。業業，士人玩習者也。象形古之竹簡木版，手執苦于重難，作爲木架如鍾虡之類。上业象其齒，便于縣掛；下指

〔一〕「校」，原作「枝」，據世本改。

以木爲柄，可以倚徙也。借爲事之通稱。文，錯畫也，經天緯地之稱。天有自然之文，星辰是也，故從○；人有經緯之文，乃以大而交錯之意，故從文。小篆去○之形，是无天文也。「觀乎天文以察時變，觀乎人文以化成天下」。烏可偏廢哉？借爲文詞之用，畫象詩書，經緯天地之大義也。章，樂竟爲一章。從音從十。聲備宫、商、角、徵、羽，而後可以布之金、石、絲、竹、匏、土、革、木，作爲雅樂也；十者，奏樂一闋也。聲音之道出有入无，從虚而致實，故能格乎天地，通乎鬼神，感乎人心，驗興亡，測治亂也。章與文相配，文言色，章言聲也。仁，從人從一從心，正孟子所謂「仁，人心也」。聖而堯、舜，愚而桀、紂，其心一也，所以性善也。性善者，仁也，善之長也，人皆有之。小篆作。在人之體爲元，在人之心爲仁，即此一理也。二者何指此上下也？上通于天，下徹于地，人與天地合德者，即此仁也。義，宜也。從羊從我。萬事萬物各有當然之極則，乃恰好適可之謂。惟一執我見，皆失其宜矣。我者，一人之私心也。羊之爲物性最乖戾，不能馴擾，然而有一主之者，爲羣羊所宗，其飲食卧起，无不隨之；斯羊識路，行必居先。雖乖戾而无迷失之患，以羣羊无我見也。孟子曰：「義，人路也。」羊能知路，當舍我而從之。禮，履也。從示從丨。天以高卑之分示人，人制爲上下之儀文品節，以則天也；示屬天，丨屬人。又作豐，爲祭祀晏享備物豐盛之意。凡嘉美之會合，品物既隆，儀文復盛，所以表其誠敬〔一〕。然上下貴賤有等有序，因其隆盛之至者，而遞〔二〕降殺之，則爲天澤之分，使大小共由而爲履也。□知，心之靈明也。從口從矢。口以出言，發于心而千里應；矢以及物，亦自近而窮遠〔三〕。人心昭融洞徹，揆事審物，矢口而發，必然中鵠，非聰明天授者，不能也。轉平聲爲曉識之義，其説畧同。然領會者述之事，知也；昭融洞徹者作之事，智也。或加亏作□，再加自作□，恐人恃一曲之小慧，矢口爲言，不知敬慎，故須攷于古而合，乃非私見，攷古而得其所自，乃爲真智也。□信，誠也。從言從心。人之惡德瀾翻詐僞，莫甚于言。蓋皆取給于口，不由心生者也〔四〕。誠確之士將有言也，先擬于心，思吾行可以從否，持己則言顧行，行顧言，與人則久要不忘。「朋友有信」，實心口相謀，不妄出不輕諾者也。小篆以人言爲□。機械變詐，翻雲覆雨，俱是此言所造，豈足爲信邪？信本中字，自人君與聽言者而立意。凡人以言相告者，无論其君子、小人，務使得盡其説，擇善而從，不善而戒，不

〔一〕自「凡嘉」至「誠敬」，世本無。
〔二〕「之至者」及「遞」，世本無。
〔三〕此下四庫本有「中物爲巧知之事，一言爲知，一言爲不知，口之德」一段，據世本删。
〔四〕此下四庫本有「即爽人口給之謂」句，據世本删。

可使之稍有屈抑，不竟所長也。申之對爲屈，古作詘，從言從出。凡在我出言，不宜輕率，亦不可自取暢達，當以屈抑爲德也。變，更也。從䜌攣。從攴。事物至于糾棼紊亂，不能因循苟且而治者，必當大爲震作，痛革其弊壞，周禮所謂「執扑而從之」者也。故䜌攴爲變，乃去亂之意〔二〕。夫子曰：「窮則變，變則通。」蓋更易其敗壞，而別爲制度也。化，變也。象倒人形。天下變幻不測者，无如人顛倒反側，倏忽遷徙，而能使之一歸于正，乃人之妙用也。借爲造化、神化，惟天與鬼神能變易有无、轉換人物也。小篆加人作，言變化乃人之作用也。神，天神引出萬物者也。從示從申。凡陽氣皆升，天爲衆陽之所歸，故萬物之陽氣必親上而申出。借爲神明、神聖。神者，氣也。氣空而明，能爲變化，莫測其方；質凝而暗，囿于一隅，不能奇異。鬼，人所歸爲鬼。從人而戴異物之首，无形之形也。人身惟髑髏最後朽，故以取象。從厶者，神爲天地間陽之靈，天下所公也；鬼爲陰之靈，人所私也。天神、地祇、人鬼，天子祭天地，諸侯祭封内山川，人各私其親而祭祖禰，非其鬼而祭則不享〔三〕。人以陰陽和合而成形，陰陽離散而形毁；陽爲魂如雲氣之飄颻，陰

〔二〕此下四庫本有「非去亂不可更親也。先儒云自无而有，字義未然」一段，據世本删。
〔三〕「非其……不享」句，世本無。

爲魄如果實之精仁。陰陽和合，魂魄相守；陰陽離散，魂魄分馳，魂氣易銷，魄氣難泯。人之初死，似有似无恍忽莫憑者，魄也，非魂也。及其既久而魄滅，子孫之昭格祭祀之如在者，鬼也，非魂魄也。「季路問事鬼神。子曰：未能事人，焉能事鬼？問死。曰：未知生，焉之死？」後儒解作「不對子路之問，而使〔一〕其從事于事人、知生之實」，非也。夫鬼神非他也，即人之不可見之靈爽也，能事人，即能事鬼矣；死非異事也，知其所以生，即知所以死矣。明暗非二境也，去來非兩路也，正夫子答子路之問也〔二〕。

宋儒俱以「造化流行，陰陽錯綜，本自秩然而不紊亂，所以指性」爲理，此語雖若深入一層，實不免于顛倒。夫理之云理者，謂玉雖至堅无可從入，而其中自有文理爲縱横之質也。是先有氣有質，而後有理。氣質未具，理將焉附？錯綜秩然非見之于氣質，于何知之？畫有奇耦，然後分陰陽，然後知條理。苟事事物物必欲原其无始之始，去聖人躬行實踐之義遠甚。圖有先天、有无極，俱屬追原，與此一轍。

〔一〕「解作不對子路之問而使」句，世本無，作「謂欲」。
〔二〕自「明暗」至「問也」，世本無。

本義卷首所載，甚蒙雜不倫。邵氏先、後天圖以外，又收乾爲天坤爲地等八卦，是京氏易傳之所謂游魂、歸魂、子寅辰午申戌、丑卯巳未酉亥也。後世火珠林因之，與揲蓍四十九策之法迥乎不同，又不明言其故，亦何所取義而贅之于此？其六十四卦歌，括及「三連」、「六段」之類，近于市井小兒，豈可錯諸學士簡編之内？又綴以堆積无稽之卦變圖，以迷亂後學之耳目，徒費心思于无用，其爲誤也大矣！安可不証！

易書廣大悉備，後世解經之儒隨其一隅之所得自爲發揮，雖矯揉牽强，亦自有可髣髴者。故曰「冒天下之道」，如冒之覆人，五官百骸皆在其下也。川流敦化，並育並行，俱所以闡天地之變化。學者各鳴其所見，本非前聖大義奥旨，然而易理中无不該括。誠能采集諸子百家之説，各棄其蔽錮之短，而取其領悟之長，復會通以象、辭、變、占，四聖之「精義入神」，无不可覿。但當處以虚公，守以謙讓，則其入德之門也。虚公則衷正明，而无黨同伐異之患；謙讓則不自以爲是，而可以取益者多。苟能若是釋説者，吾師也。彼何能亂道哉！

以上所列諸條，偶有會心，輒隨筆雜書，零星无序，學人之筌蹄不足把玩者。然一蠡亦海，一撮亦地，庶見予之魯鈍。銖積縷合，不能提綱挈領，得意忘象，自趨簡易。其挂一漏萬，又何誅焉？噫！愚矣〔一〕。

彖、象之世，文字簡嚴，其用也斬截而不可混淆，必求其故，始得文、周立象之微旨。故推原篆書，以窮斯理。文言、彖、象傳亦即闡明經義，因附注篆以證之。至于繫辭、説卦諸篇，已屬「窮神知化」，不必局蹐〔二〕夫文字之端倪，而索太羹玄酒之滋味也。況簡什浩繁，將字學多而易學少，得无輕重倒置乎？一切篆書俱舍而不講〔三〕。

〔一〕此章世本無。

〔二〕「蹐」，世本作「蹟」。

〔三〕自「況簡」至「不講」，世本無。

圖學辯惑自序〔一〕

易有圖學非古也，注疏猶是魏、晉、唐所定之書，絶無言及於此者。有宋圖學三派出自陳圖南，以爲養生馭氣之術，託諸大易，假借其乾坤水火之名，自申其説，如參同契、悟真篇之類，與易之爲道截然无所關合。儒者得之，始則推墨附儒，卒之因假即真，奉螟蛉爲高曾，甘自屈其祖禰。據朱子發經筵進表，宋易之陳氏，亦猶漢之易學授受俱鼻祖于田子裝。田氏之學傳自聖門，歷歷可數，圖學從來出自圖南，則道家者流，雜之大易，遂使天下靡然稱爲「易老」。儒者極其崇奉，并諱其所謂老，專以易歸之，亦可畏也。上古何嘗有圖？但文字未備，畫爲奇耦，示文字之造端爾。陳氏不識古文古字，誤以爲圖也。文、周、孔子文字大備，始得暢其所言，著之竹木，而義理昭然可覩，皆所以闡發古文古字之幽隱，破除其艱澀，以就夫坦夷。讀十翼正所以明顯象、爻辭、象，明顯象、爻辭、象正所以追測卦畫之古文古字也。創爲三圖而欲掩包犧已露之面目，使天下後世重求之于晦冥蒙昧之途，何殊

〔一〕「自」，四庫本作「原」，據世本改。

知饔飧而以茹毛飲血爲至味，毁廬舍而以上巢下穴爲適安也？秦焚詩、書，易獨以卜筮得免，若有圖亦宜不禁，胡爲偏遯而孤行方外？秦、漢之時，雖有黄、老之學，亦只在民間，豈有與世間隔，不通于學士大夫之理乎？此皆據其偏辭，无能强申者也。非惑與？可不辯與！作圖學辯惑。

圖學辯惑

河圖洛書辯

序曰：河圖、洛書之説，因漢世習爲讖緯，遂謂龍馬神龜貢獻符瑞，其事略與兩漢之言禎祥者相似。後儒因緣敷會，日增月益，至陳圖南鑿鑿定爲一六、二七、三八、四九、五十之數，下上左右中之位爲河圖，又定爲九宫奇正耦隅之狀爲洛書，云是羲卦、禹範之根原。兩相比校，俱似影響，未見有實理存乎其間。惟歐陽永叔斥爲「怪妄，不足深信」，是誠仲尼之徒也。吾夫子傳易，稱蓍龜爲「神物」，贊其「莫大」，俱就易言之也。不過言上古聖人與民同患，制卜筮之法，使可趨吉避凶，「以前民用」爾。至吾夫子教人惟務民義，居蔡不智，怪神不語，學易求无大過，占在恒其德，何嘗專尚夫敗甲枯莖，若左氏之浮誇也。爲此説者引大傳之「天一，地二；天三，地四；天五，地六；天七，地八；天九，地十」以爲證，又引「五位相得而各有合」爲「一與六合，二與七合，三與八合，四與九合，五與十合」，然何以知其下上左右中之位置？又何以知其爲圖也？苟隨聲附和，不繹夫至理大道，似乎洋洋大觀，倘按節而求之，據實而思之，其格格難通者多矣。作河圖洛書辯。

河圖

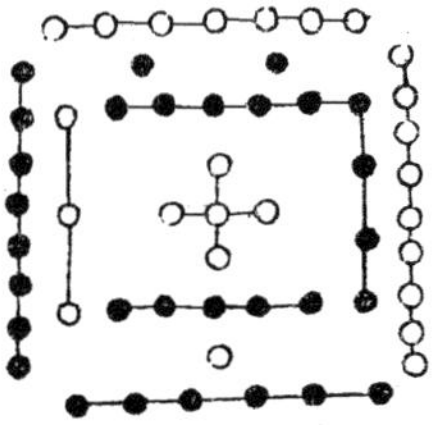

洛書

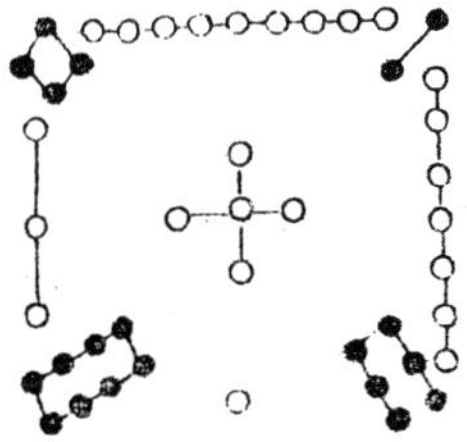

辯曰：大傳曰：「天一、地二；天三，地四；天五，地六；天七，地八；天九，地十。」不過言奇耦之數，未嘗有上下左右中之位置也。曰：「天數五，地數五。」不過言一三五七九爲奇，二四六八十爲耦，未嘗有一六、二七、三八、四九、五十之配合也。曰：「五位相得而各有合。」不過言奇與奇相得，合之而成二十有五，耦與耦相得，合之而成三十，未嘗有生數、成數及五行之所屬也。以此爲河圖，絶无證據。況又因之而爲「龍馬旋毛」之説乎？假或然矣，龍馬之旋毛如此，羲畫之八卦如彼，何曾略可〔一〕似。是于天地雷風水火山澤毫無關涉，于近身遠物迴乎難通。使不問河圖，竟列八卦，稍有知識之士歷歷如指掌；苟必欲奇耦出諸旋毛，陰陽分乎黑白，生吞活剥附會而成，雖極聰明才辯之士，其不可通者終難强解。又復雜以洛書，謂是神龜獻禹之文，禹得之而陳洪範，洪範篇中序列九事，造爲九宫以奉之。夫「洪」者，大也，「範」者，法也。猶言治天下之大經〔二〕、大法也。蓋治天下之大法〔三〕有此九條，安取乎「戴九履一，左三右七，二四爲肩，六八爲足」也？禹之治水，跡徧九州，疏瀹決排既畢，辨其壤賦，令九州之土地可耕可藝〔四〕，皆得畫爲井田，以錫天下之人民也。箕子曰：「天〔五〕不錫洪範九疇。」謂鯀治水弗成，天下之田疇汩没，无能施其治術云爾。曰：「帝〔六〕錫禹洪範九疇。」是地平天成，烝民乃粒，方能展布其治天下之大法云爾。名之曰「疇」者，即盡力乎溝洫之謂也。名之曰「九疇」者，即井

〔一〕「可」，世本無。
〔二〕「大經」，世本無。
〔三〕「蓋治天下之大法」，世本無。
〔四〕自「禹之」至「可藝」，世本無，有「禹平水土九州」六字。
〔五〕「天」，洪範作「帝」。
〔六〕「帝」，洪範作「天」。

田九百之意也。河圖洛書並舉而言者，以河、洛爲天地之中，東西南北風土不齊，人物異宜。禹之則壤定賦，俱因中土而遞推之，故云：「成賦中邦也。」顧命：「天球、河圖在東序。」吾未審此圖也者，尚是伏羲之故物與？或爲周家再見之符瑞與？或爲天閑之羈靮與？或爲已蜕之皮毛與？論語：「鳳鳥不至，河不出圖。」夫子僅云天無禎祥，鳳鳥不至矣；王室東遷，天下之版籍不隸于職方，河不出圖矣〔二〕。河圖洛書乃地理方册，載山川之險夷，壤賦之高下與五等六等班爵授禄之制度，若禹貢、王制之類。特因儒者好爲神奇，愈作怪妄愈失真實矣。細繹圖緒，俱兩相比附。天一生水，水潤下，必得土而後有所歸著；土數五，以一加五則成六，故「一六居下」。地二生火，火炎上，必得土而後有所託宿；以土數之五加二則成也〔三〕，故「二七居上」。天三生木，木屬東方，必植根于土；以土數之五加三則成八，故「三八居左」。地四生金，金屬西方，必生產于土；以土數之五加四則成九，故「四九居右」。天五生土，土位中央，无所不該，必博厚无疆乃能爲五行之主宰；以五益五則成十，故「五十居中」。此老氏「守中」之義，即所謂「黄庭」也，「金丹」

〔二〕自「或爲天」至「圖矣」，世本無。
〔三〕「也」，疑當爲「七」。

也。于〔二〕易僅假借之而已，非有卦畫理數實可指證者。陰陽醫卜之家「甲與己合而化土，乙與庚合而化金，丙與辛合而化水，丁與壬合而化木，戊與癸合而化火」皆此意也。即土王四季之説，即人身以脾胃爲主之説，即心爲土藏之説。然執其道而求之，往往有驗與不驗，蓋亦小道可觀者也。若夫洛書則顯然九宮爲地理相宅之用，即一白二黑三碧四緑五黄六白七赤八白九紫也。以奇當正位，耦當四隅，奇爲主，耦爲用，陰從陽也。「履一」者，一乃子位，陽生于子，自下而上也。「戴九」者，陽莫盛于午，九乃陽之盈數，至上而極也。「左三」者，東爲生方，三生萬物也。「右七」者，西爲金爲秋，萬物成實也。「二四爲肩，六八爲足」者，人之耳目視聽屬陽，手足持行屬陰；二四校六八稍輕，所以爲肩而在上，六八校二四尤重，所以爲足而在下也；大約耳目左多聰明，手足右多便利，所以二與六居右隅，四與八居左隅也。其中五則空而不著，此老氏「虚中」之義，即所謂「玄牝」也，「衆妙之門」也，與範有何髣髴？但取九之一字而發揮之。後世籌策之文，多有上中下三者；或卜得十矣，幾利幾害，豈亦有先兆而定之與？日者以九宮變動，最忌五黄之位，指爲飛土，指爲龜甲空亡、神煞所住之處，則從此而轉輾失真者與。圖、書雖同爲中五，而義則不同。

〔二〕「于」，原作「與」，據世本改。

圖象圓，圓者流行，其外動，動必内有至靜者存；其五取黄中，正位居其所而不遷者也。書形方，方者一定，其外靜，靜必内有運動者存；其五取皇極，思兼貌言視聽者也。圖、書也者，「守中」與「虛中」也。老子之中非虛不能守，非守不能虛，是以圖、書可以經緯表裏，是以圖、書可以互易也。然則何以謂之「龍馬」？何以謂之「神龜」乎？易者乾，乾六爻皆龍，又乾象爲馬，故云「龍馬負圖」。九疇稽疑，「龜從，蓍從，卿士從，庶民從，斯謂之大同」。故云「神龜負書」。其立論則荒誕而不可執，其取義則恍忽而无當大道。儒者紛紛聚訟，强贅易、範，真捏目生花辯别青紅者也。要皆〔二〕陳氏借端漢儒，闡發增益，藏其吐納燒煉之微意，實非畫卦錫疇之正義。士君子果能觀象玩辭，觀變玩占，則圖、書之星羅碁布者，真可屏諸稗諧之林，于易、範奚取焉？互見上繫第十一章注。

先天八卦方位六十四卦方圓横圖辯

序曰：伏羲以前，初无著之方册，代見物理之事。伏羲欲以文字教天下傳後世，創爲

〔二〕自「儒者」至「要皆」，世本無。

奇耦之畫，使天地雷風水火山澤八象之在兩間者，焕然移于方册之上，正所謂文字也。後聖師其大意，變成斜正縱横之狀，而文字日增。是卦畫者，文字之根原；文字者，卦畫之支流也。八卦者，六書之指事象形；六十四卦者，六書之聲意轉借也。爲陳、邵之説者視此爲圖，以爲不立語言文字，使人静觀以悟其神妙，猶云孔、孟惡諛墓不爲碑版，慎毁譽不爲序誌；猶云雅、頌不爲樂府，風人不爲長律斷句也。造爲文、周、孔子，只從中半説起。人至三聖恐無可復加矣，何獨于演易贊易不識向上精微，僅從中半説起，自戾于伏羲作易之大道乎？有周之時，簡編未繁，无堆牀插架之部帙，吾夫子學易，韋絶窮思，極其擬議，必曰：昔者聖人之作易也，推原上古，探所由來，漸及中古。攷其窮變，一一著明，昭然旦晝。獨近摛糟粕，遺向上根原而不顧，尚得爲至聖否？後此二三千年去古愈遠，注經解傳汗牛充棟，乃忽遇夫「天根月窟」，與伏羲揖遜于一堂，印心于密室。就使事事合符，吾尚未敢信其必然，况乎自相衡决，彼此乖舛，惟以大言壓人，欲其不疑，豈非後儒之好怪耶？試平心静觀文象、周爻、孔翼，治亂聖狂，經國修身，吉凶悔吝，揭日月于中天，无論智愚賢不肖，俱可持可效，循道而行。外之則治國平天下，致斯世于雍熙；内之則「窮神知化」，「盡性以至于命」。陳、邵先天方位，變亂无稽，徒取對待横圖，乾一、兑二、離三、震四、巽五、坎六、艮七、坤八，奇耦叠加，有何義理？有何次序？又屈而圓之，矯揉造作，卦義无取，時令不合；　又交股而方之，裝湊安排，若織錦回文，全昧大道，帝王之修、齊、治、平安在？　聖賢之知天、知人安在？　庸衆之趨吉避凶安在？　反謂文、周、孔子所不能窺，亦是老者曰「孔子，吾師之弟子」之意爾。　古人命名立意，有典有則，可觀玩，可諷詠；　今用横、圓、方制爲名號，亦覺俚俗鄙野，大非修辭缺。文之旨。　五百年來，譸張戛聒，令紫色鼃聲奪玄黄鐘鼓之席，推倒周公、孔子，壓于其上，率天下之人而疑三聖人者，非二氏之徒，實儒者之徒也。　楊、墨之道不息，孔子之道不著。　豈因區區譾陋，敢自外于名教乎？　作先天諸國辯。

先天八卦方位圖

辯曰：邵堯夫引「天地定位」一章，造爲先天八卦方位圖。其説云：「天地定位，乾南坤北也。水火不相射，離東坎西也。雷風相薄，震東北巽西南也。山澤通氣，艮西北兑東南也。」夫聖人所謂「定位」，即如首章「天尊地卑，乾坤定矣」之義，未可贅以南北也。天地之間，山澤最著，故次及之，言山峻水深，形體隔絶，其氣則通。山能灌澤成川，澤能蒸山作雲，未可指爲西北東南也。雷以宣陽，風以盪陰，兩相逼薄，其勢尤盛，未可許爲東北西南也。水寒火熱，水濕火燥，物性違背，非克必爭；然相遇必有和合之用，不相射害，未可誣以東西也。八象既出，或聯或間，何莫非消息往來之運行，豈必取于對峙乎？故總言「八卦相錯」，謂不止于天地之交，山澤之遇，風雷之合，水火之重也。八卦遞加，轉輾變動則成二篇之易矣，明白斬截，毫無藤蔓容我裝湊者。其云「乾南坤北」也，實養生家之大旨，謂人身本具天地，但因水潤火炎，陰陽交易，變其本體，故令☰乾之中畫損而成☲離，☷坤之中畫塞而成☵坎，是後天使然。今有取坎填離之法，挹坎水一畫之奇，歸離火一畫之耦，如「鍊精化氣，鍊氣化神」之類，益其所不足，離得故有也；如「鑿竅喪魄，五色五聲」之類，損其所有餘，坎去本无也。離復返爲乾，坎復返爲坤，乃天地之南北也；養生所重專在水火，比之爲天地。既以南北置乾坤，坎離不得不就東西。坎，月也，水也，生于西方。離，日也，火也，出自東方。丹家沙火能伏汞木，鉛水結成金液，所謂「火中木、水中金，混和結聚」。此之先後即承上文之變易而言，已不若乾坤之確矣。兑居東南，艮居西北，巽居西南，震居東北，直是无可差排，勉强塞責，竟无義理可尋。緣此四卦，不過爲丹鼎備員，非要道也。又水火木金已盡現伏于四正位，止云「兑澤連接于正南之乾天，兩金相倚；艮山根種于正北之坤地，兩土相附；雷發于地，風起于天」云爾。安見其必然，而欲以此奪三聖之大道與？

附會〔二〕先天方位者，反疑夫子震東、兑西爲少長相合于正方，巽東南、艮東北爲少長相合于偏方。少長之合非其耦，必若伏羲八卦以長合長、少合少爲得其耦。豈直以卦畫爲男女耶？父、母、長、中、少亦象爾，合與耦亦象爾，如必曰男女也，則震、坎、艮不宜重，巽、離、兑不宜錯，乾、坤烏可加諸六子邪？固哉！其爲易也。

〔二〕「附會」，四庫本作「附謂」，「附」爲小號字，列于行首而偏右，據世本改。

先天横圖

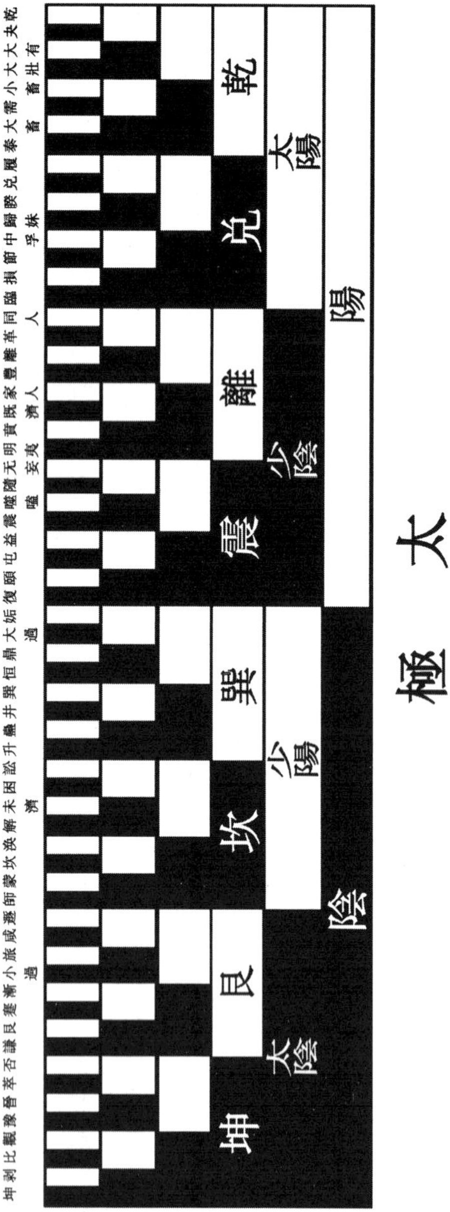

辨曰：夫子明訓「八卦既立」[一]「因而重之」，又曰「八卦相盪」，又曰「八卦相錯」。自有

[一]「既立」，繫辭原文作「成列」。

乾坤六子，以一卦爲主，各以八卦加之，得三畫即成六畫，得八卦即有六十四卦，何曾有所謂四畫、五畫之象，十六、三十二之次第也？四畫、五畫成何法象？難謂陰陽剛柔，不可擬爲三才。十六、三十二何者在先，何者在後？其于天地雷風水火山澤，貞卦不全；其八悔卦无可指名，視之若枯枝敗骸，无理无義，以遂其遞生一奇一耦之説。縱其所如成乾一、兑二、離三、震四、巽五、坎六、艮七、坤八之位置，初无成見于胸中，絶无關轄于象數。有疑之者則大言以震撼之，辭色俱厲以拒絶之，使天下盡出于詖淫邪遁之一途，以反攻其父母，甚矣。儒者之好怪也，苟掩卷而思之，學易者〔一〕何不以三乘三，以八加八，一舉而得六爻，再舉而得六十四卦，明白且簡易，直捷且神速乎？惡用是牽纏羈絆，挽之不來，却之不去者〔二〕爲哉？聖人作易，仰觀俯察，近身遠物，无不勘破其情狀，體悉其至理，若巨若細盡備于胸臆，然後宣發于文字，豈有漫无成見，隨手畫去者哉〔三〕？如小兒之搬棋砌瓦，原非心思所主宰，又非外緣可感觸，待其自成何物，然後從而名之。夫子所云「擬議以成

〔一〕自「苟掩」至「易者」，世本無。
〔二〕自「挽之」至「去者」，世本無。
〔三〕「者哉」，四庫本脱，據世本補。

其變化」，豈欺我哉〔一〕？夫焦氏易學傳數而不傳理，響應于一時，聲施于後世者，自有變通之妙用，分爲四千九十六卦，實統諸六十四，是以卦具六十四卦之占，乾坤還其爲乾坤，六子還其爲六子，列卦仍還其列卦也，非層累而上有七畫八卦，以至十二畫之卦也。易林一卦中錯綜雜出，變動不拘，豈一畫止生一奇一耦，歷百千而不改，如是其頑冥不靈者與？兩間氣化，自有盈縮，或陰盛陽衰，或陽多陰少，惡得均分齊一，无輕重大小，往來消長之異同乎？若然，則天无氣盈朔虛〔二〕，无晝夜寒燠〔三〕，人无仁暴，地无險夷矣。若然，則人皆一男一女，鳥皆一雌一雄，獸皆一牝一牡矣。若然，則續鳧斷鶴，黔鵠浴烏，五行運氣无偏重之性矣。夫物之不齊，物之情也〔四〕，造物之參差，理義之所由以立也。聽一奇一偶之自爲盤旋于教化乎？何有于「裁成輔相」乎？何有于「易不可爲典要」乎〔五〕？何有是一定也？非易也。吾直曰：邵氏之易欲求爲京、焦，而力有弗逮也。

一奇一耦層累疊加，是作易聖人不因天地高厚而定乾、坤，无取雷動風入而成震、巽，

〔一〕自「如小」至「我哉」，世本無。
〔二〕「无氣盈縮虛」句，世本無。
〔三〕「寒燠」，世本無。
〔四〕自「若然則人」至「之情也」，世本無。
〔五〕「何有于易……要乎」句，世本無。

坎陷離麗未有水火之象，艮止兑説不見山澤之形，俱信手堆砌，然後相度揣摹，贈以名號。自乾至復三十二卦爲无母，自坤至姤三十二卦爲无父。山澤未嘗通，雷風未嘗薄，水火未嘗濟。父與少女、中女、長男同時而産，母與少男、中男、長女同時而育。无三畫爲卦之限，无内外、貞悔之序。足重半天下，首偏鋭一隅。三十二物聯攣合體，上下大小殊絶，牽纏桎梏。天地不能自有其身，雷風水火山澤不能自完其性。第一畫貫三十二爻，可云廣矣，奇遺姤至坤之半，耦遺復至乾之半，則掛漏之極也。第二畫貫十六爻，第三畫貫八爻，始有八象，吾不知天何私于澤火雷而獨與之同氣，何惡于風水山而杳不相蒙也？地何親于山水風，何疎于雷火澤，親者膠固而无彼此，疎者隔塞而不相應求也？古今事理，惟簡能御繁，一可役萬，故卦止八象，爻止六位，變變化化，運用无窮。如必物物皆備始稱大觀，則七畫以至十一畫乃魑魅現形，无有人道；及成十二畫則頭上安頭，牀上安牀，徒覺狀貌之擁腫，取義之贅疣。若彼所云：日月星辰，水火土石，寒暑晝夜，雷露風雨，性情形體，草木飛走，耳目口鼻，色聲氣味，元會運世，歲月日辰，皇帝王覇，易、詩、書、春秋。似校説卦爲詳密，而其偏僻疎罔特甚。何天无霜雪電雹虹霾也？地无城隍田井海岳都鄙也？時无温和旱潦也？人无臟腑手足髮膚也，无盜賊夷狄也？經无禮、樂也？物无蟲魚也？形體之與耳目口鼻，又何其重出也？即萬舉萬，當于「神明化裁」、「引伸觸類」之謂，何使吾夫子十翼退舍而卻行者，其宗陳、邵之流與？

即以生而言，如天之生雷風雲雨，地之生草木，人物之生男女牝牡。天輕清屬氣，雷風雲雨氣多而質少，然亦雷自成雷，風自成風，雲雨自成雲雨，不必再擾于天，始成雷風雲雨之象也。地重濁屬質，草木質多而氣少，即已勾萌甲坼，則草具草之形，木具木之形，何必混合于地，始成一草一木之形也。人物處天地之中，氣質參半，既分氣質，而生男女牝牡，則父母自爲父母，男女自爲男女，牝牡自爲牝牡，未見有父母子孫牽連一體者。以兩儀之上各加一奇一耦，而命爲老陽、少陰、少陽、老陰，是父母男女并歸一身，不可判别，豈得謂之生乎？至八卦、十六卦、三十二卦、六十四卦，則合七世高曾祖禰曾玄于首腹四肢之内，形象理數一切荒唐而不可問矣。易之變化窮通，上下往來，屈伸進退，悉可廢業〔二〕而不講矣；繫辭、説卦皆迷途矣。以此學易，未見其爲善變也。

朱子言：「據現行周易，緣文生義，穿鑿破碎，有不勝其杜譔者。」但杜譔出夫子，其文義昭昭，易簡可從；創陳、邵之説，其文義安在？如果有會心，何不直示學者乾之後何故當爲兑，兑之後何故當爲離，離之後何故當爲震、巽、坎、艮，而及坤也？其所以中分旋

〔二〕「業」，疑當爲「棄」。

轉，又何故而當然也？必于卦義有功，八象有理，乃爲可信；如徒贊其〔二〕高美，格格不吐，豈亦釋氏之公案，僅可意會不可言傳與？又云：「翫之久熟，天地變化、陰陽消長自將瞭然于心目之間。」吾恐爲此説者，先昏昏而使人昭昭也。陳氏用于丹竈，盡矯誣之術，乃出自然；學易者趁其自然，无不矯誣，反以夫子爲穿鑿破碎，則吾豈敢！

天地自然，只有天地雷風水火山澤；人爲造作，始有乾、坤、震、巽、坎、離、艮、兑。故夫子每章之首，一則曰「作易者」，再則曰「作易者」；一則曰「夫易」，再則曰「夫易」；一則曰「聖人之作易也」，再則曰「聖人之作易也」，俱贊易之神化，更不言天地之神化也。蓋羲、文已將天地之神化布在方册中，夫子學易，從方册中「窮理盡性以至于命」，而「與天地參」，不欲從虚空浩渺自出頭地，以補羲、文所不及也。陳、邵竟舍易之爲書，自尋神化，自求性命，宜其貴无賤有，抹殺千古之語言文字，去文明而就混沌，以歸自然。究竟其自然者安在哉？太極、兩儀、四象、八卦注，見繫辭。

〔二〕「其」，原無，據世本補。

先天六十四卦圓圖方圖

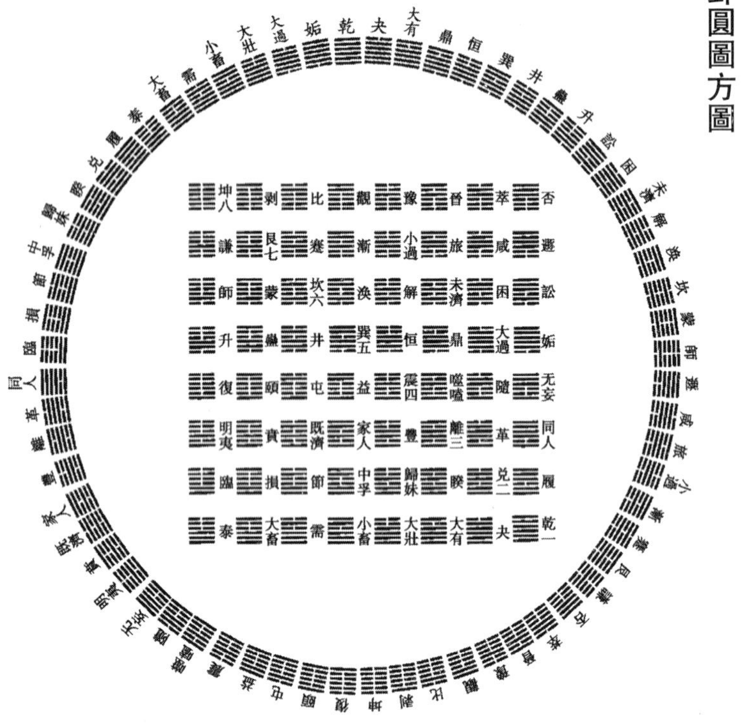

辯曰：邵氏以震歷離、兑、乾爲順，以巽歷坎、艮、坤爲逆。順爲數往，逆爲知來，則震、離、兑、乾僅能數往，不能知來，巽、坎、艮、坤職在知來，无煩數往。夫「乾知大始」，「乃統天」，于知來乎何有？豈可但局之數往；「坤以藏之」，「承天順天」，「成物」「代終」，于數往乎何有？豈可反以爲知來，亦不類矣。數往順天左旋，乾一、兑二、離三、震四爲已生之卦；知來逆天右旋，巽五、坎六、艮七、坤八爲未生之卦，已屬鑿空。又云：「易數由逆而成，若逆知四時之謂。」豈震、離、兑、乾无當于易數，而漫列冗員者與？即其文義亦乖舛而不可通，遑問其理乎？聖人知來數往，萬理萬物无不兼該，非專爲四時而設。四時節候有治歷之法，千歲日至可坐而定，絶无取于卦氣也。今屈横圖而圓之，云「乾生子中，盡午中；坤生午中，盡子中；離盡卯中，坎盡酉中」，皆緣冬至一陽爲復，遂充類至義之盡，以六十四卦分配二十四節候，然亦須一候得二卦有奇，乃爲恰合。何以倏多倏少，遠不相謀？或是卦有强弱乎？或是氣有盈縮乎？俱含餬而不言其故。復之「至日閉關」，夫子特舉象之一節；若姤爲夏至，未見明訓，未敢信爲必然。臨、泰、大壯、夬、乾與遯、否、觀、剥、坤之配歲周，不免按圖索驥，近于顓愚。矧可牽引六十四卦，如斯之鹵莽乎？即使種種巧中猶爲小慧，況矯揉誣罔一切不符乎？今云冬至復卦一陽生，子半，閱頤、屯、益、震、噬嗑、隨、无妄、明夷、賁、既濟、家人、豐、離、革、同人、臨凡十七卦，始得二陽，爲十二月，已是卯半，爲春分矣。損、節、中孚、歸妹、睽、兑、履、泰凡八卦，乃得三陽，爲正月，已是巳初，爲立夏矣。大畜、需、小畜、大壯凡四卦，乃得四陽，爲二月，已是巳半，爲小滿矣。大有、夬止二卦，即得五陽，爲三月，已是午初，爲芒種矣。至乾止一卦，即得純陽，爲四月，已是午半，爲夏至矣。至姤亦止一卦，一陰生，午半，閲大過、鼎、恒、巽、井、蠱、升、訟、困、未濟、解、涣、坎、蒙、師、遯凡十七卦，始得二陰，爲六月，已是酉半，爲秋分矣。咸、旅、小過、蹇、漸、艮、謙、否凡八卦，乃得三陰，爲七月，已是亥初，爲立冬矣。萃、晉、豫、觀凡四卦，乃得四陰，爲八月，已是亥半，爲小雪矣。比、剥止二卦，即得五陰，爲九月，已是子初，爲大雪矣。至坤止一卦，即得純陰，爲十月，已是子半，爲冬至矣。將六十四卦破碎割裂，苦死支吾，猶然背畔若此，胡見其自然哉？若卦畫名義毫无統屬，則精微之正論反可姑置者也。伏羲之世二十四氣未必盡備，備亦未必如此序次。觀禮傳月令與吕氏春秋，同出周、秦，微有不同，則數千年已往之節候，何能測其同于後世也〔二〕？

周謨問朱子先天卦氣：「陰陽始生，各歷十六卦而後爲〔三〕一月，又歷八卦，再得一

〔二〕自「觀禮」至「世也」，世本無。

〔三〕「爲」，原無，據朱子語類卷六十五補。

月。至陰陽將盡處，只歷四卦爲一月，又歷一卦，遂一并三卦相接。其初如此之疎，其末如此之密，此陰陽盈縮當然之理與？復、姤爲二至子、午之中，固无可疑者。臨卦書『春分卯中』；臨本十二月之卦，春分合在泰卦之下。遯卦書『秋分酉中』；遯本六月之卦，秋分合在否卦之下。是固有不可解者。」答曰：「伏羲易自是伏羲説話，文王易自是文王説話，固不可交互求合。」信斯言也。倘有説渾敦易者，聽其可，臣令君行，子坐父立矣。夫時有今古，理无不同，豈得因羲、文異代，而竟以天道付杳冥哉？何月令節候偏欲交互求合于卦畫也？先入爲主，奈之何哉？

何謂「已生」「未生」？八卦如此分屬，尚有全用乎？既有乾一、兑二、離三、震四、巽五、坎六、艮七、坤八之序，則皆已生矣。就彼而言，震、巽居中，有長男代父、長女代母爲政之象。震順天左行，自復、頤至夬、乾，行三十二卦，遇復而息。夫兩間氣化，轉轂循環，无有端緒，其來也非突然而來，即其去而來已在内；其去也非決然而去，即其來而去已下伏，焉得分疆畫界，釐然中判，其去其來若左右不相連貫者？震、巽東西背馳，亦如人之行路，畢竟先有方向，然後可揚帆策馬，行縢履屩，焉得東行者山川原隰歷歷可指，而云「已生」；西行者悉漭瀁无憑而待行者自爲開闢，乃云「未生」與？春夏何其逸，秋冬何其勞也？一二三四五六七八之數目，有則俱有，焉得震獨擅一二三四，數往而順，巽獨擅五六七八，知來而逆？且數自一而二三四爲順，今反以四三二一爲順；自八而七爲逆，今反以五六七八爲逆，亦難錯説矣。震長男，陽也。陽主創，近乎「未生」，或可云逆，而反云順，陽而順，是不能制義者也。巽長女，陰也。陰主隨，近乎「已生」，本可云順，而反云逆，陰而逆，是牝雞司晨者也。陰順陽逆，一切顛倒矣。細心體貼，種種可疑。作者聖，述者明〔二〕。作者既鹵莽而自聖，述者亦滅裂而不明。悠悠滔滔，羲、文、周、孔何時得還歸于正道也！

先天六十四卦方圖

辯曰：邵氏〔三〕作方圖，謂「天圓地方」，置之圓圖之中，謂「天包地外」。其説曰「天地定位」，以西北角置乾，東南角置坤，爲定位，又非南北故武矣。曰「否、泰反類」，東北角置泰，西南角置否，爲反類。曰「山澤通氣」，兑二斜依乾一，艮七斜依坤八，爲通氣。曰「咸、損見義」，斜依否之咸，斜依泰之損爲見義。曰「雷風相薄」，以震四斜依離三，巽五斜

〔二〕「作者聖，述者明」句，世本無。
〔三〕「氏」下，四庫本有「以」，據世本删。

依坎六，震、巽當中斜依交會，爲相薄。曰「恒、益起意」，恒自咸而未濟斜來，益自損而既濟斜來，亦交會于中，爲起意。曰「水火相射」，以坎六自艮七斜接巽五，離三自兑二斜接震〔二〕四，爲相射。曰「既濟、未濟」，既濟自損來，斜聯于益，未濟自咸來，斜聯于恒也。「四象相交，成十六事」。大〔三〕横圖既云陰陽老少爲四象，此則明明用其六畫之卦，何以又稱四象乎？云「十六事」者，乾、坤、否、泰、艮、兑、咸、損、震、巽、恒、益、坎、離、既濟、未濟，俱取老、長、中、少，陰陽正對，似乎稍有可觀。易卦陽爻一百九十二畫，陰爻一百九十二畫，奇耦停匀，隨人牽引，俱可布位整齊，使確守乾父坤母、一再三索而搬演之，何嘗不繡錯絲編，爛然秩然而理則校勝也。大易全篇何莫非神化變通，而僅取否、泰、咸、恒、損、益、二濟爲綱領，將謂此外皆附庸之國乎？皆儀文聲色之末務乎？亦見其自隘矣。曰：「八卦相盪，成六十四。」夫既云相盪，則縱横雜揉，左右逢源，非鱗次蝟排，膠固不可通方者也。信斯羅列，其義理安居？象數奚在？亦見其小慧而已。

邵氏以圓圖配天，方圖配地，圓圖贅二十四氣于卦下，令有分屬，方圖亦可裂爲九州，

〔二〕「震」，四庫本誤作「巽」，據世本改。
〔三〕「大」，世本無。

以冀、兖、青、徐、揚、荆、豫、梁、雍分贅，某卦隸某州，饃餬約畧而爲之，辭亦不必求其切合也。又誰曰不宜乎？況揚雄早有「方州部家」之説矣。聖人作易以前民用，反以癡人説夢，欺世惑衆，何貴乎與民同患哉？

先天卦畫奇耦相加，亂左陽右陰之常經；方圓圖次第撮凑小巧，紊四時之序，變八方之位，去君父母子之名分，倒長、中、少之行列。曲護其説者甚至謂「乾、坤无生六子之理」。夫子所云「乾父坤母」，「乾、坤，易之門」，「乾、坤，易之藴」，一筆塗抹，説卦三傳无一可宗，豈非大亂之道，宜其應于人事，爲開闢未有之災祥也與？

此黃晦木原圖與古本異並存參攷

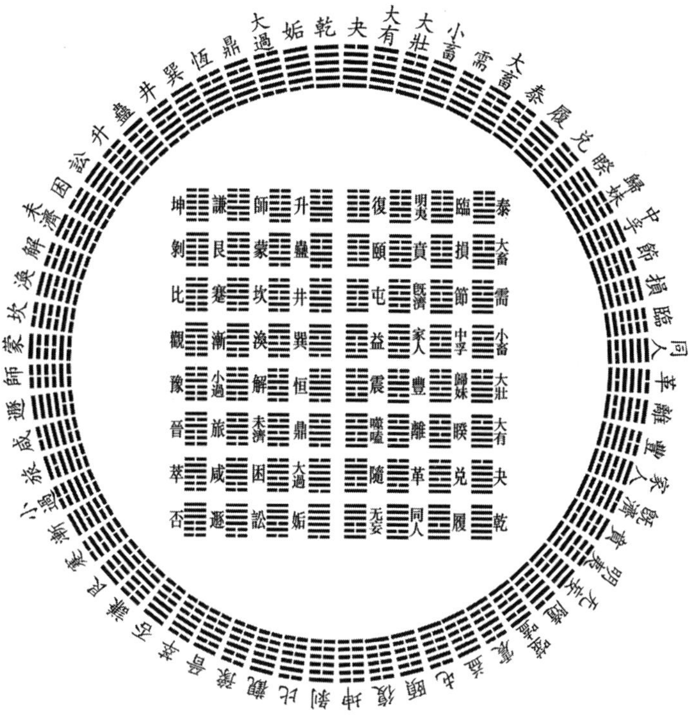

太極圖説辯

序曰：太極圖者，創于河上公，傳自陳圖南，名爲无極圖，乃方士修鍊之術〔一〕，與老、莊之長生久視，又其旁門岐路也。老、莊以虚无爲宗，无事爲用；方士以逆成丹，多所造作，去「致虚」、「静篤」遠矣。周茂叔得之，更爲太極圖説，則窮其本而反于老、莊，可謂拾瓦礫而悟精蘊。但綴説于圖，合二途爲一門，其病生矣。又懼老氏非孔、孟之正道，不可以傳來學，借大易以申其意，混二術而總冒以儒，其病更甚矣。蓋夫子之言太極，專以明易也；茂叔之言太極，則空中之造化也。兩者本不同道。朱元晦又從而分析辯解之，則更雜以釋矣。茂叔强三爲一，元晦混四爲一，雖極其推崇，而並失茂叔之故我矣。其病可復瘳耶？茂叔得圖于方士，得偈于釋，心証于老；元晦得圖于〔二〕葛長庚，得偈于道謙，而欲會通之于儒，曰：「庖羲、文王未嘗言太極，而孔子言之；孔子未嘗言无極，而周子言

〔一〕「術」下，四庫本有「也」字，據世本删。
〔二〕「圖于」，四庫本脱。據世本補。

之。先聖後聖同條共貫。」此過于標榜也。夫子之言太極，不過贊易有至極之理，非别有太極而欲上乎羲、文也。茂叔之「无極而太極」，不過推墨附儒；在元晦无乃推假即真，戴僭竊爲君父乎！吾不知千聖何故吝此而不傳其秘耶？夫子曰：「當仁不讓于師。」愚二十年學易，稍窺十翼籓籬，確知易、老之不可混稱，確知老之不同于釋，灼見儒釋、老之不可冒昧影響。然後敢明言此圖之非易，而且有老與仙與釋之淆亂。不揣固陋，一一而是正之如此。吾知見者必將怒目裂眦以定予非聖之罪，然而莫之避者，何也〔二〕？聖人之大道非一人所可私，亦非阿黨所能據，千秋萬世必有明之者矣。時賢之罪予也，何傷〔三〕？

作太極圖説辯。

〔二〕自「吾知」至「何也」，世本脱。
〔三〕「時賢……何傷」句，世本脱。

陳圖南本圖 自下而上逆則成丹

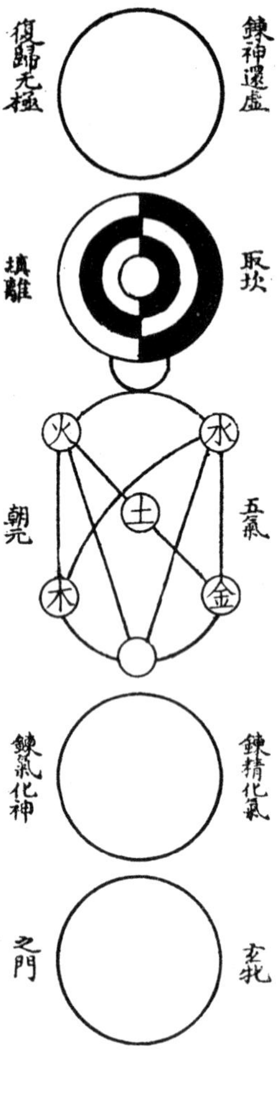

辯曰：此圖本名无極圖，陳圖南刻于華山石壁，列此名位。創自河上公，魏伯陽得之以著參同契，鍾離權得之以授呂洞賓。洞賓後與圖南同隱華山，因以授陳。陳又受先天圖于麻衣道者，皆以授种放，放以授穆修與僧壽涯，修以先天圖授李挺之，挺之以授邵天叟，天叟以授子〔二〕堯夫。修以无極圖授周茂叔，茂叔又得先天地之偈于壽涯。乃方士修鍊之術，其義自下而上，以明逆則成丹之法。其大較重在水火，火性炎上，逆之使下，則火不燥烈，唯溫養而和燠；水性潤下，逆之使上，則水不卑濕，唯滋養而光澤。滋養之至，接續而

〔二〕「子」，四庫本誤作「于」，據世本改。

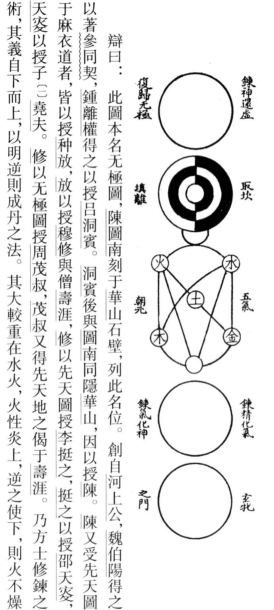

不已；温養之至，堅固而不敗，律以老氏虚无之道已爲有意。就其圖而述之，其最下一○名爲「玄牝之門」，玄牝即谷神也。牝者竅也，谷者虚也，玄與神皆莫可指測之謂。在老、莊而言，謂玄妙神化，即是此虚无而爲萬有之原；在修鍊之家，以玄牝谷神爲人身命門兩腎空隙之處，氣之所由以生，是爲祖氣。凡人五官百骸之運用知覺，皆根于此。于是提其祖氣上升爲稍上一○，名爲「鍊精化氣，鍊氣化神」。鍊有形之精，化爲微芒之氣；鍊依希呼吸之氣，化爲出有入无之神。便貫徹于五藏六腑，而爲中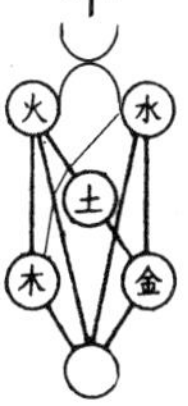

〔一〕，名爲「五氣朝元」。行之而得也，則水火交媾而爲又其上之◎，名爲「取坎填離」，乃成聖胎。又使復還于无始，而爲最上之一○，名爲「鍊神還虚，復歸无極」，而功用至矣。蓋始于得竅，次于鍊己，次于和合，次于得藥，終于脱胎，誠〔二〕仙真求長生之秘術也。若老、莊之本旨，則不然。老氏云：「天下之道〔三〕生于有，有生于无。」「有之以爲利，无之以爲用。」莊生云：「萬物出于无有。有不能以有爲有，必出乎无有。」其意以虚无生氣，氣生天地萬

〔一〕圖中「水火木金土」，四庫本無，據世本補。
〔二〕「誠」，四庫本作「成」，據世本改。
〔三〕「之道」，老子原文作「萬物」。

物；天地萬物之運行動作皆氣之運行動作也，氣之運行動作，皆虛无爲之宰也。故曰：「忽兮怳兮，其中有象；怳兮忽兮，其中有物；窈兮冥兮，其中有精。」「有物混成，先天地生，獨立而不改，周行而不殆，可以爲天下母。」皆言虛无之用也。其長生也，唯神是守，昏昏昧昧，純純常常，與天爲游，氣聚而生，氣散而死，復歸太虛。故曰：「生死爲徒，吾又何患？」彼人之形者，萬化而未始有極也。生何足貪，死何足惡。故能齊彭、殤，一壽夭，无心而任化。及其流而爲仙真之教，則以矯揉爲守氣，而鍊精鍊氣之術興；以自私自利爲全性，而取坎填離之法立，乃莊生所謂「一犯人之形，而遂貪生惡死」者也。則斯圖也，非老氏之曲學與？在老氏猶爲稂莠，在儒者反以爲正傳與。

周茂叔圖 自上而下順而生人

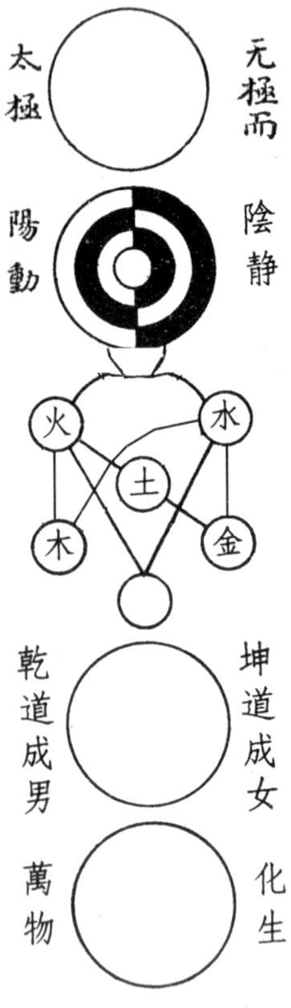

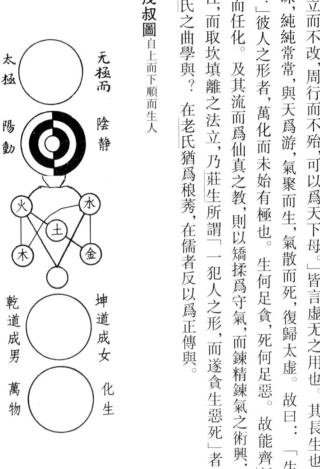

辯曰：茂叔得此圖于穆修，又得先天地之偈于壽涯，乃顛倒其序，更易其名，以附于大易，指爲儒者之秘傳，其稱號雖若正大光明，而義理不勝指摘矣。蓋方士自爲方士之術，但取己說之可通，修鍊之得當，原无瞻前顧後之意，所以據其一曲之偏見，亦左右逢原，始終徹貫者。茂叔握方士之實，悟老氏之旨，而蒙以大易之名，所以彼此不倫，齟齬雜越，反不若陳氏之純一而无弊也。方士之訣，逆則成丹；茂叔之意，以爲順而生人。太虛无有，有必本无，是爲最上○，乃更「鍊神還虛，復歸无極」之名，曰「无極而太極」。太虛之中脉絡分辨，指之爲理，是爲次◎，乃更「取坎填離」之名，曰「陽動陰靜」。氣生于理，落爲氣質之性，是爲又次之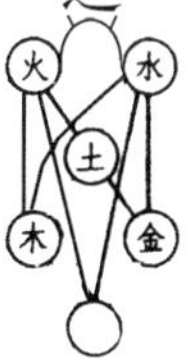

，乃更「五氣朝元」之名，曰「五行各一性」。理氣既具而形質呈，得其全靈者爲人，人有男女，是爲又次○，乃更「鍊精化氣，鍊氣化神」之名，曰「乾道成男，坤道成女」。得其偏者、蠢者爲萬物，是爲最下之○，乃更「玄牝之門」爲「化生萬物」。就其義而詳繹之，又與方士乖矣。夫方士之「玄牝」、「鍊化」，本屬兩層，其用功亦有次第，故作爲二圖；茂叔之「男女」、「萬物」，直是一氣所生，則无分先後，二圖之內，一爲贅疣。方士之「五氣朝元」，言「化氣」「化神」之後，墮肢體，黜聰明，搜一身之五藏，悉守其神氣，然後能坎離交媾，火不炎上，水不潤下，而金丹聖胎成矣；茂叔于此二圖，先有條理，而後有氣質，吾不知氣質未露，條理安託？紊其先後，義亦背畔矣。方士之「還虛」、「歸无」，又合于「玄牝」，上下始終，周旋无間，最上一圖與最下一圖，分而合，合而分，會之不可言一，離之不可言二，所以成長生之妙；茂叔于此爲天地化生之本，雖得老氏之正宗，而于此圖則未免牽强，又欲合以大易，則更不倫矣。夫方士之修鍊，老氏之虛无，大易之正道，三者天淵，不可混同也。

辯圖

○辯曰：大傳曰「易有太極」，夫子贊易而言也〔二〕。謂作易聖人有此至神至妙之義理，具于胸臆中，故能生兩儀、四象、八卦，以成二篇之策，非追原天地之始也，不可云「无極」。夫无方者，神也；無體者，易也，不可圖圓相。有者无之，无者有之，徒自戾于聖人。

◎辯曰：中分黑白，兩相間雜，判左右爲陰陽，以陰陽推動靜。就其貫穿不淆亂之處，則指之爲理，此時氣尚未生，安得有此錯綜之狀？彼將附麗于何所？觀其黑白之文，

〔二〕「夫子……言也」句，世本無。

實坎離兩卦，成既濟之象，中含聖胎。謂之「取坎填離」，則明顯而彰著；謂之「陽動陰靜」，則陽專屬諸離，離專主動，陰專屬諸坎，坎專主靜，豈通論也哉？晦翁云：「◐者，○之用所以行；◑者，○之體所以立。」則本末倒置，似先有陽動陰靜，而後有无極太極。豈在左者有用而无體，能行而不能立；在右者有體而无用，能立而不能行乎？茂叔本意，以无極无體故能爲衆體之原，衆體各用莫非无極之用。如晦翁所云支離破碎，又失茂叔之本意矣。

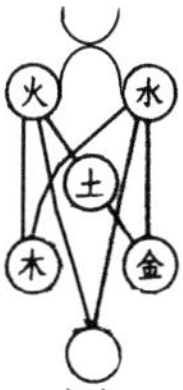

辯曰：五行始于洪範，言天地氣化之運行，若有似乎水火木金土五物也。定爲五行者，乃人也，非五行之能生人也。人身之分配，猶乾爲馬，坤爲牛，震爲龍，巽爲雞，坎爲豕，離爲雉，艮爲狗，兑爲羊之義同〔一〕。今以五物爲生之性，將亦可〔二〕謂彼八獸者爲生八卦與？況此時之人物未生，此五者之性于何而辯〔三〕？養生之家專重水火，其

〔一〕「同」，世本無。
〔二〕「亦可」，世本無。
〔三〕「辯」，世本作「辨」。

上第二圖作坎離交媾之狀，故此圖之水火二系，上則達于)(〔一〕，下則垂而通于♉〔二〕，木金土皆一受一授，水火乃有二受二授也。但知重在水火，于金木土不得不輕，其排列方位亦紊亂而无稽。

○辯曰：太極、兩儀、四象、八卦，夫子顯然指易而言，未嘗付之虛空揣測也。其曰「乾道成男，坤道成女」，亦謂乾之奇畫成男之象，坤之偶畫成女之象，非云生于天者爲男，生于地者爲女也。離易而懸度，種種乖剌。觀其五行各具一性，屬諸氣質，則當于男女成形之後，感物而動，發爲五德，或流爲偏僻，或陷于人欲，始有六言六蔽之患，甚而至于惡逆者有之。豈先有五性，至此始成男女？于次序則乖舛，于圖尤爲牴牾。此无他，方士之圖本逆，而茂叔强之爲順也。

○〔三〕辯曰：天之生物，洪纖高下，靈蠢偏全，无有差別。以人視之，若與萬物有貴賤之殊，而實則同賦于天，則宜同一○太極，豈此「萬物化生」而別有一○太極乎？五行分爲五○太極，乾男坤女又當各自爲一○太極。萬物既與男女別爲一○太極，則飛潛動植，

〔一〕「)(」，四庫本誤作「○」，據世本改。
〔二〕「♉」，四庫本誤作「)(」，據世本改。
〔三〕此「○」，四庫本無，據世本補。

以至瓦礫矢溺，无不可別圖一〇太極也。何許子之不憚煩？

辯説

「无極而太極」。

辯曰：「易有太極」，不可言无太極，非物不可執有。雖非太極之外別加无極，實贅无極之名于太極之上。夫未有此畫以前，其流行顯著自在天地間，不必言太極；既有作易之聖人，則「微顯闡幽」，全在于易。聖人近身遠物，仰觀俯察，有至理存于心目，故生生无窮，特贊之曰「太極」。極者，言乎其无可復加也；太者，大而又大，无可與並也。謂之「太極」，乃至矣盡矣，不容復有辭説矣。實屬諸易，原非虛空摹擬之辭。茂叔視爲天地以前之物，而以「无極」釋之〔二〕，蓋深有得于老氏之微旨矣。老氏曰：「淵兮似萬物之宗。」「吾不知其誰之子，象帝之先。」「谷神不死，是爲玄牝，玄牝之門，是爲天地根。」又曰：「无狀之狀，无象之象，是爲忽恍。」莊生曰：「六合爲巨，未離其內；秋毫爲小，待之成體。天下莫不浮沉，終身不故；陰陽四時運行，各得其序。昏然若亡而存，油然不行而

〔二〕「之」下，四庫本有「也」字，據世本刪。

神，萬物畜而不知。此之謂本根。」又曰：「昭昭生于冥冥，有倫生于无形。」又曰：「天不得不高，地不得不廣，日月不得不行，萬物不得不昌。」「或爲之紀而莫見其形。消息盈虚，一晦一明，日改月化，日有所爲，莫見其功。生有所乎萌，死有所乎歸，終始相反乎无端，而莫知其所窮。非是也，且莫〔二〕爲之宗。」是老、莊之學皆指虚无爲天地萬物之根本。夫有不能生有，唯无能生有。天地萬物皆氣爲之主宰，氣生于无，則无者氣之祖也。无爲氣之祖，則天地萬物之運用，莫非无之權也。

茂叔「无極而太極」，可謂得道德、南華之神髓，而以一言括之矣。魏伯陽之言曰：「包囊萬物，爲道紀綱。以无制有，器用者空。」呂洞賓之言曰：「言之无兮不可捨，言之有兮不可居。谷兮谷兮太玄妙，神兮神兮真大道。」皆有會悟于此者也。但以之綴于「易有太極」，則郢人燕説，何所髣髴乎？元晦爲之發明其義，更若未能深契于老氏，而與茂叔又不相蒙矣。晦翁曰：「非太極之上復有无極。」其言是也；而云：「實造化之樞紐，品物之根柢。」則似是而非矣。樞雖户之所以闔闢，然不離乎户；紐雖网之所以弛張，然不離乎网；根柢雖草木之所以發生，然不離乎草木。以之擬「无極」則全失其意。

〔二〕「莫」，莊子田子方原文作「孰」。

蓋户网之闔闢張弛在樞紐，草木之發生在根柢，而其能闔能闢，能弛能張，能發能生，則全不在乎樞紐、根柢，而在于空中之運用。故曰「无用之用，其用乃大」。樞紐、根柢以有形役有形，惡在其爲「无極」也？又云：「老子之言有无，以有无爲二；周子之言有无，以有无爲一。」則又不知釋、老之異，而以釋氏之有无渾之矣。老子之无，道德經云：「有无相生。」有不能自有，必出于无有；而其生也，非若父子之以形相禪而可離，乃即无而御其有，亦不可言二，此「无極而太極」之妙也。今云「以有无爲一」，是釋氏之「空有不二」，「即空即有，即有即空，謂之真空妙有」。迥乎與「无極」判矣。又曰「有无之間」，則幷不知有之爲有，无之爲无，釋、老兩无所據者也。夫茂叔以老附易，雖失易而得老，惜其雜以方士之圖，而老不純。晦翁雜釋于老以附易，而釋、老兩失，尚何易之可稽乎？

「太極動而生陽，動極而靜，靜而生陰，靜極復動。一動一靜，互爲其根。」

辯曰：陰陽雖有動靜之分，然而動靜非截然兩事，陰陽非判然兩物。言「動而生陽，靜而生陰」則可，言「動極而靜，靜極復動」，則不可。動如春夏之發生，包藏含蓄即在其中；靜如秋冬之收歛，胚胎萌蘗即在此内。動者是陽，陽无陰不能動；靜者是陰，陰无陽不能靜。苟无陰之動，則飄蓬落絮隨風播蕩；无陽之靜，則朽骨枯林靈魂盡滅。譬諸晝夜，一分晝去則一分夜來，一分夜去則一分晝來；譬諸氣血，血附氣而行，氣隨血而轉，不逮其極而始復也。言「一動一靜」，互爲交錯則可，言「互爲其根」則不可。動靜咸植根于太極，如曰動根于靜，靜根于動，是天之生物已非一本，不待墨者已先二本矣。老氏云「有物混成」，「生天生地」。莊生云：「至陰肅肅，至陽赫赫。肅肅出乎天，赫赫發乎地。」以此數語演爲「生陰生陽」之説。大傳之言陰陽動靜，俱以易之爲書，奇偶往來象天地之氣化，非竟指天地而狀貌之也。此先聖後儒背道而馳之大概爾。

「分陰分陽，兩儀立焉。」

辯曰：傳之言「分陰分陽」，指易中卦爻奇耦之象，其德則迭有剛柔之用，非曰分陽而立爲天，分陰而立爲地。所以謂之「兩儀」者，亦因奇耦之畫而得名也。儀者，文也。天下之物純一則不文，奇耦相間雜而成文章，謂之儀。儀者，象也。卦爻有奇有耦，成其物象，謂之儀，故曰「兩儀」。豈直指天地之形質乎？

「陽變陰合，而生水火木金土。」

辯曰：陽統陰承，陽施陰受，陽始陰生，意无虧缺，言无偏蔽。今云「陽變陰合」，此時之陽尚是无形之眹兆，從何而言變？既已變矣，彼已自爲一物，陰何從而合？陰陽既合，萬物齊生，豈有光生水火木金土自爲一截，萬物又爲一截，若祖之于禰，禰之于子也？其先也孰引之？其後也孰遏之？所謂「水火木金土」者，何也？萬物中之五物也。非五物獨賢于他物，特以萬物所具之氣，若有此五等然，若水若火若木若金若土。蓋指其近似者而儗之也，豈真五物哉？况云五者之能生人物哉？

「五氣順布，四時行焉。」

辯曰：有天地即有四時。夫子曰：「日月運行，一寒一暑。」「寒暑相推而歲成。」就四時而推之，中含五氣。日月者，陰陽之成象者也。寒暑者，四時之發用者也。今曰「五氣順布而四時行」，豈先排列此五位，然後四時就道而行？則是又以五行生陰陽也。夫春氣温和，萬物向榮，草木尤其顯著者；故以春爲木，云木氣者，特春氣之變文耳，非木能使春温和也。夏氣暵熱，其逼于物如火之焦燥，此火得令之時；故以夏爲火，非火能使夏暵熱也。秋氣肅殺，物至此而堅剛，有似金；故以秋爲金令，因亦謂之金氣，非金能使秋肅殺也。冬氣凝結而萬物閉藏，凝結者如水之向寒而冰凍，閉藏者如水之會聚而无隙；

故以水令爲王于冬〔一〕，非水〔二〕能使冬凝結閉藏也。木无土不植，火无土不宿，金无土不生，水无土无所歸；土之无位者非无位也，无地非其位也，木火金水之時，皆其所休養也，故王于四時。然就四時之和合而言，有似乎土之于木火金水，非土之能使四時休養也。

「五行一陰陽也，陰陽一太極也，太極本无極也。」

辯曰：无極即是〔三〕太極，太極即是〔四〕祖氣，非別有无極而後爲祖氣也。若合以夫子之言，則是祖氣作易矣。惡乎可？

「五行之生也，各一其性。无極之真，二五之精，妙合而凝。」

辯曰：五行各性，性已紛雜，豈能會合而成人？陰陽既生五行，則陰陽即在五行之中，當成功者退，不當復參于五行之班而爲二五也。二五並列，儼然成七，雜亂棼擾，如何謂之精？如何可以凝？大傳曰「天地絪緼，萬物化醇；男女搆精，萬物化生」，故「三人

〔一〕此句世本作「故以水爲冬令」。
〔二〕「水」下，原有「之」，據世本刪。
〔三〕〔四〕「是」，世本無。

損一」以「致一」。三且不能生，況于七乎？老氏云：「氾乎！其可左右。萬物恃之而生而不辭。」「天得一以清，地得一以寧，萬物得一以生，侯王得一以爲天下貞。」「道生一，一生二，二生三，三生萬物。」校之于此，自覺无弊。

「『乾道成男，坤道成女』。二氣交感，化生萬物。萬物生生而變化无窮焉。」

辯曰：乾男坤女，顯然形質。此時萬物无不具備，何故方言二氣之交感，而化生萬物也？吾不知此男女者，合雌雄牝牡俱在其内而言也？又不知專指人而言也〔一〕？如合雌雄牝牡，則與圖之所分屬者不侔；如專指人，人无化生異類之事。人物之始，氣化所生，聚而成形，以形相感，則人生人，鳥生鳥，獸生獸〔二〕，蟲魚草木俱以類相禪矣。此一推原也，實取莊生「肅肅出乎天，赫赫發乎地。兩者交通成和而物生焉」。然不若莊生之无罅漏也。

〔一〕此二句世本作「合雌雄牝牡而言與，專指人而言與」。

〔二〕此二句世本作「鳥獸生鳥獸」。

「惟人也得其秀而最靈。形既生矣，神發知矣，五性感動而善惡分，萬事出矣。」

辯曰：既受于人，五道三德行之唯一，喜怒哀樂皆緣于感。水火木金土至此不過爲臣官之用，豈得各擅其權，而一國三公，政出多門也哉？即或有偏喜偏怒偏哀偏樂，或仁之過不及，義之過不及，禮之過不及，智之過不及，信之過不及者，欲于此而專責仁于木，責義于金，責禮于火，責智于水，責信于土，指其一性之失職，非愚則狂矣。夫性一也，分天命、氣質而爲二，已屬臆説，何得復因氣質而析爲五？感動在事，不在性，四端流露，觸物而成。即以「乍見孺子」論之，發爲不忍乃其仁，往救乃其義，救之而當乃其禮，知當救乃其智，身心相應乃其信，焉有先分五性，然後感動之理哉！夫子曰：「繼之者善，成之者性。」今曰「善惡分」，是有性善，有性不善也。如以感動爲習，則性不任其咎。莊生云：「多方乎仁義而用之者，列于五藏哉！而非道德之正也。」茂叔蓋苗裔于此。

「聖人定之以中正仁義而主靜，立人極焉。」

辯曰：既云五性，不當偏舉「仁義」而遺禮智信，且以「中正」先之也。夫仁義爲性之所發現，仁而爲從井之救則愚，義而爲乞隣之與則不直。聖人處之无過不及，不偏不倚，乃謂之中正。中正者，事理之當然也，虚辭也。今曰「定之以中正仁義」，則是木仁金義，原非全德，必待聖人定之，使中且正，然後不流于煦煦孑孑。此所謂仁義，非孔、孟之仁義也。大傳曰：「至賾不可惡，至動不可亂。」艮之象傳曰：「時止時行，動静不失其正。」説卦傳曰：「兼三才而兩之。」俱一動而一静。曰「主静」，則偏枯而非孔、孟；以「立人極」，則天極地極皆兩，而人極獨一矣。于三極六位之道，或未暇講與！聖人之所以異于二氏者，以其能静能動也。坐明堂而朝萬國，一日二日萬幾，其心如澄淵，无爲而治，與木石居，與鹿豕遊，其聞見若決江河，未嘗有專事于静者也。彼槁木死灰雖愈于火牛狂象，其非中正則一也。記曰：「定而後能静，静而後能安。」此從學之途，未爲學之至境。「无欲故静」，此无欲固非對私欲之欲而言，即愛親敬長寂然未發，大人同于赤子，必繼善已往，學問切磋，性流爲情，雖有欲而仍不入于惡，始完大人之分量。如僅守此无欲之静，則猶爲赤子爾，烏能盡參贊位育，而云「立人極」也？蓋老氏之學，「致虚極，守静篤」，「離形去知」，「甘瞑于无何有之鄉」，「憖然似非人」，「内守而外不蕩」，「歸根曰静，静曰復命」。其主静之謂與！

「故聖人『與天地合其德，與日月合其明，與四時合其序，與鬼神合其吉凶』。君子修之吉，小人悖之凶。」

辯曰：列此三等人品，宜以主静歸君子，而爲修身之功則无病矣。至于聖人，恐非一静所能盡者。

「故曰：『立天之道曰陰與陽，立地之道曰柔與剛，立人之道曰仁與義。』」

辯曰：上之四合，乃大人已成之德業；此之三立，乃一卦所以六畫之故。不取其義理，但取其規模闊大、辭氣雄壯而已。陰陽、仁義又若與前不侔。

「又曰：『原始反終，故知死生之説。』大哉易也，斯其至矣！」

辯曰：「原始反終」，止是易準天地之一端，亦非可偏舉以畢天下之能事。焉有天地合德，日月合明，四時合序，鬼神合吉凶之大人，而以知生死爲至，如釋氏之重坐脱、立亡者乎？蓋由此圖出自方士神仙之教，但求長生不死。莊生云：「生死亦大矣。」又云：「无視无聽，抱神以静，形將自正。必静必清，无勞汝形，无摇汝精，乃可以長生。目无所見，耳无所聞，心无所知，汝神將守形，形乃長生。慎汝内，閉汝外，多知爲敗。」又以能兒子爲衛生之經，皆以主静求長生也。故以治身爲道之真，以緒餘土苴爲家國天下。彼所重唯在此。茂叔傳圖亦從此悟入，其撮綴聖人之言而强謂之易者也。聖人夭壽不貳，朝聞夕死，視死生如日用起居。今略去務民事人，而以知生死爲學之究竟，易之盡量亦自呈其立論之原爾。至于老、莊之「四肢百骸〔二〕將爲塵垢，死生終始將爲晝夜」，亦非跼蹐〔三〕于死生者。茂叔于學則全得之老，于圖則雜以仙真，于説則冒以易道，未可與夫子之太極、兩儀、四象、八卦同年而語也。

〔二〕「骸」，莊子田子方原文作「體」。
〔三〕「跼蹐」，世本作「局脊」。

附録

黄宗炎傳

宗炎，字晦木。與兄宗羲、弟宗會俱從宗周遊。其學術大略與宗羲等。著有周易象辭三十一卷，尋門餘論二卷，圖書辨惑一卷，力闢陳摶之學。謂周易未經秦火，不應獨禁其圖，至爲道家藏匿二千年始出。又著六書會通，以正小學。謂揚雄但知識奇字，不知識常字，不知常字乃正字所自出也。又有二晦、山棲諸集，以故居被火俱亡。康熙二十五年，卒，年七十一。

（録自清史稿卷四百八十）

提要

周易象辭二十一卷，附尋門餘論二卷、圖書辨惑一卷，清黄宗炎撰。宗炎，字晦木，餘姚人。宗羲之弟也。其説易力闢陳摶之學，故其解釋爻象，一以義理爲主。如釋坤彖曰：「乾既大矣，坤能配乎乾而與之齊，是乾之大，坤亦至焉，故曰至哉。蓋乾以元施而坤受之，即爲坤之元，非別有元也。其義爲前人所未發，而於承天時行之旨，无成有終之道，皆分明融洽。他如解豫「六二介於石」，謂處地之中，得土之堅，取象極爲精確。解剥「六五貫魚」，引儀禮魚每鼎用十五頭，昏禮用十四頭，其數多，必須貫，亦頗有根據，不爲牽合。解解卦「初六无咎」云：難之初解，人人喜補過之有地，此非人力，乃天時也，故直云无咎。尤能得文外之意。其他詮釋大都類此，皆可備易家之一解。至於「歸妹以須」，須爲女之賤者，舊解本无可易，而宗炎謂須附頤以動，則以爲須髪之須，未免傷於好奇。又於易之字義，多引篆文以釋之，亦不免王氏新義務用字説之弊。當分別觀之可也。

後附録尋門餘論二卷、圖書辨惑一卷，宗旨大略相同。尋門餘論兼排釋氏之説，未免曼衍於易外。其詆斥宋儒，詞氣亦傷太激。然其論四聖相傳，不應文王、周公、孔子之外別有伏羲之易爲不傳之祕。周易未經秦火，不應獨禁其圖，轉爲道家藏匿二千年，至陳摶而始出，則篤論也。圖書辨惑謂陳摶之圖書乃道家養生之術，與元陳應潤之説合。見應潤所作爻變義藴。謂周子太極圖説，圖雜以仙真，説冒以易道，亦與朱彝尊、毛奇齡所考略同。彝尊説見經義考二百八十三。奇齡説見所作太極圖説遺議。至謂朱子從而字析之，更流於釋，則不免有意深文,存姚江朱、陸之門户矣。二書各有别本單行。然考周易象辭目録,實列此二書,謂之附録,則非别自爲編也。今仍合之,俾相輔而行焉。

(録自中華書局影印四庫全書總目)

跋

沈懋德周易尋門餘論跋

易之爲道如日月經天、江河行地,可以群知之而群見之,豈有幽渺不傳之祕哉!漢之傳易者,田、王而外,唯焦、京流于術數,其餘則各有師承。宋儒生千百年後,空談義理,自謂心源直接羲皇,而不自知其遯入虚無。其弊在立意過高,師心自用,離易以言易,而不能就易以言易也。夫易有八卦,因而重之而爲六十四,其道止于此而已。苟可以再衍之,聖人亦早衍之矣。晦木先生專就易以言易,實能指出尋常道理,故其貶駮宋儒處,無不虚空粉碎。至謂「六書始于羲皇,不始于倉頡」,而就卦畫一一推闡之,精妙絶倫,使人想見造字之初,似創論實至論也。宋儒于卦畫源流尚不能通曉,乃舍文、周、孔子,而侈談上古先天,豈不謬哉!卷中有指斥釋教者百七十餘行,與易無涉,今特節之。又謂「三畫之卦,乾坤僅可謂之天地，震巽僅可謂之雷風」云云，是則不然。八卦之名始于太皡，其初止有三畫，何不聞以天地雷風水火山澤命名也？

壬寅首夏吴江沈懋德識。

（録自世楷堂昭代叢書癸集）

沈懋德易學辨惑跋

向見黄石齋三易洞璣，凡天文曆象無一不歸之于易。竊歎易之爲書，廣大悉備，故術數之流皆得依附之。葛稚川、陳圖南輩託易象以鍊丹，黄亦猶是也。然假卦作圖，要與易道無涉，可以聽其別行。自邵堯夫、周茂叔轉以此解經，則大謬矣。三聖之道若日星，今乃援老入儒，據先天、太極諸圖，謂學易必先觀圖，反增一番蔀障。晦木先生起而辨之，理明詞辣，直令邵、周無躲身處，豈不快哉！

壬寅首夏吴江沈懋德識。

（録自世楷堂昭代叢書癸集）